名师名校名校长

凝聚名师共识
回应名师关怀
打造名师品牌
培育名师群体

高中生物教学实践与研究

袁细清 著

西安出版社

图书在版编目（CIP）数据

高中生物教学实践与研究 / 袁细清著. -- 西安：
西安出版社, 2024. 10. -- ISBN 978-7-5541-7801-0

Ⅰ. G633.912

中国国家版本馆CIP数据核字第2024FV0474号

高中生物教学实践与研究
GAOZHONG SHENGWU JIAOXUE SHIJIAN YU YANJIU

出版发行：西安出版社

社　　址：西安市曲江新区雁南五路 1868 号影视演艺大厦 11 层

电　　话：（029）85264440

邮政编码：710061

印　　刷：北京政采印刷服务有限公司

开　　本：710mm×1000mm　1 / 16

印　　张：13.5

字　　数：270千字

版　　次：2024 年 10 月第 1 版

印　　次：2024 年 11 月第 1 次印刷

书　　号：ISBN 978-7-5541-7801-0

定　　价：58.00 元

目 录

下 篇　课堂实践与研究项目

上 篇
教学理念与策略分析

在教育的广阔天地里，每一位教师都是探索者，每一次教学都是一场深刻的对话。我，作为一名高中生物教师，有幸在这片沃土上耕耘，与我的学生们一同成长，一同探索生命的奥秘。经过27年的教学实践，我凝练了一套符合个人教学风格的教学理念与策略，它们如同一盏盏明灯，照亮了我和学生们前行的道路。

在这里，我将与大家分享"合作探究、情智共生"的教学理念，探讨如何通过构建学生成长共同体，激发学生的内在潜能，培养他们的合作精神和创新能力。我将详细阐述在这一理念指导下的教学策略，包括自主学习、合作探究、展示交流、总结梳理等环节，以及如何加强情意教育，培养学生的健全人格。

教育是一项充满挑战的事业，它要求我们不断更新观念，勇于创新。在这本书中，我将结合丰富的教学案例，探讨如何将现代教育理论与高中生物教学实践相结合，如何运用多元评价系统，全程跟踪学生的学业发展水平。我希望通过这本书，能够与更多的教育同人交流思想，共同推动教育的发展，培养出更多具有健全人格、创新精神和社会责任感的学生。

让我们一起走进"教学理念与策略"的世界，感受教育的温度，触摸教学的灵魂，共同书写教育的新篇章。

"合作探究、情智共生"提出的背景

在这个知识爆炸、技术革新日新月异的时代，教育正面临着前所未有的挑战与机遇。我们深知，教育不仅仅是知识的传递和技能的培养，更是智慧的启迪和情感的涵养。基于此，本书提出了"合作探究、情智共生"这一教学理念，旨在通过合作与探究的教学方式，促进学生情感与智力的和谐发展。

教育需求

一、"学会合作"是创新型人才的核心素养

在科学技术迅猛发展、国际竞争日益激烈和社会分工不断细化的今天，合作能力已成为每个人必备的关键技能。联合国教科文组织在《教育——财富蕴藏其中》一书中，将"学会合作"明确列为终身学习的四大支柱之一，凸显了合作在当代教育中的核心地位。合作不仅是生存与发展的必要条件，更是一种超越知识本身的重要能力。

实验心理学家赤瑞特拉通过实验发现，学生真正获取知识时，只读时会吸收10%，只听时会吸收20%，只看时能吸收30%，看与听结合时会吸收50%，听与说结合时会吸收70%，说与做结合时会吸收90%，将自己学到的教别人时会吸收95%。由此可见，在生生合作、师生合作的过程中，学生不仅能高效率地获取知识，还能培养积极的学习情感，促进他们快乐学习，对于他们的身心健康有极为重要的意义。

随着我国教学改革的不断深入和素质教育的全面推进，合作学习作为一种高效的学习方式和教学模式应运而生。它强调群体智慧的交融与碰撞，认识到创新和成功往往根植于团队的协作之中。21世纪——文化思想日新月异、高科技发展迅猛的时代，尤其呼唤能够适应时代要求的新型人才。这些人才不仅要善于求知、做事，

更要擅长合作、共事，具有高度的社会责任感、健全的人格，以及不可或缺的合作与创新精神。

历史数据表明，从1901年至1972年的诺贝尔奖得主中，超过半数的获奖成果是团队合作的结晶。这一事实强有力地证明了，在科学研究与技术创新中，合作的不可替代性。合作能够汇聚多方智慧，通过优势互补，促进知识的交流与碰撞，从而催生重大的突破与成功。

回溯中华文化的历史长河，合作学习的思想源远流长。《诗经·卫风·淇奥》中有"有匪君子，如切如磋，如琢如磨"，不仅描绘了古代君子的修养过程，也隐喻了学习中相互切磋、共同进步的合作精神。《学记》亦提出"独学而无友，则孤陋而寡闻"，强调了学习者之间相互讨论、交流经验的重要性，这与我们今天提倡的合作学习理念不谋而合。在"合作探究、情智共生"的教学理念下，教育的目的不仅是传授知识，更是激发学生的内在潜能，培养他们的合作精神和创新能力。通过合作探究，学生能够在情感与智力上实现共生发展，形成批判性思维和解决问题的能力，为成为新时代所需的创新型人才打下坚实的基础。

二、知识共同体：合作探究在创新人才培养中的核心作用

工业革命的浪潮推进到信息时代，以及技术的飞速进步和人工智能的蓬勃发展，已经深刻地重塑了我们的生活和认知方式。在当前知识爆炸和信息高速流通的背景下，市场竞争变得异常激烈。国家间对综合国力的角逐，实质上是科学技术能力的较量，而这种能力的培养和提升，归根结底取决于教育对人才培育的质量和深度。

面对这一挑战，全球各国政府正致力于推动教育课程的改革，探索培养具备"能力型"和"创新型"特征人才的有效途径。在此过程中，创新思维、问题解决能力、发散性思维和批判性思维等能力的培养，成了教育改革的核心目标。

然而，中国传统的课堂教学模式往往让学生处于被动接受的地位，缺乏主动思考和深入探究的机会。这种以记忆和重复为主的方式，限制了学生对知识深层次理解的探索，影响了他们科学思维能力的培养，也削弱了学生对学科的兴趣，与创新型人才培养的目标相去甚远。

为了适应现代社会对全面发展人才的需求，教育工作者必须更新教育教学观念，采用更加有效的教学手段和方法。"合作探究"教学模式应运而生，它强调在教师的引导下，通过提问、实践、探究和合作学习，激发学生的自主学习能力和创新精神。这种模式鼓励学生建立自己的知识体系，通过思辨和逻辑推理增强批判性思维和问题解决能力，从而改变传统以教师为中心的教学模式。

"合作探究"教学模式不仅能够提高学生的学科素养，还能培养他们的科学探究精神和终身学习能力。在这一模式下，学生在教师的引导下，通过小组合作学习，形成知识共同体，共同探索问题的多种可能性，分享不同的观点和见解。这种教学方式不仅促进了学生情感与智力的共生发展，也为他们成为能够独立思考、勇于创新的人才打下了坚实的基础。

因此，将"合作探究"教学模式融入高中生物学科的教学中，对于激发学生的学习兴趣，培养他们的创新能力和科学精神，具有不可估量的价值。这种以学生为中心的教学理念，正是"合作探究、情智共生"教学理念所倡导的，它预示着教育的未来方向，也是教育创新的重要途径。

三、情智共生：教育本质的现代演绎

现代教育的目标在于培养全面发展的个体，使其既具备深厚的知识底蕴，又能以情感的丰富性和智力的敏锐性去理解世界、解决问题。"情智共生"作为现代教学理念的核心，不仅体现了这一本质要求，更是对传统教育模式的深化与超越。

首先，"情智共生"强调情感与智力的和谐统一。在这一理念指导下，教育不再是冰冷的知识灌输，而是成为一场温情的陪伴和引导。学生的情感世界得到充分的尊重和培养，他们的同理心、合作精神和道德责任感在教育过程中得以滋养。这样的教育能够触及学生的内心，激发他们对知识的热爱和对未知的好奇，从而在学习中实现情感与认知的双向促进。

其次，"情智共生"倡导探究性学习和批判性思维。教育不再是对既定知识的简单接受，而是鼓励学生提出问题、探索答案、验证假设。通过这样的学习过程，学生的智力得到挑战，思维得到训练，创新能力得到提升。这种以问题为中心的教学方式，能够培养学生独立思考的习惯和解决问题的能力，为他们未来的学术研究或职业生涯打下坚实的基础。

再次，"情智共生"体现了教育的全人发展观。它关注学生的身心健康，强调知识学习与情感发展、道德修养、审美情趣的有机结合。在这一理念的引领下，教育活动变得更加多元和立体，学生的学习体验更加丰富和深刻。学生不仅学会了如何学习，更学会了如何生活、如何做人，这是教育对个体最深远的影响。

最后，"情智共生"展现了教育的社会责任。它培养的不仅是有知识、有技能的个体，更是有责任感、有担当的公民。通过情感教育，学生学会了关爱他人、尊重差异、维护正义；通过智力教育，学生具备了解决问题、推动进步、贡献社会的能力。这样的教育能够为社会培养出既有温度又有深度的人才，为社会的和谐与进步作出积极贡献。

为此，"情智共生"不仅体现了教育的本质要求，更是对教育目标的深刻诠释。它要求教育者在传授知识的同时，更要关注学生的情感世界和个性发展，引导他们在合作与探究中实现情感与智力的共同成长。这样的教育理念，无疑将引领教育走向更加宽广和深远的未来。

课程需要

进入21世纪以来，基础教育改革的步伐从未停歇。2000年3月，教育部制定并颁布了《全日制普通高级中学生物教学大纲（试验修订版）》，标志着素质教育这一理念在中小学课堂全面落地。该大纲以学生发展为本，首次提出知识与技能、过程与方法、情感态度与价值观的三维课程目标，为学生的全面发展、终身学习奠定了基础。2001年，《基础教育课程改革实施纲要》进一步强调要改变传统的接受式学习模式，倡导探究式学习，培养学生的问题解决能力和合作精神。

2010年，《国家中长期教育改革和发展规划纲要（2010—2020年）》明确提出要倡导探究式教学，帮助学生学会学习。2011年颁布的生物学课程标准将"倡导探究式学习"作为课程理念而提出，强调了生物学课程"既要让学生获得基础的生物学知识，又要让学生感悟生物学家在研究过程中所持有的观点以及解决问题的思路和方法。生物学课程期待学生主动地参与学习过程，在亲历提出问题、获取信息、寻找证据、检验假设、发现规律等过程中习得生物学知识，养成理性思维的习惯，形成积极的科学态度，发展终身学习的能力"。随着教学改革的深入，合作探究已成为广泛采用的教学模式，它既促进了学生知识与技能的提升，也更加关注学生的情感、态度与价值观的达成程度。

为落实立德树人根本任务，培养德智体美劳全面发展的社会主义建设者和接班人，《普通高中生物学课程标准（2017年版2020年修订）》（以下简称"课程标准"）明确指出"生物学学科核心素养是学生在生物学课程学习过程中逐渐发展起来的，在解决真实情景中的实际问题时所表现出来的价值观念、必备品格与关键能力，是学生知识、能力、情感态度与价值观的综合体现"。这一表述与"合作探究、情智共生"教学理念不谋而合。同时，课程标准在"实施建议"中特别强调"以探究为特点的主动学习是落实生物学学科核心素养的关键"。这是因为，以探究为特点的教学不仅会直接影响核心素养中"科学思维""科学探究"的落实，也会间接影响另外两个核心素养的达成。因此，生物学教学不仅是教师讲解和演示的过程，也是师生交流、共同发展的互动过程。教师应该提供更多的机会让学生亲自参与和实践，重视信息化环境下的学习。这种有目的、有步骤的学生自主学习活动主要包括对生物及其相关事物进行观察、描述，以及提出问题、查找信息、提出假设、验证假设、思维判断、作出解释，并能与他人合作和交流等。在此过程中，培养学生的创新精神和实践能力。

2022年，党的二十大报告再次强调办好人民满意的教育，加快建设高质量教育体系，实施创新驱动发展战略。在这一背景下，"合作探究、情智共生"教学理念的提出，不仅是对当前教育改革的积极响应，也是对未来教育发展方向的深刻把握；不仅是一种教学策略，更是一种教育哲学。通过合作探究，我们才能够更好地落实立德树人的根本任务；强调情智的共生，情中生智，智中有情，才能培养出人格健全、时代发展所需要的融合型、创新型人才。

概念溯源及界定

一、合作学习

合作学习是一种教学策略，它鼓励学生通过小组活动，共同完成任务，解决问题，并在过程中互相学习，互相支持。这种方法强调学生的积极参与，促进他们的沟通、协作和批判性思维技能的发展。美国著名教育心理学家罗伯特·斯莱文认为合作学习是指"学生在小组中从事学习活动，并根据他们整个小组的成绩获取奖励和认可的课堂教学技术"。约翰逊（美国）兄弟则认为合作学习就是"在教学上运用小组，使学生共同活动以最大限度地促进他们自己以及他人的学习"。而曾担任过国际教育合作研究会主席的戴维森（美国）从任务、形式、气氛、责任感、编组原则、合作技巧和依赖性七个方面对合作学习进行了界定。

我国学者王坦在《合作学习——原理与策略》中对合作学习的含义也做了如下总结："合作学习是以学习小组为基本组织形式，系统利用教学动态因素之间的互动来促进学习，以计划为先导，以团体成绩为评价标准，以开发和利用课堂中人的关系为基点，以全面提高学生的学业成绩和改善班级内的社会心理气氛、形成学生良好的心理品质和社会技能为根本目标的……一系列教学活动的统一。"

二、探究性学习

"探究"一词起源于古希腊哲学家苏格拉底提出的"产婆术",它强调教师与学生进行谈话时,揭示学生自相矛盾之处,不断地进行反问与归纳,引导学生通过自己的思考得出正确的结论。此后,卢梭、培根、赫尔巴特、夸美纽斯等思想家也在其论著中提到了"探究"一词。到19世纪末20世纪初,美国教育家杜威提出探究法的模式,为探究学习奠定了基础。德国教育家第斯多惠和美国教育心理学家布鲁纳在杜威提出的探究法模式的基础上,提出"探讨发现"的教学法原则和"发现学习"理论。20世纪五六十年代,美国教育家施瓦布首先正式使用了"探究学习",将"探究"作为一种教学的方式引入课堂,探究学习也因此成为世界课程改革的热潮。譬如,美国颁布了《国家科学教育标准》,倡导以科学探究的方式来学习科学,指出"学科学的中心环节是探究"。

1979年,哈佛大学教授兰本达访问我国,将"探究式教学"带到中国,国内教育研究工作者和一线教师开始对探究学习进行理论和实践研究。普通高中生物学教材主编、教育家朱正威先生认为:"探究性学习是有计划地、有效地组织好学习过程中的探究活动,它既是一种学习方式,也是一种教学策略或方法。"刘恩山教授认为:"探究性学习是指学生通过类似于科学家科学探究活动的方式获取科学知识,并在这个过程中学会科学的方法和技能、科学的思维方式,形成科学观点,树立科学精神。探究性学习是对传统教学方式的一种改革,学生将从教师讲什么就听什么,教师让做什么就做什么的被动学习者,变为主动参与的学习者,教学模式也将发生根本的改变。"

三、合作探究

基于对合作学习和探究性学习的溯源分析,不难发现合作探究教学模式是以探究问题或者任务为逻辑起点,以真实情境为主要的探究内容,通过小组合作,在课堂上或课后以合作探究为主要学习方式,以小组为评价对象。通过合作探讨,使学生充分发挥主观能动性,积极主动建构知识,提高解决问题能力,最终在小组成员的互助和教师的指导下提升学科素养的一种教学模式。

四、情智共生

教育不仅是知识的传授,更是个体成长和人格塑造的重要途径。在这一过程中,合作探究作为一种教学理念,强调了师生共同参与,共享教学资源,形成了一种相互融合、相互渗透的教学形态。这种形态不仅蕴含着丰富的道德与情感,也是学生全面发展的关键。然而，受到传统"科学认识论"和应试教育的影响，课堂教学往往过于偏重知识的传授，而忽视了学生情感、意志、价值观的培养，这种偏颇的做法割裂了学习的完整性。肖川教授从人的自然存在、社会存在和精神存在三个层面对学习进行了深刻的解读，指出学习不仅是掌握生存技能，更是遵循生活规范、探索生命价值的过程。

"情智共生"的概念在此基础上进一步发展。它要求教育不仅要关注学生的智力发展，还要关注他们的情感、伦理、价值观和社会责任等非智力品质的培养。教育的本质是育人，而人的情感是其不可或缺的一部分。课程标准明确指出，生物学科的核心素养包括生命观念、科学思维、科学探究和社会责任。这些素养不仅要求学生掌握科学知识，更要求他们培养良好的道德情感和社会责任感，以实现科技向善的目标。

智力的发展同样重要。智慧是辨析、判断和发明创造的能力，是人对客观世界和人生深刻理解的体现。教育应当促进学生智慧的发展，帮助他们形成正确的价值观，通过情感的培养促进智力的成长，反之亦然。本教学理念强调"共生"，意味着教育过程中的每个个体——学生、教师、家长以及更广泛的社会成员都是相互依存、相互促进的。"共生"在这里不仅是一个生态学概念，更是一种教育的理念，它强调在教学中实现情感与智力的相互促进和转化。我们鼓励学生在合作探究中发现自我、表达自我，并与他人建立起积极的互动关系。通过这样的过程，学生不仅能够获得知识和技能，更能在情感上获得支持，在智力上得到挑战。

在生物学科的教学中，我们期望通过共同的努力，能够为学生营造一个充满爱、尊重和智慧的学习环境，"情智共生"的理念要求我们不仅要传授科学知识，还要培养学生的社会责任感和道德品质，让他们在成长的道路上，既能感受温暖，也能追求卓越。实现立德树人的根本任务，促进学生情感与智力的和谐发展，最终实现全人教育的目标。

"学习金字塔"理论

　　"学习金字塔"理论，由美国教育专家德加·戴尔提出，是视听教学理论的核心组成部分。该理论通过金字塔模型展示了不同学习方式对知识保持率的影响，强调了主动学习的重要性。在教育学领域，它与建构主义、社会文化理论等密切相关，共同构成了现代教育的理论基础。学习金字塔揭示了学习者在被动与主动学习模式下的知识保持差异。研究表明，当学生通过讲授和听讲的方式学习时，知识保持率最低，仅为5%；而当学生通过教授他人来巩固知识时，保持率可高达90%（见图1-1）。这一现象背后的心理学原理是，教授他人不仅加深了对知识的理解和记忆，还促进了批判性思维和沟通能力的发展。

学习内容平均留存率

听讲（Lecture） 5%

阅读（Reading） 10%

视听（Audiovisual） 20%

演示（Demonstration） 30%

讨论（Discussion） 50%

实践（Practice Doing） 75%

教授给他人（Teach Others） 90%

学习金字塔

图1-1　学习金字塔

　　在"合作探究、情智共生"的教学理念下，学习金字塔理论进一步强调了情感因素在学习中的作用。情感投入能够激发学生的学习兴趣，增强学习动机，从而提高学习效率。为此，在高中生物的课堂教学中，我们可以通过建立积极的课堂氛围，鼓励学生之间的情感交流，通过情感教育来培养学生的社会责任感和同理心。

认知主义学习理论

认知主义学习理论主要代表人物有皮亚杰、布鲁纳、奥苏贝尔等。皮亚杰认为儿童的认知水平随着年龄的增长而变化，皮亚杰将个体的认知发展根据年龄划分为四个阶段，即感觉运动阶段、前运算阶段、具体运算阶段和形式运算阶段，相对应的年龄是，0~2岁、2~7岁、7~11岁和11~16岁，并指出四个阶段之间并不是完全分离的，而是有一定的交叉。这个阶段最大的特点是学生能够分开内容和形式，思维能力逐渐开始接近成人，也获得了相应的逻辑思维能力和推理能力，并且可以依据假设进行逻辑推理。布鲁纳主张"发现学习"是通过学生自主探索获得问题的最终答案的一种学习方式。在教学中创设问题情境，提出学生感兴趣的问题，让学生自主探索，运用逻辑思维进行分析，解决问题，进而发展学生的创造性思维、批判性思维。奥苏贝尔主张"有意义学习"，他提出教学材料与学习材料本身都应具有逻辑意义，需符合学生的思维发展，与原有的经验相联系，从而实现新知识与学生已有的旧知识建立联系。因此，认知发展理论为合作探究这一理念奠定了坚实的理论基础。

一、布鲁纳的发现学习论

在认知主义学习理论中，布鲁纳特别强调了学生的主动探究精神。他认为，学生通过观察事物的变化，发现其背后的原理和规律，是构成学习的核心要素，因此他的理论也被称为"发现学习理论"。

布鲁纳将人类通过感知将外部事物或事件转化为内在心理事件的过程称为"认知表征"。他将认知表征的发展分为三个阶段：动作表征、形象表征（或称为图像表征）和符号表征（或称为象征表征）。个体之所以能够认识环境中的事物，是因为每个人都具备对事物进行认知表征的能力。这种能力会随着个体认知的发展而不断变化。

在布鲁纳的认知发展理论中，直觉思维被视为发现学习的起点。学生在探索外界事物、寻找问题答案的过程中，布鲁纳鼓励他们首先运用自己的知识和经验进行直觉思考。尽管直觉思考不一定总能得出正确答案，但它能激发学生的思考活力。当直觉思考揭示出解决问题的线索时，它便成为发现学习的重要前奏。布鲁纳同样强调了学习情境的结构性对于有效学习的重要性。他认为，只有在结构化的学习情境中，发现学习才有可能发生。结构性是指知识的基本框架，它由一系列相互关联的概念组成。例如，一个句子的结构需要名词、动词、形容词和副词等在适当的位置相互连接，以表达完整的意思。如果学生已经掌握了基本的语法结构，他们就能够从文本中自行探索作者的意图。反之，如果教材缺乏结构性，或者学生缺乏必要的认知结构知识，发现学习就无法实现。布鲁纳提出了以下四点来阐述学习情境结构性的重要性。

（1）结构化的教材有助于学生深入理解知识。

（2）结构化的教材有助于学生形成长期记忆，减少遗忘。

（3）学生从结构化学习中获得的原理原则，有助于他们在类似情境中实现正向学习迁移。

（4）掌握结构化知识的原理原则，可以培养学生在自主学习时化繁为简的能力。

布鲁纳还指出，在探索过程中发现的答案，无论正确与否，都具有重要的反馈价值。他认为，学生在探索性反应后是否立即获得强化性反馈并非最关键的。反馈应当是学生从错误中学习、调整认知的过程。当学生发现自己的错误并自行纠正时，这种内在的反馈比外在奖励更有价值。因此，在发现学习理论中，发现错误和发现正确答案对有效学习同样重要。布鲁纳警告说，如果教师在学生自己探索尝试之前就告诉他们答案，会导致学生对知识的浅尝辄止，难以深刻理解和长期记忆。基于此，布鲁纳强调教师在教学中应首先关注学生的身心发展，引导学生如何进行思考，以及如何在探究活动中发现规律。通过这种方式，学生可以整理和整合信息，形成自己独特的知识体系和经验。

二、奥苏贝尔的认知同化学习理论

奥苏贝尔作为认知学习派的杰出代表，以其对认知同化学习理论的深入研究而闻名。该理论着重指出，学习者在吸收新知识时，会将其与大脑中已有的知识结构相融合，从而构建起知识间的内在联系和完整的知识体系。

奥苏贝尔提出，学习者在接触新的学习内容时，如果感到内容难以理解或难以与现有知识相融合，他们的学习动机和热情可能会受到影响。相反，当新知识与已有知识成功建立联系，形成有意义的互动时，学习者将更积极地探索并深刻理解新知识。

在奥苏贝尔的认知同化学习理论框架下，他特别强调了三种学习方式：上位学习、下位学习和并列结合学习。上位学习是在新知识较为广泛且能涵盖旧知识的情况下发生的；下位学习则是新知识更具体，可以作为旧知识的一部分；并列结合学习则涉及新旧知识在某些方面相似但又有所区别的情况。

奥苏贝尔的认知同化学习理论告诉我们，教育工作者需要深入了解学生现有的知识基础，并据此选择适宜的教学方法和策略。例如，当学生对某个主题已有较深的理解时，教师可以引导他们进行上位学习，从更广阔的视角整合和概括知识，构建知识体系；而当学生对某些知识点掌握不够牢固时，教师应指导他们进行下位学习，夯实基础，逐步构建起完整的知识结构。此外，教师应帮助学生发现新旧知识之间的内在联系，激发他们的学习热情，使他们感受到学习内容的连贯性和整体性。只有如此，学生才能真正理解并掌握新知识，发展和提升认知能力。

三、认知主义学习理论对中学生物教学的启示

认知主义学习理论强调学生学习的灵活性、主动性和发现性。它要求学生自己观察、探索和实验，发扬创造精神，独立思考、改组材料、发现知识、掌握原理原则。它提倡探究性的学习方法，强调通过发现学习来使学生开发智慧潜力，调节和强化学习动机，牢固掌握知识并增强创新的本领。这些观点为"合作探究、情智共生"的教学理念提供了坚实的理论基础。在高中生物教学中，这一理论不仅强调了学生主动探究的重要性，也与情感和智力的共同发展相契合。

（1）主动探究与合作学习相结合：在生物教学中，教师可以设计以小组为单位的探究活动，鼓励学生主动参与，通过团队合作来共同解决问题。这种合作探究不仅能够促进学生认知表征的发展，还能培养他们的社会交往能力和团队协作精神。

（2）情感因素的融入：在探究活动中，教师应关注学生的情感体验，创造一个支持性和鼓励性的学习环境。通过讨论、反思和表达，学生能够在情感上与学习内容建立联系，从而增强学习动机和兴趣。

（3）认知发展的阶段性引导：布鲁纳的认知表征理论指出了认知发展的三个阶段。在高中生物教学中，教师可以根据学生的认知发展水平，设计不同层次的教学活动，从动作表征到形象表征，再到符号表征，逐步引导学生深入理解生物概念和原理。

（4）情智共生的教学设计：在设计教学活动时，教师应考虑到情感和智力的共同发展。例如，在讲解生物伦理问题时，可以引导学生探讨生命的价值和科学的责任，这样既能够促进学生智力的发展，也能够培养他们的道德情感和社会责任感。

（5）个性化的知识构建：鼓励学生在探究过程中发现规律，整理和整合信息，

形成个性化的知识体系。教师可以提供多样化的学习资源和方法，帮助学生根据自己的兴趣和特点，构建独特的生物知识体系。

（6）教师角色的转变：在"合作探究、情智共生"的教学理念下，教师的角色应从知识的传授者转变为学习的引导者和促进者。教师应通过提问、讨论和反馈，激发学生的思考，引导他们发现问题、分析问题并解决问题。

通过这些教学策略的实施，认知主义学习理论能够在高中生物教学中得到更深入的应用，同时也能够更好地支持"合作探究、情智共生"的教学理念，促进学生的全面发展。

人本主义学习理论

20世纪中叶，美国见证了人本主义学习理论的兴起与发展。这一理论以人本主义心理学为基础，由心理学家马斯洛和罗杰斯等人深入推动。

人本主义学习理论提倡将学习者视为完整的个体，强调心理学研究应全面涉及个体的正常心理状态，特别关注个体的热情、信念、生命价值和尊严等高级心理活动。该理论从全人教育的视角出发，重视学习者整体的成长，鼓励激发学习者的经验和创造潜能，促进他们结合认知与经验，实现自我肯定和自我实现。

人本主义学习理论着重于创造一个支持性的学习环境，使学习者能够基于个人视角感知世界，形成对世界的理解，并追求自我实现的境界。这一理论与传统心理学派别不同，被称为心理学界的"第三种力量"。它着重于从个体的直接经验和内在感受来理解人的心理，强调人的本性、尊严、理想和兴趣，并认为个体的自我实现和创造性追求是行为的主要驱动力。

人本主义心理学家追求对人的行为的全面描述，认为行为主义和认知心理学各有局限，而他们则强调从行为者的视角出发，理解个体所感知的世界。人本主义者特别关注学习者的个人知觉、情感、信念和意图，认为这些是导致个体差异的关键"内部行为"。因此，他们主张以学习者为中心，构建学习情境。

作为人本主义心理学的重要代表，罗杰斯认为人类具有天生的学习愿望和潜能，这些潜能在适宜的条件下可以得到释放。他强调，当学习内容与学习者的个人需求相关时，学习的积极性最容易被激发。在一个心理安全的环境中，学习可以更加高效。罗杰斯视教师为学习者学习的"促进者"，而非单纯的知识传递者，强调教师应为学生提供学习资源和支持，让学生自主决定如何学习，从而在合作探究的过程中实现情智共生。

一、马斯洛的需求层次理论

马斯洛的需求层次结构是心理学中的激励理论，包括人类需求的五级模型，通常被描绘成金字塔内的等级。从层次结构的底部向上，需求分别为：生理（食物和衣服）、安全（工作保障）、社交需要（友谊）、尊重和自我实现（见图1-2）。这种五阶段模式可分为不足需求和增长需求。前四个级别通常称为缺陷需求（D需求），而最高级别称为增长需求（B需求）。1943年，马斯洛指出，人们需要动力实现某些需要，有些需求优先于其他需求。

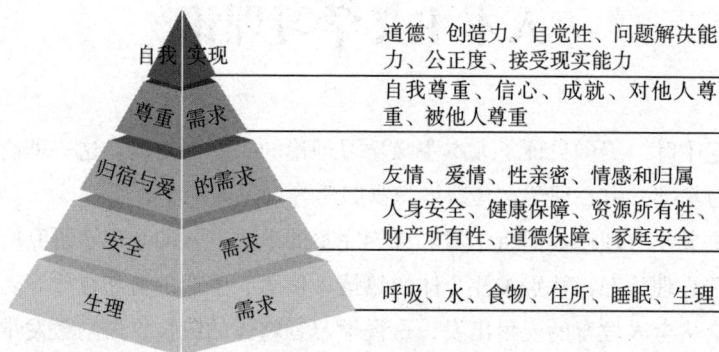

图1-2 马斯洛的需求层次理论图

（一）基本观点

（1）基本需求的层次性：马斯洛提出人类具有五种基本需求，这些需求按照一定的层次结构排列，从最基本的生存需求到最高层次的自我实现需求。

（2）需求层次与力量的关系：需求的层次越低，其对个体行为的驱动力越强。随着需求层次的提升，其驱动力相对减弱。通常情况下，只有当较低层次的需求得到满足后，个体才会追求更高层次的需求。

（3）需求的分类：低层次需求，如生理和安全需求，对个体的生存至关重要，被称为"缺失需求"。而高层次需求，如自我实现需求，虽非生存所必需，但它们的满足对个体的健康和福祉有积极影响，因此被称为"成长需求"。高层次需求的满足往往需要更有利的社会、经济和政治环境。

（4）需求满足的连续性：马斯洛后来指出，需求的满足并非遵循"全有或全无"的规则。在他最初的理论中可能给人留下了这样的印象，即在更高层次的需求出现之前，必须完全满足低层次的需求。实际上，高层次需求的出现并不要求低层次需求的完全满足。

（5）个体需求的差异性：不同的个体对需求的追求有不同的优先级。一些人可能更加重视自尊需求，而另一些人可能更注重社交和归属感的需求。

（6）需求满足的例外情况：在某些情况下，个体可能会为了实现更高层次的需求而牺牲低层次的需求，如为了追求理想而不顾个人安危。

（二）马斯洛的需求层次理论对教育的启示

马斯洛的需求层次理论为教育领域提供了深刻的启示，强调了在满足基本需求的基础上促进学习的重要性。

首先，确保学生的基本生理和安全需求得到满足，为他们提供一个安全、无威胁的学习环境，这有助于减少学生的焦虑，提高学习效率。

其次，通过小组合作学习和同伴互助，强化学生的社交需求，建立积极的师生关系和同伴关系，增强学生的归属感和团队精神，这对于激发学生的内在学习动机至关重要。尊重需求的满足是提升学生自尊和自我价值感的关键。教师应认可学生的成就和努力，通过公开表扬、奖励机制和同伴评价，增强学生的成就感和满足感。

最后，鼓励学生探索个人兴趣，提供个性化反馈，赋予学生责任，以培养他们的自我效能感和责任感。在学生遇到困难时，教师应提供必要的支持和鼓励，帮助他们坚持不懈，重视学习过程中的努力和进步，而不仅仅是最终结果。此外，通过设定具体学习目标、提供学习选择和鼓励自主学习，教师可以帮助学生保持积极的学习态度，并培养其终身学习的能力。

此外，学校教育还应建立一种尊重和认可的文化，尊重多样性和促进同理心，营造一个安全、包容的学习环境。在学科教学中，注重学生情感的培养，如对生命的尊重和对自然的热爱，同时通过科学探究活动，培养学生的智力和批判性思维能力，实现情感与智力的共同发展。通过这种以学生为中心的教育方法，高中教育可以更有效地满足学生的需求，促进他们的情智发展，激发学习动机，帮助他们克服学习中的困难，最终培养出自信、有动力、能够自我实现的个体。

（三）罗杰斯的人本主义教育理论

罗杰斯的人本主义教育理论为中学教育实践提供了一种深刻的教学哲学，它将学生视为教育的中心，强调了教师在促进学生自我实现中的关键作用。教师的角色从传统的知识传递者转变为学习的引导者和促进者，这要求教师在教学中更加关注学生的个体差异、兴趣和需求。通过建立基于信任和尊重的师生关系，教师能够激发学生的学习动力，引导他们探索自我、发现兴趣，并在知识的海洋中自主航行。在这一过程中，教师应设计开放性的教学活动，鼓励学生提出问题、进行批判性思考和创造性表达，从而实现学生的全面发展。

此外，罗杰斯的理论还强调了情感教育的重要性。在中学阶段，学生正处于情感和社交技能快速发展的时期，教育者应当提供一个安全、支持的学习环境，让学生能够在尝试和探索中学会自我表达、培养同理心和团队合作精神。通过小组讨论、角色扮演和同伴评价等互动式学习活动，学生不仅能够获得知识，还能够在情感上得到成长，学会尊重他人、理解多样性，并建立起积极的人际关系。这样的教育实践有助于学生形成积极的自我概念，培养他们成为既有知识能力又有情感智慧的个体，为未来的社会生活和职业生涯打下坚实的基础。

（四）人本主义学习理论对当前高中生物教学的启示

人本主义学习理论强调将学习者视为完整的个体，强调心理学研究应全面涉及个体的正常心理状态，特别关注个体的热情、信念、生命价值和尊严等高级心理活动。在高中生物教学中，可以借鉴人本主义学习理论的核心观点，构建一个以学生为中心、注重情感发展的教学环境。

首先，教师应重视学生的个体差异，尊重学生的自主性和独特性。在生物教学中，可以通过引导学生提出问题、开展独立探究和实验等方式，激发他们的学习兴趣和动力，培养他们的自主学习能力。

其次，教师应创造一个支持性的学习环境，注重师生和同学之间的情感交流和互动。通过小组合作学习、角色扮演和同伴互助等活动，培养学生的合作精神和团队意识，提高他们的情商和社交技能。

最后，教师还应注重学生的情感发展，关注他们的情感需求和心理健康。在生物教学中，可以通过引导学生探讨生命的奥秘、培养对自然界的敬畏之心，激发他们对生命的热爱和探索欲望，从而促进他们的情感成长和个性发展。

总的来说，人本主义学习理论为当前高中生物教学提供了重要启示，即建立一个以学生为中心、注重情感发展的教学模式，通过合作探究和情智共生的教学方式，培养学生的综合素养和创造性思维能力，为其未来的发展打下坚实的基础。

建构主义学习理论

建构主义学习理论是行为主义发展到认知主义以后的进一步发展。现代建构主义理论创立的直接先驱是皮亚杰和维果茨基的智力发展理论。皮亚杰在1970年发表了《发生认识论原理》，其中主要研究知识的形成和发展。他从认识的发生和发展这一角度对儿童心理进行了系统、深入的研究，提出了认知是一种基于主体已有的知识和经验的主动建构，这正是建构主义观点的核心所在。

在皮亚杰上述理论的基础上，许多专家、学者从各种不同角度进行建构主义的发展工作。维果茨基强调学习者的社会文化历史背景的作用，提出了"最近发展区"的重要概念；科尔伯格在认知结构的性质与认知结构的发展条件等方面作了进一步的研究；斯腾伯格和卡茨等人则强调了个体的主动性在建构认知结构过程中的关键作用，并对认知过程中如何发挥个体的主动性作了认真的探索；维特洛克提出学习的生成过程模式；乔纳生等提出非结构性的经验背景；现代建构主义中的"极端建构主义""个人建构主义"也都是建构主义的新发展。所有这些研究都使建构主义理论得到了进一步的丰富和完善，为建构主义理论应用于教学实践奠定了基础。

一、建构主义学习理论的核心观点

（1）学生先前经验的利用：建构主义认为学生并非空着脑袋进入教室，他们在日常生活和以往的学习中已经积累了丰富的经验。因此，教师应充分利用学生的这些经验，将其作为新知识学习的起点。

（2）教学的引导作用：在教学过程中，教师的角色是引导者而非知识的唯一来源。教师应帮助学生在已有知识的基础上，通过思维的碰撞和讨论，自主构建新知识。

（3）学习的社会文化背景：建构主义强调学习是在特定的社会文化背景下发生的。学习者通过与他人的互动，利用必要的学习材料，在具体情境中构建知识。

二、建构主义学习环境的四大要素

（1）情境：建构主义学习环境应设计有助于学生进行意义建构的情境。教学设计应重视情境创设，使其成为教学设计的核心内容。

（2）协作：协作是学习过程中不可或缺的一部分，它在学习资料的搜集、分析，假设的提出与验证，学习成果评价等环节中起着关键作用。

（3）会话：会话是协作学习中的重要环节，通过会话，学习者可以交流想法，共享思维成果，从而促进意义建构。

（4）意义建构：意义建构是学习过程的最终目标，涉及对事物性质、规律及其内在联系的深刻理解。这种理解在大脑中以图式的形式长期存储，构成了个体的认知结构。

三、建构主义学习理论的教学实践意义

（1）自主学习：建构主义鼓励学生主动探索和构建知识，强调学生的自主性和自我驱动力。

（2）合作学习：通过小组合作，学生可以共享资源、交流思想、互助合作，共同完成任务。

（3）探究学习：建构主义倡导通过实践活动和基于情境的问题解决，培养学生的探究能力和科学思维。

四、建构主义学习理论对高中生物教学的启示

（一）对学生学习方法的指导

建构主义提倡在教师指导下的、以学习者为中心的学习，学生是信息加工的主体，是意义的主动建构者，而不是外部刺激的被动接受者和被灌输的对象。学生要成为意义的主动建构者，就要在学习过程中从以下几个方面发挥主体作用。

（1）要用探索法、发现法去建构知识的意义。

（2）在建构意义过程中要求学生主动去搜集并分析有关的信息和资料，对所学习的问题要提出各种假设并努力加以验证。

（3）要把当前学习内容所反映的事物尽量和自己已经知道的事物相联系，并对这种联系加以认真的思考。

（二）教学策略的选择

建构主义提倡在教师指导下的、以学习者为中心的学习，也就是说，既强调学习者的认知主体作用，又不忽视教师的指导作用，教师是意义建构的帮助者、促进者，而不是知识的传授者与灌输者。教师要成为学生建构意义的帮助者，就要在教学过程中从以下几个方面发挥指导作用。

（1）激发学生的学习兴趣，帮助学生形成学习动机。

（2）通过创设符合教学内容要求的情境和提示新旧知识之间联系的线索，帮助学生建构当前所学知识的意义。

（3）为了使意义建构更有效，教师应在可能的条件下组织协作学习（开展讨论与交流），并对协作学习过程进行引导使之朝有利于意义建构的方向发展。引导的方法包括：提出适当的问题以引起学生的思考和讨论；在讨论中设法把问题一步步引向深入以加深学生对所学内容的理解；要启发诱导学生自己去发现规律，自己去纠正和补充错误的或片面的认识。

建构主义学习理论为高中生物学等学科的教学实践提供了重要的指导价值。建

构主义学习理论强调了学生在知识建构中的主体作用，以及教师在促进学生学习过程中的引导作用。在高中生物教学中，教师应设计以学生为中心的教学活动，促进学生的主动学习和深入理解，激发学生的学习热情，培养他们的科学探究精神和终身学习能力。

"合作探究、情智共生"理念下的教学策略

教学策略是教师为了达成特定的教学目标，而在教学过程中有计划地采用的一系列教学方法、活动和步骤。这些策略通常基于教育理论、学习心理学、课程要求以及学生的特定需求。教学策略的选择和实施直接影响教学质量和学生学习的效果。

一、构建了基于"合作探究、情智共生"理念下的成长共同体高中生物课堂教学模式

通过对教学内容、教学策略、教学程序的改革，打破了原有的教学格局，对新授课型、一轮复习课型、专题复习课型、实验探究课型、生物学科的选修课型、竞赛和研究性课型等不同类型的课例进行了共性提炼，就课前、课中与课后的学习安排与教学任务进行了归纳，将自主、合作、探究、展示、升华融入教与学活动的各个环节，构建了成长共同体高中生物课堂教学模式（见图1-3）。

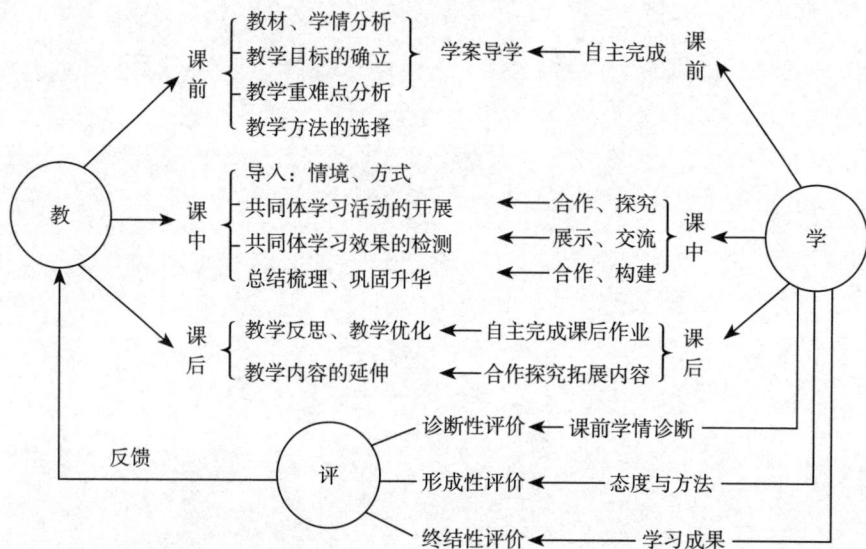

图1-3 基于成长共同体的高中生物课堂教学模式

（一）学生成长共同体的内涵

学生成长共同体就是班级的全体同学为了共同的愿景和目标，按照组间同质、组内异质的原则精心分组，以促进成员间在认知和情感上的互补与成长。通过合作探究，鼓励学生分享知识、经验与情感，以此激发每个人的全面发展潜力。

学生成长共同体，作为一种全人教育理念的实践，不仅追求知识的传授，更重视情感、价值观和社会责任感的培养，体现了"合作探究、情智共生"的核心价值。区别于一般的临时组建学习小组，学生成长共同体有着相对固定的组内成员、相对完善的议事制度和分工，以及相对完备的考核机制。

学生成长共同体强调小组成员之间的相互合作、交流和支持，以促进每个成员的全面发展。关注团队精神的培养，渗透团队文化，鼓励学生理解团队合作的重要性，认识到每个成员的独特价值，并尊重多样性。共享学习目标，确保所有学生都明白学习的目标和期望，以及如何通过共同努力来实现这些目标。注重突出教学的情意功能，追求教学在认知、情意、技能与人际目标上的和谐达成。这是因为合作学习的过程既是满足个体内部需要的过程，又是同伴之间合作互助的过程。比如在小组活动中，同伴之间互帮互助，彼此合作，共同探讨，共同解决问题，让小组成员之间充满了温情与友爱。

（二）学生成长共同体的组建

合作学习为学生提供了相互交流的机会，充分发挥每一位学生的特长，共同完成一些难度较大的学习任务，有利于学生科学思维和探究能力的培养。在组建学生成长共同体的过程中，一般采取学习小组的模式，按照组间同质、组内异质的分组原则，确保小组成员能够在"知、情、意、行"上的相互补充，共同促进智力和情感的协调发展，将班上同学按照4~6人为一个学习共同体，并采用"三三三"形座位编排（见图1-4），方便小组同学交流。在每一个成长共同体（学习小组）中培养一位小组长，负责分配学习任务、组织讨论交流、总结成员学习情况等工作。

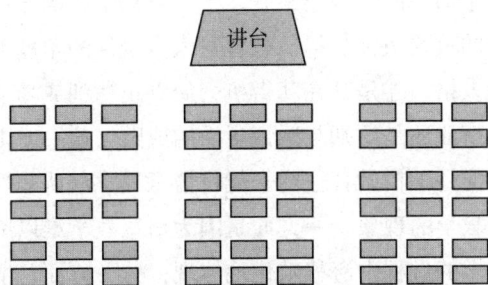

学生成长共同体分组示意图

图1-4　学生成长共同体分组示意图

二、确定"自主、合作、探究、展示、升华"为高中生物课堂教学的基本环节

（1）自主学习。教师用一定的学习载体（学案、预习提纲、诊断性试题等）引导学生自主学习，解决知识性、技能性的问题，初步构建知识网络等。

（2）合作、探究。合作探究的形式丰富多样，如生生合作（包括组内合作、组间合作）、师生合作，课下合作、课上合作等。在合作中互相启发，思维碰撞。

（3）展示交流，深化理解。学生通过在小组或全班的展示交流，把感性的、粗浅的想法理性化。在小组展示过程中，教师深入小组中，观察发现问题，调整教学内容等。

（4）总结梳理，巩固升华。主要通过成长共同体对本节、本单元、本专题内容进行小结，教师进行讲解和点评。

三、加强情意教育，健全学生人格养成

合作学习不仅是一种学习方式、一种教学方式，更是一种生活方式、一种生活态度，是学生将来顺利融入社会的重要途径。现实中，许多合作探究学习模式的教学活动忽略了情感教育和团队合作技巧的培养，导致合作小组中的成员之间消极互赖现象严重，团体意识差，不愿与其他成员实现资源共享，难以进行深入的面对面的交流；对团体和小组其他成员的责任意识差，完成自己的任务后，便不再愿意帮助其他成员。为此，在教学中需要教师适时的渗透情感教育和合作技能，提升合作探究的效果和水平。

在全人教育的理念下，情意教育（这里的"情意"指的是学生的情感、态度和价值观、伦理观念、道德品质等非认知品质，下同）与知识传授，同样至关重要。如果说获取新知识是个体智力成长的基石，那么情意学习则是个体人格完善的关键所在。从教育对个人生活功能的视角来看，个人自幼学习的知识技能，无疑是参与竞争、获得成功机会的重要条件。但从教育对人生价值的角度审视，个人从小通过情意教育培养的健全人格，才是其在获得机会后真正达到成功境界的充分保障。纵观人生百态，无论是事业还是婚姻与感情生活的成败，这一原则都得到了充分的印证。然而，现实的情况是学校教育往往未能将情意教学与认知教学置于同等重要的地位。这种偏重认知教学的现象，一方面是因为情意教学难以单独设立学科，其效果往往需要在学科教学的过程中潜移默化地体现；另一方面，情意教学的效果难以像学科教学那样进行量化的评估（如通过考试成绩评分），而只能依赖平时对学生行为表现的质性观察和记录。

为此，在课堂教学中，教师要积极创设情境，渗透情意教育，助力学生养成积极向上、热爱生命的生活态度，养成悦纳他人的良好情绪，提高适应环境的能力，提升社会责任感。例如"生物多样性与环境保护"一节的教学中，教师可以展示不同生态系统的生物多样性，讨论人类活动对生物多样性的影响，并引导学生思考如何保护环境，渗透人与自然和谐统一的生态伦理观。又如在讲授"人类遗传病"的遗传病检测这一知识内容时，引导学生应遵循怎样的医学伦理，如何确保患者的个人信息包括基因信息不被泄漏，以便更好地尊重、保护患者的隐私。

四、总结出适用于成长共同体课堂教学配套资料的编写原则

通过反复论证并借鉴同行的优秀经验，提出基于成长共同体的高中生物课堂教学模式，今后在优化、完善学案导学教学资料过程中，应遵循的几个基本原则：

（1）以"自主学习"为基础。学案内容的选取和编排应有利于学生通过课前对学案内容的自主学习，能够帮助他们构建清晰与完整的知识体系，助力他们形成生命观念，为后续的合作探究打下扎实的知识基础。在课后的提升训练中，使学生的科学思维、科学探究素养能够得到有效的提升。

（2）以"合作探究"为核心。由于学生学习方式的转变，学生由传统的个体学习转化为以共同体为单位的集体协作，故在学案导学资料的编写过程中，应注重选取具有一定思维深度、较高探究价值和具有教育意义的试题、实验设计或材料分析，引导学生开展丰富多样的合作与探究，助力他们在合作探究，互相检查、质疑、解疑、共享的学习活动中，习得知识、提升能力、拔高思维水平，创新问题解决途径，培养良好的社会责任感，发展学生的生物学核心素养。

（3）以"问题解决"为基石。在学导案的编写过程中，注重选取合适的素材，训练学生学会如何把习得的知识转化为问题解决的能力，即学习任务或项目是学习的起点，解决问题（项目、任务）成为学习的最终目标，知识习得成为问题解决过程中的自然生成结果。

（4）以"核心素养"为灵魂。培养学生生物学核心素养是新课程的价值追求，也是课程预期的教学目标。核心素养所涵盖的生命观念、理性思维、科学探究、社会责任四个方面的基本要求，是较以往生物学课程更具有挑战性的目标要求，需要通过每节课或每项活动来逐步培养形成。为此，课题组成员在制定每个单元、每节课（或活动）的导学案时，都必须全面考虑核心素养任务的针对性落实和有效完成，针对不同的教学内容，在核心素养的四个维度上有所侧重。

五、构建多元评价系统，全程跟踪学生的学业发展水平

教学测评结果是审视并优化教学的核心依据。它既能验证教学目标是否达成、教学策略是否有效，还可用来评价学生的学习效果和存在问题。为此构建了多元评价系统，融合信息技术，以提升教学评价的科学性和实效性。

（一）诊断性评价（也称教学性评价、准备性评价）

诊断性评价指的是在教学活动开始之前对学生的知识、技能以及情感等状况进行的预测。如每前期开学的前两周，会进行一次纸笔测试，了解学生的知识基础和准备状况，以判断他们是否具备实现当前教学目标所要求的条件，为实现因材施教提供依据。同时建立学生成绩跟踪系统，监测每一位学生的学业发展情况（见表1-1）。

表1-1　20××—20××学度年第一学期诊断性测试记录表（知识、能力类）

姓名	学号	知识				能力			
		事实性知识	概念性知识	程序性知识	反省性知识	理解能力	解决问题能力	探究能力	创新能力

（二）形成性评价（过程评价）

形成性评价在日常教学中起着非常重要的作用，同时也是"教、学、评"一体化的有机组成部分，它是对学生日常学习过程中的表现、所取得的成绩以及所反映出的情感、态度、策略等方面的发展作出的评价，是基于对学生学习全过程的持续观察、记录、反思而作出的发展性评价。其目的是在教学过程中及时了解学生的学习情况，发现问题，对小组合作学习的成效作出评估，对教师的教学效果进行反馈，及时调整教学策略，促进学生的持续发展。

1. 教师评价

教师评价可以为学生提供及时的反馈，帮助他们了解自己的学习进展和需要改进的地方。正面的评价可以激励学生，增强他们的自信心和学习动力，还可以帮助学生明确学习目标，引导他们朝着正确的方向努力。此外，教师在评价过程中也需要进行自我反思，思考如何更有效地支持学生的学习。以实验课教学为例，为了方便教师评价学生的表现，编制了教师评价量表，评价实验小组的整体水平。主要从学生学习兴趣、学习态度及合作探究意识三个维度进行设计，具体包括学习兴趣水平、参与度水平、收集资料整合信息能力水平、实验操作水平、合作探究能力水平、问题解

决能力水平，每一项评价内容都包含四级不同描述程度评价标准（见表1-2）。

表1-2 分组实验完成情况评价量表

组别	兴趣	参与度	操作能力	探究能力	问题解决能力
1					
2					
……					

注：完成情况用A、B、C、D表示。

2. 学生自我评价

学生自评是一种重要的教育评价方法，它鼓励学生对自己的学习成果、过程和行为进行深入反思和自我评价。这种方法具有显著的意义，能够帮助学生提升自我认知、培养自主学习能力、激发内在学习动机，并促进终身学习的能力发展。自评的价值在于它能够增强学生的批判性思维、自我反思和自我激励，同时对提高学习动机、促进自我改进、增强自我效能感和责任感具有积极作用。为了有效实施自评，需要提供清晰的评价标准，给予学生适当的指导和支持，鼓励诚实的自我评价，对学生的自评结果给予反馈，并帮助学生养成定期自评的习惯。通过这些措施，自评可以成为促进学生全面成长和学习进步的有力工具。表1-3是针对学生在合作探究实验课的表现，所编制的学生自我评价量表，主要从学生学习兴趣、学习态度及合作探究意识三个维度进行设计，具体包括兴趣度、参与度、合作意识、任务完成度、知识获取程度、成就感六个方面，用ABCD四个评价等级供学生参考，A为十分符合，B表示基本符合，C表示不太符合，D表示完全不符合。

表1-3 探究性实验生生评价量表

序号	评价内容	组员自评	小组评价
1	对合作探究实验很感兴趣		
2	积极主动地搜集并汇报资料		
3	积极地发表自身对问题的看法		
4	与小组成员积极合作，按时完成各个环节的探究任务		
5	主动地投入小组合作探究实验中		
6	完成基本的实验操作		
7	拓宽了自身视野，更深一步理解教材内容		
8	我能体验解决问题后的成就感		

3. 小组评价

小组评价是对团队或小组在完成共同任务或项目过程中的表现进行评估。它能极大地促进团队合作和协作能力，鼓励小组成员之间的交流与互助，同时培养领导力和社交技能。同时提高学生的责任感和集体意识，帮助学生学会如何在团队环境中有效沟通和解决冲突，促进小组成员增强归属感，促进知识的共享与整合，以及提升解决复杂问题的能力。表1-4是每个成长共同体（学习小组）的日常学习评价量表，通过这一评价量表的实施，有效地提升了学生的学习自律性，显著提升学生的学业成绩。

表1-4　成长共同体"学习"项目每周考核表

2022年—2023学年度第二学期　　　　　　月（第　　周）

姓名	学号	组别	加分项					扣分项	个人合计	小组平均
			单科	单科进步	课堂表现	作业情况	学科竞赛	作业		

（三）融合信息技术，对终结性评价进行统计分析，评价学生学科素养达成程度

结性评价（又称终结性评价、事后评价）一般是在教学活动告一段落后，为了解教学活动的最终效果而进行的评价。学期末或学年末进行的各科考试、考核都属于这种评价，其目的是检验学生的学业是否最终达到了各科教学目标的要求。

融合信息技术对终结性评价进行统计分析，以评价学生学科素养的达成程度，这一方法通过精确测量和全面分析，为个性化反馈和教学策略的持续改进提供了科学依据（见图1-5）。它提升了评价的效率和客观性，促进了学生的自主学习和教育的公平性，同时为教育决策提供了数据支持，并通过长期跟踪记录学生的成长，实现了教育资源的共享，从而全面推动了教育评价的现代化和学生学科素养的全面提升。

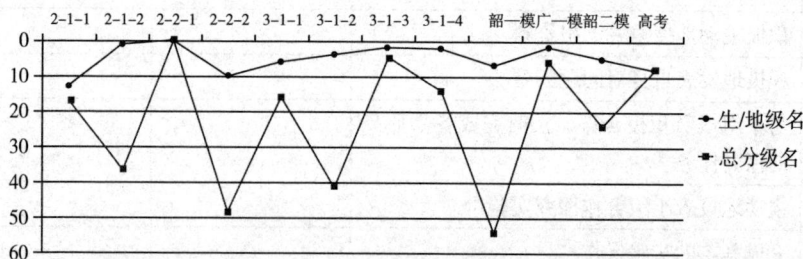

"郭沫若奖学金"获得者，2019届高三（1）班陈禹岚高二、高三历次阶段性考试生物科成绩与总分成绩的波动变化。

图1-5　陈禹岚高二、高三总分及生物科成绩年级排名

（四）借助SOLO分类理论，对学生的科学思维水平进行测评，培养学生高阶思维

SOLO分类理论意为可观察的学习成果的结构，是一种以等级描述为特征的质性评价方法。最早出现在1982年出版的《评价学习质量——SOLO分类法》中，它是由澳大利亚著名的教育心理学家彼格斯和科里斯共同提出的。彼格斯等研究发现，在学习过程中，学生对于不同的任务或者问题所作出的回答，呈现出由简单到复杂的上升趋势，并且在不同的学习领域存在着循环出现的思维层次，递进反映了学生的思维发展过程，具有一定的普遍性。因此，彼格斯根据个体在解决问题时表现出的思维结构的特点，将这些思维层次划分为五个思维水平，如图1-6所示。

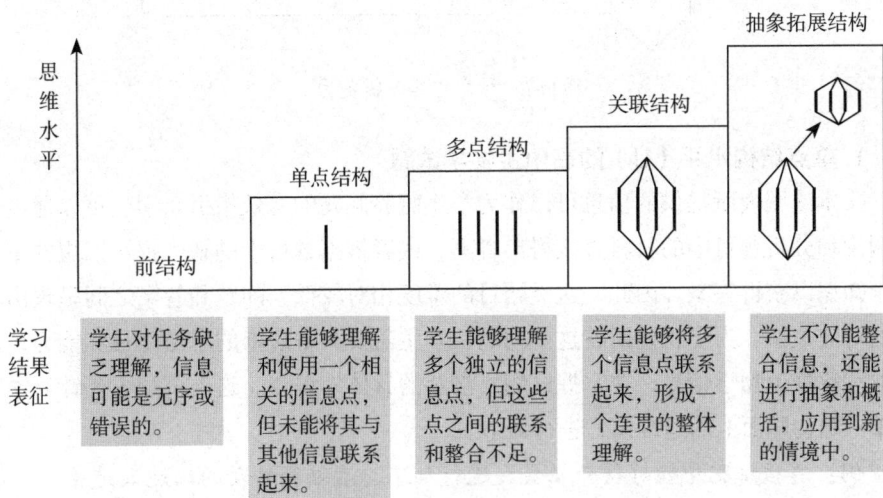

图1-6　SOLO层次分类理论模型

传统的学生成长共同体评价体系主要从学生的常规表现、课堂表现和作业达成度等方面进行描述性评价。将传统的评价体系与学业质量标准相结合，通过诊断性评价、形成性评价和终结性评价，借助SOLO评价体系和大数据，可以较为精确地测评学生科学思维的发展水平，发展学生的创新能力。生物学知识根据其性质与复杂程度可划分为事实性知识、概述性知识、程序性知识和反省性知识（根据已有知识、概念抽象概括出新的概述性知识），学生在理解、掌握这些知识的过程中，需要运用到不同的科学思维方法（归纳与概括、演绎与推理、分析与综合、批判性思维等）和科学思维能力。为此，我们可以根据试题所考查的知识、所需的能力进行分析，推断出正确解决该试题所需用到的科学思维水平（水平一至四分别对应单点结构、多点结构、关联结构和拓展抽象结构水平）（见图1-7）。

科学思维水平	
水平一	·描述生物学概念 ·举例描述生物学概念
水平二	·概括生物学规律、原理 ·利用生物学规律解释生命现象 ·用文字或图式表示生物学概念
水平三	·揭示新情境中的生物学规律 ·预测和论述生命现象 ·解释模型内涵，实现图文转换
水平四	·构建新的生物模型 ·批判性思维

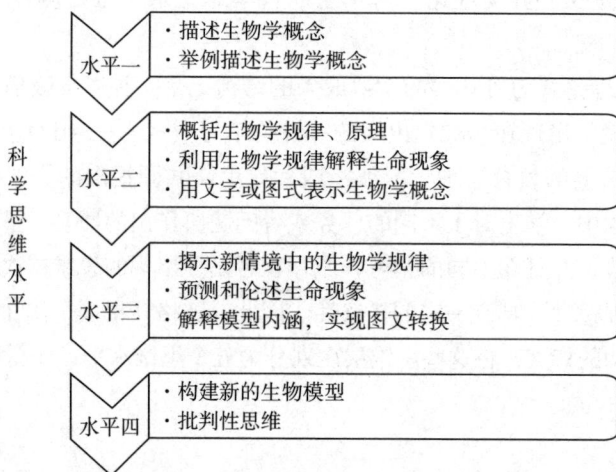

图1-7　科学思维关键能力

1. 单点结构水平（U）的高中生物学试题

文本或图表所提供的信息可以作为学生解答问题的有效指引。学生可以通过仔细阅读和分析题目中的材料直接得出答案，或者依据题目中的某个提示回想并重现已学知识以获得答案。因此，这类题目的难度相对较低，问题和答案之间呈现出直接的对应关系。为了正确回答这些问题，学生需要具备清晰的思考路径和能力，以获取和解释生物学信息，并掌握试题所涉及的具体知识点。这类试题主要针对学生在单一结构层面上的思维模式进行评估。

例：真核细胞中能够将分泌蛋白进行加工、浓缩和转动的细胞器是（　　　）

A. 线粒体　　　　B. 内质网　　　　C. 高尔基体　　　　D. 中心体

2. 多点结构水平（M）的高中生物学试题

文本或图表资料向学生展示了多个不同的线索。学生必须能够回忆并识别与这些线索各自相关的一系列知识点，而这些知识点通常是相互独立的，没有形成直接的联系。这类题目的难度通常不会太高，它们要求学生具备整合、推理以及处理生物学信息的技能。学生需要根据提供的线索回忆相关的多个知识点，以便正确回答题目。

在这种情况下，学生需要处理的信息量有所增加，而且他们能够直接利用这些信息来得出答案。尽管如此，各个信息点之间仍然是分离的，并没有形成一个有机的整体。为了解决这类问题，学生的思维水平至少应当达到能够同时考虑多个独立信息点的多点结构水平。

例：下列关于"腐乳的制作"实验，叙述正确的是（　　　）

A. 控制发酵温度的主要目的是腐乳调味

B. 腐乳制作后期加入香辛料和料酒有防腐作用

C. 毛霉的主要作用是分解脂肪和淀粉

D. 成品腐乳表面的黏性物质主要由细菌产生

3. 关联结构水平（R）的高中生物学试题

试题通过创设特定的问题情境，要求学生从中提取关键信息，并深入探究问题的根源，解析情境中包含的生物学原理和规律。学生需将题目中的多条信息与不同的生物学概念和原理相联系，探索它们之间的逻辑联系，并通过归纳、概括、演绎和推理等思维过程得出答案。这类题目的难度较高，因为它不仅要求学生回忆与问题情境逻辑相关的多个知识点，还要求他们能够综合这些信息来解答问题。

例：（2017年江苏）金属硫蛋白（MT）是一类广泛存在的金属结合蛋白，某研究小组计划通过多聚酶链式反应（PCR）扩增获得目的基因，构建转基因工程菌，用于重金属废水的净化处理。PCR扩增过程示意图如下（图示略）。

请回答下列问题：如果PCR反应得不到任何扩增产物，则可以采取的改进措施有（　　　）

（填序号：①升高退火温度　②降低退火温度　③重新设计引物）

4. 抽象拓展结构水平（E）的高中生物学试题

在SOLO分类理论中定义的抽象拓展结构水平（E）的试题，要求学生在给定的生物学知识基础上，面对新构建的问题情境，运用批判性和创造性思维进行深入的分析和推理。这类试题的特点是开放性的答案空间，鼓励学生超越具体情境，进行理论层面的抽象概括和逻辑推理，从而提出合乎逻辑的解答。学生需展现能够将生物学概念原理应用于新情境的能力，并在没有唯一正确答案的情况下，通过创新和拓展思维，提出有理有据的解答。这要求学生的思维结构达到SOLO分类理论中的最高层次，即能够进行高度抽象和创新的思考。

例：（2017年全国卷I）根据遗传物质的化学组成，可将病毒分为RNA病毒和DNA病毒两种类型，有些病毒对人类健康会造成很大危害，通常，一种新病毒出现后需要确定该病毒的类型。

假设在宿主细胞内不发生碱基之间的相互转换，请利用放射性同位素标记的方法，以体外培养的宿主细胞等为材料，设计实验以确定一种新病毒的类型，简要写出（1）实验思路；（2）预期实验结果及结论即可。（要求：实验包含可相互印证的甲、乙两个组）

中 篇

专题复习与教学设计

高中生物教学不仅承载着知识传递的使命，更是塑造学生科学精神和实践能力的重要阶段。专题复习与教学设计，作为这一过程中不可或缺的一环，是我们引导学生深入理解生物学知识、培养科学探究能力的重要途径。

本篇将与大家分享高考生物实验专题复习的探索心得，以及如何通过教学设计激发学生的学习热情，提高复习效率。我深信，教育的艺术不仅在于传授知识，更在于激励、引导和鼓舞每一位学生去发现、去探索、去实践。

我期望通过本篇的分享，能够与广大教育同仁共同探讨高中生物教学的新思路、新方法，携手为学生的全面发展和终身学习奠定坚实的基础。让我们在教育的道路上，以满腔的热情和不懈的追求，点亮学生心中的科学之光，引领他们走向更加灿烂的未来。

高考生物实验专题复习探索

实验专题复习是高三生物备考过程中的一个重要组成部分，本文通过笔者近几年高三生物教学的体会，对高考生物实验专题的复习策略进行探索，并对实验专题的复习效果进行比较分析。

一、近几年高考试题实验内容的考核情况分析

生物学是一门实验性科学，提高学生的实验能力，对提高学生的科学素养有着重要的意义，也是提高生物科高考成绩的关键。虽然目前高考中还难以考查学生的实验操作情况，但是，近几年高考中对实验内容的考查却非常重视，如实验原理、实验程序、实验现象和实验结论等内容的分析、归纳和总结。回顾近几年生物科的高考趋势和命题特点，不难发现实验及实验设计历来是高考的重点和热点，也是考生比较薄弱的一个环节。

表2-1　1999—2005年高考生物科试题实验内容考分比较

	1999年	2000年	2001年	2002年	2003年	2004年	2005年
分值	20	31	37	36	42	27	约33
占全卷比例	13.3%	20.7%	24.7%	24%	28%	18%	约22%
试卷类型	全国卷	全国卷	全国卷	全国卷	全国卷（广东）	广东卷	广东卷

表2-1的数据表明实验内容在历年高考试题中所占的比值都比较大，特别是2003年实验内容的考分高达42分，顺应了当前基础教育改革倡导探究性学习的理念。从题型特点来看，对考生的能力要求较高，不仅考查了考生的实验设计能力、思维能力和语言组织能力，还重点考查了考生的探究能力和创新思维。从试题难度来看，中难度题型较多，是拉开考生考分距离的重要题型。

二、近几年高考实验专题复习的探索

针对高考实验的分值和能力要求逐年增加的趋势，如何提高实验内容的复习质量，从根本上提高考生的实验设计能力，值得我们每一位教学一线的生物教师去认

真思考和探索。下面结合本人近几年高三生物实验专题的备考过程，谈一点自己的做法。

（一）在日常教学中渗透实验教学思想，提高学生进行理论分析与理论设计的能力

实验教学是通过观察和实验、讨论与探究的教学过程，使学生的科学知识、技能训练、实践能力和创新精神都得到提高的教学模式。在日常教学中渗透实验教学思想，实现学科知识与实验内容的整合，达到巩固双基、训练能力、提高复习质量的目的。

1. 在演示实验教学中渗透实验教学思想，提高学生实验分析能力

从能力角度分析，演示实验不仅要向学生提供为学习某些知识所需的感性材料，更重要的是通过演示实验培养学生理论分析能力。表2-2是"渗透作用"的演示实验教学中渗透实验教学思想的示例。

表2-2 "渗透作用"系列实验设计

漏斗	烧杯	密封漏斗的材料	实验现象及原因
30%的蔗糖溶液	清水	分别用半透膜和单层纱布重复实验过程	
30%的蔗糖溶液	30%的蔗糖溶液		
10%的NaCl溶液	清水		

学生通过对上表系列实验的分析探究，能更加深刻地理解渗透作用定义和两个基本条件的实质，提高生物实验理论设计水平。所以，演示实验的教学中渗透实验教学的做法，一来可以增加新的探究话题，深化探究内容；二来可以把基础知识的复习与实验设计更好的结合，达到活学活用、加深理解的目的。

2. 在科学史的教学中渗透实验教学思想，让学生从实验中领略智慧，激发探究热情

美国著名的科学史家萨顿说过："一部科学史，在很大程度上就是一部工具史，这些工具，无论有形或无形，都是由一系列人物创造出来，以解决他们遇到的某些问题。每种工具和方法都是人类智慧的结晶。"因此，在生物科学史的教学中渗透实验教学思想，引导学生深刻领会科学家的探究活动与方法，揣摩科学前辈探究的过程，为教学中探究活动的开展提供了科学理论的指导和依据，这有利于为学生进行相关的实验设计提供范例和设计原形，有利于培养学生实事求是的科学态度和坚韧不拔的科学精神，有利于激发学生的探究热情。

3. 在对主干知识的复习中渗透实验教学思想，提高学生的实验设计能力

高中生物的重点内容和主干知识构成了生物科学的骨架，它具有难度较大、前后联系较多、与生产实践联系紧密等特点。为此，在对重点知识和主干内容的复习教学中渗透实验教学的思想，就是要提高利用所学知识解决生产生活相关的一些生物学现象的能力。表2-3列举了教材部分知识点与对应的实验教学内容。

表2-3 教材部分知识与对应的实验教学内容

知识点	相关实验设计题型
组成生物体的化合物	探究鲜种子中水、有机物及无机盐的比例
细胞质的结构与功能	探究影响细胞质流动速度的因素
新陈代谢与ATP	探究ATP的浓度对萤火虫发光强度的影响
光合作用的过程	验证CO_2是光合作用的原材料
人和高等动物三大有机代谢	营养与健康、食品安全的有关实验设计
细胞呼吸	自制酸奶、甜酒、泡菜等的实验设计方案
生长素的作用、特点	生长素的运输、生长素浓度对种子萌发的影响等
DNA复制	半保留复制的相关实验设计
孟德尔遗传定律	杂交育种的实验设计方案

如在"细胞呼吸"这一节的复习过程中，可利用细胞呼吸的相关知识处理日常生活的一些简单生物学问题。下题是要求学生利用题目给出的材料用具设计一个制备酸奶的实验方案。

活动内容：利用微生物制造酸奶。

活动目的：学习制造酸奶，体验微生物食品的加工条件及过程，验证氧气对乳酸发酵影响。

活动准备：容积分别为1000mL和500mL的无菌带盖大口瓶；1杯不加糖的酸奶（成果冻状）；1L牛奶（恒温箱）；炉灶、3L容量的锅、恒温箱、搁架；铅笔、量匙、手套、温度计、小勺。

提示：已知微生物的催化温度为38~44℃间，当牛奶凝固成果冻状便说明酸奶已经做好。

请你帮这个生物兴趣小组设计出活动的过程，并对活动结果进行预测和简单分析。

由于没有经过系统的专题训练，很多学生看了题目也无从下笔，针对这种情况，我要求学生首先要认真读懂题干信息，画出关键词，明白题目问你什么、需要解决什么问题。从该题的活动目的可得出：设计一个实验方案，比较在有氧和无氧条件对发酵的影响，实质是考察了无氧呼吸在生产实践中的应用。随后具体分析题干提供的材料用具及其用途，如炉灶和锅有何作用？1L牛奶是否全部均分到两个大口瓶中等。最后用合适的文字描述实验步骤，反馈检查方案的合理性。

（二）重组和拓展教材实验内容，培养学生的动手能力和探究精神

生物学作为一门建立在实验基础的自然学科，其教学离不开实验操作，只有通过实验活动才能培养学生的各种综合能力；只有让学生亲身体验科学获取的过程和方法，才能培养学生热爱科学的情感和实事求是的科学态度，才能更好地实现素质教育的目标。

1. 对教材实验进行重组，培养学生动手能力和协调能力

如观察植物细胞的有丝分裂及观察叶绿体及细胞质流动这两个实验的时间互补性，可充分利用前一个实验在解离、漂洗及染色过程的时候进行第二个实验的观察。在实际教学中，我要求学生把上述实验在规定时间内完成，至于如何安排实验顺序和具体操作过程，则留给学生去思考和探索。虽然有少数学生不能完成实验操作，但课后通过全体师生的交流与探讨，所有学生都能从中得到提高与进步，为日后进行类似的实验积累经验。所以，把相关的实验进行合理的重组，既训练了学生的实验操作技能，培养了学生独立操作能力和问题处理能力，又提高了教学效率，节约时间。

2. 拓展实验内容，提高学生创新实验设计能力

拓展常规实验内容，是以高中生物学生实验为探索起点，教师从学生的认知结构出发，提出新的实验课题。

壁分离与复原的实验中，除教材要求外，我还额外提供了15%蔗糖溶液，10%KNO_3，5%KNO_3，10%$NaCl$四种溶液，要求学生利用教师提供的材料进行系列实验探究，并对实验结果进行分析。表2-4是某实验小组关于观察洋葱表皮细胞质壁分离与复原实验的拓展实验设计。

表2-4 某实验小组关于观察洋葱表皮细胞质壁分离与复原实验的拓展实验设计

试剂	实验过程
30%蔗糖溶液	分离后从载玻片一侧滴加清水，从另一侧吸引，观察是否复原记录分离及复原所需的时间
15%蔗糖溶液	镜检是否分离，如分离，其余操作同上
10%KNO_3	镜检是否发生质壁分离，然后观察是否自动复原，记录时间
5%KNO_3	与10%KNO_3的实验组操作一致
要求：实验小组的同学分工配合，分享实验现象，并共同分析实验结果	

学生完成上述系列实验后，才能比较出KNO₃溶液与蔗糖溶液作为细胞外液，在质壁分离与复原中实验现象的异同点及原因所在，以及同一试剂不同浓度对质壁分离的影响，进一步认识到渗透作用的原理及影响渗透速度的因素。实践证明，对部分教材实验进行适度拓展，既能增强学生的动手操作欲望，提高实验操作技能，又能使学生在实验探究的过程中，获得新知，开阔知识视野，体验成功的快乐。

（三）开设实验专题，帮助学生构建系统的实验设计理论，提高实验设计能力

由于有关实验设计的理论知识在高中教材没有系统的归纳和总结，因此在高考复习备考中开设实验设计理论专题是非常必要的。具体做法是在高三的第二专题复习阶段利用3~4个课时讲述有关实验设计的理论知识，包括实验计原理、目的、材料和仪器的选用，实验设计的原则以及实验过程中数据的收集与处理、实验结果的分析等。同时精讲典型例题，帮助学生掌握解题技巧，针对不同实验设计题型的特点，从题干信息、设问角度、结果归因等方面分析与探索解题思路，切入方法、答题技巧及注意事项。

加强题型训练，切实提高解题能力。通过理论学习和典例分析，学生已掌握一般的实验设计方法，教师可以精选近年各地的高考实验设计试题和各地模拟试题中的实验设计试题，稍作改编和重组，交由学生课后完成，课内点评，从而达到"理论指导与典例分析—强化训练—熟练掌握与应用"的目的。

（四）鼓励学生开展适度的课外实验探究，提高学生的实验探究能力

生物课外实验是中学生物实验的重要组成部分，同时也是生物课堂教学的一种有效补充和延伸，不少在高三任教的同行认为在高三抽出时间做调查或开展课外实验探究会浪费学生的时间和精力，但我近几年高三教学的实践证明：学生在第二学期开展适度的课外实践和进行一些简单的探究性实验设计，是完全可行的，关键是要选好题材，充分利用现有资源，辅以正确的指导。如复习"调查人群中的遗传病"这一研究性课题时，我对调查的题目和目的稍作修改，并把一些常见的、易于区分的人类相对性状告诉学生，要求学生利用课余时间以本班学生为调查对象进行此项社会实践活动，收到了良好的效果，具体操作如下。

调查内容：调查XX班某一性状的显隐关系及其传递规律等（题目自拟）。

形式：4~6人为一个调查小组，自选调查内容，各小组的调查内容尽量不要重复。

调查对象：本班的全体同学。

时间安排：课余休息时间进行数据的采集，利用网络或图书馆获取相关资料。

活动开展安排：制定调查方案（内容、分工、方法、完在时间、报告交流形式等）；精选优秀的调查成果，利用连堂课进行交流探讨；将各小组的调查报告张贴在课室后面的学习园地，供学生课后讨论与交流。

将上述课题稍作改动，使调查的范围缩小到本班，每一位学生既是调查活动的参与者，又是被调查对象，且调查时间主要集中在学生课余的闲暇时间。这极大地调动了学生的积极性与热情，收到了良好的效果。

除了以小组形式开展社会实践活动以外，我还把实验室的一些实验用具（如烧杯、培养皿等）和实验材料分发给每一位学生，鼓励他们在课后开展自主探究，独立设计一些探究性实验，也收到了良好的效果。

实践证明，在高三的实验教学中，适度开展一些课外实践和探究性的实验设计活动，不但使学生的协作能力、实验设计能力、数据处理能力等得到了很好的锻炼和提高，而且在紧张的高三复习期间，能有效缓解学生的紧张情绪，提高学生的复习效率。

三、开展生物实验专题复习的效果

实验内容的复习是高考整个高三备考过程中的一个重要环节，实验内容的复习质量不仅直接影响学生的实验内容的应答水平，对考生生物科的整体水平也有相当大的影响。实验内容的复习又是一个系统工程，它贯穿整个高三复习期间。几年的高三生物教学实践表明：随着实验内容的复习逐渐深入和具体，考生的整体实验设计水平随之提高，生物科的整体水平也能提到较大幅度的提升。

表2-5　2005年韶关一模、广州一模、韶关二模第Ⅱ卷实验设计题得分率与总体成绩比较

项目\模考	实验内容	实验设计题得分率（平均分/满分）		全卷平均分		考试日期
		本人所带班	全市	本人所带班	全市平均分	
韶关一模	①	45%	38%	84	75	2月19日
广州一模	②	67%	48%	102	76	3月22日
韶关二模	③	61%	35%	99	78	4月22日

注：①第Ⅱ卷39题：探究酸奶的制备过程及所需条件，本小题满分8分。②第Ⅱ卷42题：探究某种复合肥的浓度对绿豆种子萌发的影响，本小题满分10分。③第Ⅱ卷42题：探究胰腺在血糖调节中的功能，本小题满分12分。

经过几年的探索，随着实验内容的复习模式日趋完善，它在高考中备考中的综合作用也逐渐得到体现：大幅度提高尖子生的实力和高分层人数，且整体水平进步明显。表2-6是本人在2002年、2004年、2005年高考备考中实验内容复习效果与高考成绩的比较分析。

表2-6　实验内容的复习效果对高考的影响

	实验内容复习效果	最高分	韶关市前10名	高分层（>700分）	平均分
2002年	一般（拓展实验准备不足、课外实验没有开展）	748	1人（第7名）	4人	校：590分市：505分
2004年	较好（课外实验略显不足）	806	2人（第2、7名）	7人	校：626分市：516分
2005年	较好（系统且扎实）	873	5人（第1、2、3、5、9名）	13人	校：624分市：512分

事实证明，学生的实验设计能力和解题能力绝不是靠开设一两个星期的实验专题或大量的题型训练就能提高的，而是在日常的实验教学中逐渐形成，在重组和拓展实验的操作中、在课后的自主探究中灵活应用，逐渐提高，最后内化为实实在在的能力，只有这样才能在高考选拔中占据优势，脱颖而出。

参考文献：

[1] 齐志广，杨献光，马闻师，等.从高考命题看中学生物教学改革[J].生物学通报，2004，39（4）：56-57.

[2] 齐志广，柏峰，周春江，等.进行实验设计，提高学生的实验能力[J].生物学通报，2002，37（8）：39-40.

[3] 广东省教育考试院.广东高考年报（2003）[M].广州：广东高等教育出版社，2004.

[4] 广东省教育考试院.广东高考年报（2004）[M].广州：广东高等教育出版社，2005.

基于真实情境的高三微专题复习探索

"专题"体现同类知识的整合归纳，按照整合范围大小和体系结构的复杂程度，可以将其划分为大专题、小专题和微专题。小专题或者微专题是大专题体系结构中的分支部分。微专题是以某个"点"为中心，整合相关的概念、原理、规律和模型。在传统教学中，尽管讲授式模式能迅速传授知识，却往往忽视了学生的主体性和参与度。在复习阶段，学生往往依赖于死记硬背，而缺乏对知识的深入理解和应用能力。因此，本文旨在探讨微专题在高三生物二轮复习中的应用，以期激发学生的学习热情，提高复习效率。

一、开展微专题复习的重要性与必要性

复习阶段是学生对所学知识的巩固和深化，它旨在帮助学生全面掌握考试内容，构建知识体系，并识别和弥补知识上的不足。微专题教学的引入，使得复习不再局限于知识点的简单回顾，而是通过主题的引导，促进学生对知识的深入理解和应用。

（一）形成生命观念，深化对基础知识内涵的理解

在学生掌握了基础知识之后，教师应引导学生确定一个核心主题，以此作为复习的出发点。学生需围绕这一主题，探索与之相关的知识点，并思考如何将这些知识应用于实际问题的解决。在课前，学生应进行充分的自主复习，准备相关的资料和思考。课堂上，学生通过小组讨论、分享和交流，深化对主题的理解。课后，学生需要对所学内容进行归纳总结，并通过学习检测来评价自己的学习成果。

（二）培养关键能力，达到学以致用的目的

通过微专题主题式复习，学生不仅能够更深入地理解生物学中的抽象概念，还能培养归纳与概括、批判性思维等高级思维技能。这种教学方法鼓励学生主动探究自然和社会中的生物学问题，激发他们的求知欲和探究精神。同时，它还有助于培养学生解决实际生产和生活中生物学相关问题的能力，增强他们的责任感和实践能力。

（三）发展高阶思维，培养创新能力

在复习课上，微专题的主题式复习能够推动学生建立生物学学科的核心素养。

这种素养不仅包括对生物学知识的深入理解，还包括科学探究、批判性思维、创新能力等多方面的能力。通过微专题的主题式复习，学生能够在复习过程中实现知识的整合和应用，从而达到更好的复习效果。

（四）提升复习效果，实现知识的内化与提升

采用微专题的主题式复习模式，可以显著提高生物复习的有效性。它不仅能够帮助学生构建起完整的知识框架，还能激发学生的学习兴趣，提高他们的学习动力，使其更加灵活地运用所学知识，解决复杂问题，从而全面提高他们的学科素养。

二、微专题复习中内容的选择与确定

在高中生物的复习课中，选择一个恰当的主题至关重要，它能够激发学生的学习兴趣，提高复习的效率。基于维果茨基的"最近发展区"理论，确保主题既能与学生现有的知识水平和思维能力相匹配，又能提供适当的挑战，促进学生的认知发展。

（一）主题选择的多元化

学生可以根据自己的兴趣来确定主题，也可以关注社会热点问题，如细胞免疫治疗等，这些主题不仅能够激发学生的好奇心，还能帮助他们将生物学知识与现实世界联系起来。教师在学生确定主题的基础上，应结合高三复习阶段的实际和学生学科素养的培养要求，选择覆盖度广，前后知识点联系较多，与当前生物学科发展热点如粮食安全、种质的培育、合成生物学、医疗卫生保健等联系比较紧密的内容来确定主题。

教师还可以根据教学经验和学生学习中的难点，选择不同情境的主题进行专题复习。比如科学探究性实验主题"探究不同洗涤条件下加酶洗衣粉的清洁效果"，这样的主题能够培养学生的实验操作能力和科学探究精神。此外，还可以选择与日常生活紧密相关的生产、生活情境类主题，如"血液和尿液化验单的解读"，以及与健康生活相关的医疗保健类情境主题，如"遗传病的预防与治疗"和"人工生长调节剂对饮食健康的影响"。

（二）主题选择的科学性和实践性

在选择主题时，教师应确保主题的科学性和实践性，使主题能够引导学生深入理解生物学的基本原理，并能够将这些原理应用于解决实际问题。例如，通过探究性实验，学生不仅能够学习到生物学的实验方法，还能够培养他们的观察力、分析力和解决问题的能力。

（三）主题的选择要与学生学科素养的培养相结合

主题的选择应当与学生的长远发展相结合，帮助学生建立起生物学知识与个人发展之间的联系。以"作物的栽培"这一科学探究类主题为例，通过引入2022年高考广东卷第18题为例，通过设置一个持续探究的话题，在引导考生掌握光合作用的原理、影响因素和与产量的关系的基础上，培养考生开展持续的科学探究的能力。通过关注社会热点和日常生活问题，学生能够认识到生物学知识在社会发展和个人生活中的重要作用，从而增强他们的学习动力和责任感。

三、微专题复习的教学组织

（一）小组合作，任务驱动

在设计主题式专题复习的教学组织时，教师需要精心策划，以确保学生能够在一个真实且具有挑战性的环境中学习和应用知识。以"流感病毒的预防与治疗"主题为例，课前布置合作学习任务，呈现背景资料及学习任务单。

（1）流感病毒的结构特点？病毒在人体内的复制过程和侵染途径？

（2）流感病毒入侵人体时，人体的免疫系统会出现哪些变化（非特异性免疫及特异性免疫的过程）？

（3）流感病毒的致病机理是什么？

（4）如何预防流感？从免疫学角度分析，注射流感疫苗的意义。

选取"流感的预防与治疗"这一与现实生活紧密相关的主题，旨在构建一个真实的学习情境，让学生在探究的过程中将理论知识与实践应用相结合。这种任务驱动的学习方式不仅能够增强学生对生物学知识的兴趣和理解，引导学生在真实的情境中运用特异性免疫的相关知识解释、解决医疗卫生及健康生活中面临的实际问题，还能提高学生灵活运用知识解决问题的能力，培养学生的合作意识和探究精神。

（二）展示与分享，构建主题知识网络，形成生命观念

经过课前的合作探究与知识梳理，课堂上由各小组代表上台，分享小组的讨论成果，其他小组针对汇报人的展示，进行补充、修正与完善。通过师生互动这一环节，有利于培养小组成员的语言表达能力和思维发散能力，同时在各个小组分享的过程中，实现了专题复习所涉及的知识的整合，形成一个完整的知识体系。图2-1是癌症专题的知识网络。

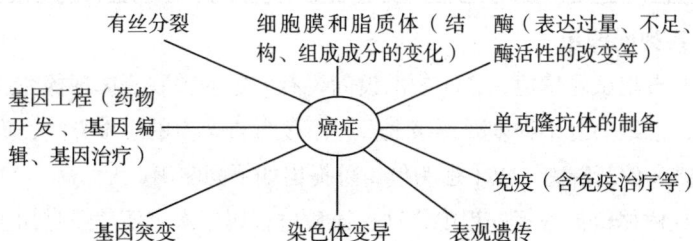

图2-1 癌症微专题内容复习

（三）拓展提升，促进高阶思维的培养

小组合作的形式鼓励学生相互讨论、分享观点和协作解决问题，在合作学习中，每个学生都有机会发挥自己的长处，同时也能从同伴那里学习不同的知识和技能。通过前期的知识构建，学生已能较好地理解特异性免疫的原理和过程，在微专题复习的第三个教学环节，再度创新真实的情境，让学生以学习小组为单位，进行自主合作与探究。

1. 创设情境

利用资料分析、图片、视频等素材创设生产生活或科学探索情境。以2023年高考生物广东卷第21题为例，呈现科研探究情境。

20世纪70至90年代珠海淇澳岛红树林植被退化，形成的裸滩被外来入侵植物互花米草占据，天然红树林秋茄（乔木）-老鼠簕（灌木）群落仅存 32hm²。为保护和恢复红树林植被，科技人员在互花米草侵占的滩涂上成功种植红树植物无瓣海桑，现已营造以无瓣海桑为主的人工红树林 600hm²。各林龄群落的相关特征见表2-7。

表2-7　各林龄群落的相关特征

红树林群落（林龄）	群落高度（m）	植物种类（种）	树冠层郁闭度（%）	林下互花米草密度（株/m²）	林下无瓣海桑更新幼苗密度（株/100m²）	林下秋茄更新幼苗密度（株/100m²）
无瓣海桑群落（3年）	3.2	3	70	30	0	0
无瓣海桑群落（8年）	11.0	3	80	15	10	0
无瓣海桑群落（16年）	12.5	2	90	0	0	0
秋茄-老鼠簕群落（＞50年）	5.7	4	90	0	0	19

2. 提出系列问题串

问题串要聚集试题情境，各小题的设问要有一定的关联，体现探究过程的连续性和递进性，思维的复杂程度要逐级上升，不仅考查学生的思维方法，也要考查学生的思维品质和创新能力。以上题为例，可提出如下问题串。

（1）在红树林植被恢复进程中，这一演替过程属于次生演替还是初生演替？请说明理由。（考查学生对必备知识的掌握程度）

（2）无瓣海桑能起到快速实现红树林恢复和控制互花米草的双重效果，原因是什么？（考查学生的发散性思维）

（3）无瓣海桑是引种自南亚地区的大乔木，生长速度快，5 年能大量开花结果，现已适应华南滨海湿地。有学者认为无瓣海桑有可能成为新的外来入侵植物。据表分析，提出你的观点和理由。（考查学生的批判性思维和学以致用的能力水平）

（4）为进一步提高该生态系统的稳定性，根据生态工程相关原理、并考虑不同植物的生态位差异，提出合理的改造建议。（考查学生的创新性思维和解决问题的能力）

3. 合作探究，内化提升

小组内成员根据材料和问题串展开深入讨论，结合特异性免疫原理，分析疫苗保护效果。通过实际操作和案例分析，巩固理论知识，提升解决实际问题的能力。同时，鼓励学生提出创新想法，如多联疫苗的设计，激发学生的创新思维和科研兴趣。通过创设真实的科研情境，提出学习任务单，培养学生获取、加工信息的能力和解决问题能力，以及批判性思维和创新思维等高阶思维，促进学生生物学科素养的达成，有效提升高三二轮复习的效果。

4. 练习检测，评价效果

在微专题复习的最后阶段，教师应设计包括知识测试、能力评估和探究与思维在内的多维测评体系。精选近年的高考试题、地区性的模拟测试题，检验学生对该微专题及其关联知识的理解和掌握程度及分析问题和解决问题的能力。同时，评价学生在复习过程中的学习态度、团队合作精神和创新意识。这样的测评不仅能帮助学生巩固知识，更能促进学科素养的形成，为学生的终身学习和全面发展奠定基础。

例析高考生物学试题对科学探究素养的考查

科学探究不仅是生物学科核心素养的重要组成部分，也是学习生物学的有效途径和科学工作的基本范式。高考对学生科学探究素养的考查有助于学生科学探究素养的发展，助力学生适应时代变革和支撑其长远关键能力发展的培育。教育部考试中心在2019年11月颁布的《中国高考评价体系》也明确指出，科学探究素养是高考考查的重要内容，也是高校人才选拔的重要依据。因此，本文以《2022年广东省普通高中学业水平选择性考试生物学试卷》（以下简称2022年广东卷）为例，探索高考生物学试题中科学探究素养考查的命题特点和实施路径，为今后在高中生物学教学中加强科学探究素养的培养提供参考。

一、呈现实验结果，融入概念知识，考查学生分析实验数据、获取证据的能力

生物学是研究生命现象和生命活动规律的科学，在探索生命现象、规律和本质的过程中，必然需要开展大量的科学实验研究，从而产生大量的实验数据，学会如何记录、处理分析实验结果，发现其中的规律，揭示规律背后所蕴含的生物学原理，是开展科学探究的必备品质。2022年广东省生物学选考试题通过创设科学运动、种质检测、生物进化等探究情境，并呈现这些探究活动中生成的有关的实验数据，引导学生融入相关的生物学概念并与之建立联系，在深入理解概念内涵的基础上，领会实验结果所表征的生物学含义，进而得出正确的结论。如第10题创设种子活性检测这一科学探究情境，利用TTC（无色）进入活细胞后可被［H］还原成TTF（红色）这一原理，来判断种子细胞呼吸作用强弱，进而判断物种子活力的大小，学生需要利用细胞呼吸原理推测出生成［H］的场所、条件、影响因素等，才能对实验结果进行正确的判断；第14题创设城市化进程对产氰氢酸白车轴草的影响这一情境，学生需要根据调查数据，结合生物进化的相关理论，才能挖掘出"城市化进程会通过影响食草动物数量间接影响白车轴草种群进化"这一思维主线，在考查学生对种群基因频率改变与生物进化的关系、城市化进程（自然选择）决定生物进化方向的机制、基因与性状的关系等相关概念内涵掌握情况的同时，还向学生展示了人类活动对于其他生物遗传进化的影响，引导学生认识到人作为自然界的一员，人类活动会以各种形式和其他生物、和自然界发生相互作用，帮助学生形成正确的进化与适应的观点，树立人与自然和谐发展的理念。

例1：（2022年广东卷第3题）在2022年的北京冬奥会上，我国运动健儿取得了骄人的成绩。在运动员的科学训练和比赛期间需要监测一些相关指标，下列指标中不属于内环境组成成分的是（A）

A. 血红蛋白　　　B. 血糖　　　C. 肾上腺素　　　D. 睾酮

评析：

本题结合当前北京冬奥会的背景，从科学探究的角度探讨运动员的科学训练和比赛期间需要监测一些相关指标入手，深入考查内环境概念及其内涵，以及这些运动监测项目所表征的生物学含义。内环境是指细胞赖以生存的环境，即细胞外液，包括组织液、血液和淋巴。血糖是细胞内主要能源物质，肾上腺

素和睾酮是激素，均需要通过血浆等体液传送，进入组织细胞或作用于靶细胞来发挥作用，属于内环境的组成成分。血红蛋白是存在于红细胞内的一种蛋白质，其含量对运动员的运动能力和比赛成绩影响很大，因此，定期测定血红蛋白的含量有助于了解运动员的营养、对负荷的适应及身体机能水平等情况具有重要价值。红细胞因衰老或某些原因裂解后，虽有部分血红蛋白释放到血浆中，但这部分血红蛋白不稳定（经肝细胞吸收后进行胆红素代谢）且没有生物学活性。综上，运动员在训练和比赛期间需监测的血红蛋白含量是指红细胞内的血红蛋白。

二、创设科学探索场景，考查学生深入开展科学探究的潜力

科学探究是一个从发现问题到解决问题的过程，针对日常生活的真实情境提出清晰的、有价值的、可探究的生命科学问题，是科学探究的本质特征。如第18题通过创设遮阴对玉米幼苗生长发育的影响这一科学探索情境，用递进的方式呈现完整的科学研究过程，考查学生在分析问题、提出推测、完善实验方案、开展后续实验探究的思路等科学探究能力的同时，还关注学生在面对新的情境处理新问题时所表现出来的持续开展科学探究的潜力。

例2：（2022年广东卷第18题）研究者将玉米幼苗置于三种条件下培养10天后，测定相关指标，探究遮阴比例对植物的影响（见图2-2）。

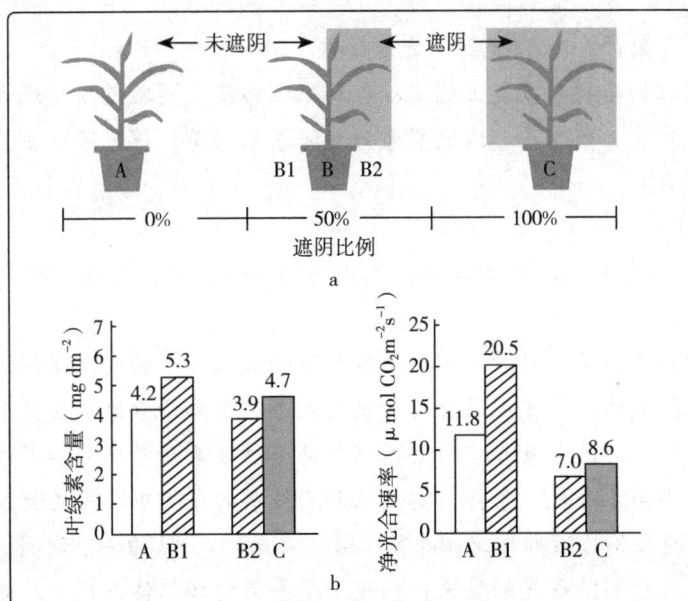

图2-2　探究遮阴比例对植物的影响

回答下列问题：

（1）结果显示，与A组相比，C组叶片叶绿素含量_____，原因可能是_____。

（2）比较图中B1与A组指标的差异，并结合B2相关数据，推测B组的玉米植株可能会积累更多的_____，因而生长更快。

（3）某兴趣小组基于上述B组条件下玉米生长更快的研究结果，作出该条件可能会提高作物产量的推测，由此设计了初步实验方案进行探究：

实验材料：选择前期_____一致、生长状态相似的某玉米品种幼苗90株。

实验方法：按图中所示的条件，分A、B、C三组培养玉米幼苗，每组30株；其中以_____为对照，并保证除_____外其他环境条件一致。收获后分别测量各组玉米的籽粒重量。

结果统计：比较各组玉米的平均单株产量。

分析讨论：如果提高玉米产量的结论成立，下一步探究实验的思路是_____。

【参考答案】

（1）较高

适应低光照条件，积累更多的叶绿素以捕获更多光能（或其他合理答案）

（2）光合产物

（3）培养条件　A组和C组　光照条件

以其他作物为材料重复上述实验、利用大田扩大实验范围（或设置不同程度的遮阴，重复上述实验，或利用大田栽培玉米幼苗，探究不同密植程度对玉米产量的影响）

【评析】

1. 运用已有知识同化新知识，构建新的知识体系，考查学生的知识迁移能力。

知识迁移能力是一种学生利用已经掌握的知识和经验同化新知识，以形成新知识体系的能力。全光照条件下，植物光合速率高于全遮阴条件下的光合速率，这是学生已有的背景知识。全遮阴条件下叶绿素含量增加和半遮阴对植物光合速率高于全光照条件，都是从实验结果的分析中获得的新知，而且这一新的知识与他们已有的知识相冲突。通过第（1）小题的两个设问，学生运用已有知识，结合实验探究的结果，构建了两条新的知识体系：一是遮阴条件下叶绿素含量会出现代偿性增强，以适应低光强这一变化的环境。二是半遮阴会提高整株玉米幼苗的净光合速率，因而生长更快。

2. 灵活运用已有的实验技能，考查学生针对特定生理现象设计实验检验假说的能力。

由题干可知，半遮阴会提高整株玉米幼苗的光合速率，进而积累更多的光合产物，为验证第（3）小题半遮阴条件可能会提高作物产量这一推测，学生需要在前期实验探究的基础上，运用已有的实验技能，结合所学知识、合理设计自变量（遮阴程度、培养时间）、无关变量（样本数、前期处理）、因变量检测指标（籽粒重量）、对照设置（与全光照、全遮阴作对比）等，体现了实验探究能力的迁移。

3. 创设递进式的探究情境，考查学生将理论研究成果迁移到生产实践所应具备的科学探究素养。

纵观整道试题的命题思路，试题从实验室获得的小规律能否迁移到其他物种或者更大范围应用的角度，围绕"玉米幼苗适度遮阴处理→提高光合速率→促生长→提高产量（既是推测，也是结论）→其他作物是否适用？大田栽种是否适用？不同程度遮阴生理效应是否相同？"这一主线逐级展开，体现螺旋上升式的探究过程，映射了特定条件下生理机制的适用范围，即普适性和局限性的问题，深度考查了学生的探究水平和发散性思维，从生理现象与实际农业生产的关联，模式植物的研究成果如何迁移至实际的作物应用，考查了学生理论联系实际，解决生产生活实际问题的能力。此外，围绕这一主线，试题还创新内容呈现方式和设问方式，创设了"提出假设—实验探究—验证假设—提出新的假设—……"这种进阶式、追问式的实验探究情境，意在考查学生的科学探究潜力。

三、结合劳动实践引入遗传育种案例，考查学生对实验结果的评估与反思能力

生物学科的发展与劳动实践相辅相成，相互支持，紧密关联。在劳动实践中运用生物学知识和原理改良农作物或农产品，体现了生物学的核心价值。随着现代生物技术的发展，通过遗传育种方式获得具有优良特性的家蚕品种是提高蚕丝产量、改善蚕丝品质的有力手段。

例3：（2022年广东卷第19题节选）《诗经》以"蚕月条桑"描绘了古人种桑养蚕的劳动画面，《天工开物》中"今寒家有将早雄配晚雌者，幻出嘉种"，表明我国劳动人民早已拥有利用杂交手段培育蚕种的智慧。现代生物技术应用于蚕桑的遗传育种，更为这历史悠久的产业增添了新的活力。

回答下列问题：

[（1）（2）问题略]

（3）研究小组了解到：①雄蚕产丝量高于雌蚕；②家蚕的性别决定为ZW型；③卵壳的黑色（B）和白色（b）由常染色体上的一对基因控制；④黑壳卵经射线照射后携带B基因的染色体片段可转移到其他染色体上且能正常表达。为达到基于卵壳颜色实现持续分离雌雄，满足大规模生产对雄蚕需求的目的，该小组设计了一个诱变育种的方案。图2-3为方案实施流程及得到的部分结果。

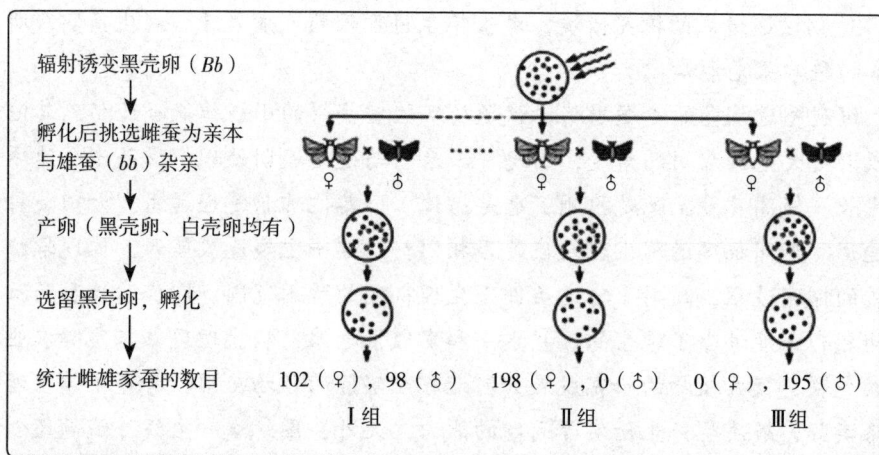

图2-3　方案实施流程及得到的部分结果

统计多组实验结果后，发现大多数组别家蚕的性别比例与Ⅰ组相近，有两组（Ⅱ、Ⅲ）的性别比例非常特殊。综合以上信息进行分析：

①Ⅰ组所得雌蚕的B基因位于_____染色体上。

②将Ⅱ组所得雌蚕与白壳卵雄蚕（bb）杂交，子代中雌蚕的基因型是_____（如存在基因缺失，亦用b表示）。这种杂交模式可持续应用于生产实践中，其优势是可在卵期通过卵壳颜色筛选即可达到分离雌雄的目的。

③尽管Ⅲ组所得黑壳卵全部发育成雄蚕，但其后代仍无法实现持续分离雌雄，不能满足生产需求，请简要说明理由。

【参考答案】

（3）①常　②bbZWB

③Ⅲ组雄蚕的B基因位于Z染色体，杂交后代性别与卵壳颜色没有直接对应关系，无法通过卵壳颜色分离雌雄。（或其他合理答案）

评析：

本题通过引用《诗经》《天工开物》的记载，再现中华民族古代先民种桑养蚕的优美劳动画面，引导考生关注农事活动，激发了他们对美的欣赏和对劳动的热爱，渗透文化自信和美育素养的价值引领功能。第（3）小题通过创设一个利用诱变原理，改良家蚕品种，实现利用卵壳颜色筛选出雄性家蚕，从而达到提高蚕丝品质和产量目的的育种方案。基于诱变育种的复杂性和不可预测性，学生需要根据相关的遗传学原理和知识对诱变结果进行分析，评估诱变的效果（见表2-8），反思不同组别的子代在生产实践中应用价值的高低。

表2-8　三组家蚕的实验分析及可能的基因型

	I组	II组	III组
实验结果	102（♀），98（♂）	198（♀），0（♂）	0（♀），195（♂）
实验分析	含B基因（黑色）的染色体片段没有发生易位或仅易位到其他常染色体上	含B基因（黑色）的染色体片段易位到W染色体上。	含B基因（黑色）的染色体片段易位到Z染色体上。
基因型	$BbZZ$或$BbZW$	$bbZW^B$	bbZ^BZ

从上表可知，II组家蚕控制卵壳颜色的基因位于W染色体，与基因型bb的雄蚕杂交，白色蚕卵全部发育为雄蚕，黑色蚕卵全部发育为雌蚕，根据这一颜色与性别相关联的特性，在卵期去除黑壳卵，就可达到专养雄蚕的目的。而III组得到的家蚕，虽然全部是雄蚕，但由于Z染色体上的B基因在杂交后代既有可能传递给雄蚕，也有可能传递给雌蚕，故在育种上没有应用价值。

第（3）小题通过引入诱变育种方案这一真实情境，引导学生像科学家一样进行探究与思考，有利于提升学生的实验设计水平和对实验结果的分析与评价能力。此外，第21题对深海采集的样品置于各种培养基中培养，仍有很多微生物不能被分离筛选出来的原因分析，以及第22题对重组梭菌大量表达上述酶蛋白时，出现了生长迟缓的现象分析，都突出考查了学生对实验结果的评估与反思能力，有利于发展学生的批判性思维和反省性思维，助力他们生物学科核心素养的达成。

四、探讨农事活动，创新设问方式，考查学生的方案制订能力和创新意识

对创新型人才的选拔和培养，体现了高考对创新性考查的价值追求。生物学是一门以实验为基础的自然科学，学生在探索生命现象、规律和本质的过程中，通过

观察、提问、设计实验、实施方案以及分析结果等实践体验，能够深入理解核心概念，提升思维品质，增强创新意识。农业是立国之本，生物科学理论与技术的进步和发展有助于解决农业生产中的实际问题。2022年广东高考生物学选考试题第20题的第（4）小题，要求学生根据群落结构及种间关系原理，设计一个不用氮肥和除草剂，少用杀虫剂，具有复层群落结构的生态荔枝园的简单种植方案并说明设计依据。试题通过创新内容呈现形式、创设具有一定的开放性和探究性的设问和作答要求，从实践层面唤醒学生的创新意识，考查学生方案制定能力、问题解决能力和创新思维品质。

例4：（2022年广东卷第20题）荔枝是广东特色农产品，其产量和品质一直是果农关注的问题。荔枝园A采用常规管理，果农使用化肥、杀虫剂和除草剂等进行管理，林下几乎没有植被，荔枝产量高；荔枝园B与荔枝园A面积相近，但不进行人工管理，林下植被丰富，荔枝产量低。研究者调查了这两个荔枝园中的节肢动物种类、个体数量及其中害虫、天敌的比例，结果见表2-9。

表2-9　相关结果

荔枝园	种类（种）	个体数量（头）	害虫比例（%）	天敌比例（%）
A	523	103278	36.67	14.10
B	568	104118	40.86	20.40

回答下列问题：

（4）使用除草剂清除荔枝园A的杂草是为了避免杂草竞争土壤养分，但形成了单层群落结构，使节肢动物物种多样性降低。试根据群落结构及种间关系原理，设计一个生态荔枝园简单种植方案（要求：不用氮肥和除草剂，少用杀虫剂，具有复层群落结构），并简要说明设计依据。

【参考答案】

（4）种植方案：荔枝林下种植豆科草本植物形成复层群落结构。

设计依据：豆科植物共生的根瘤菌固氮提高土壤氮含量，可不用氮肥；豆科植物覆盖竞争排除杂草，可不用除草剂；豆科植物为节肢动物提供生存条件，天敌比例也会增加，可少用杀虫剂。

【评析】

根据题目中不用氮肥和除草剂、少用杀虫剂，具有复层群落结构的设计要求，应考虑到在荔枝林下种植植物形成复层群落，根据群落的垂直结构原理，若在林下种植灌木形成灌木层，灌木层下将自然侵入草本植物（杂草）竞争土壤养分，不能解决问题，若在林下种植草本植物，完全覆盖后会竞争排除杂草，可达到不用除草剂的要求；结合种间关系内容，豆科植物和固氮菌共生形成根瘤菌，将空气中的氮转变为含氮养料，能提高土壤氮含量，可达到不用氮肥的要求；同时豆科植物可为节肢动物提供更多的生存空间，天敌比例也会增加，可达到少用杀虫剂的要求。

综上，科学探究既是一个过程，也是一种学习方式。科学探究素养的培养是一个逐渐深化的螺旋式进程，只有通过不断地让学生经历探究过程，才能让学生体会到科学探究的精髓。一是落实课标精神，高质量地完成教材规定的实验，以2~4人为一个实验小组，让他们有更多的机会和时间参与观察、动手、记录和交流等，引导学生深入理解每一个实验的实验目的与原理、实验材料与试剂、实验思路与步骤、实验结果与结论等，并创设条件，鼓励他们对教材实验进行拓展性探究，确实提升学生的实验技能和实验探究水平；二是精选出适合高中学生探究的有价值的、可探究的问题，激发学生的兴趣，让他们带着好奇和困惑去发现问题、提出问题、寻找证据的过程中去理解生命世界和建构知识，帮助他们理解科学概念，认识科学的本质；三是直面现实生活的生物学等问题，创设真实的教学场景，增强生物学与生产生活和科学实践的关联度，在真实的情境中进行思索与探究，增强学生的探究能力和创新精神；四是营造氛围、增强合作，鼓励学生主动参与到探究活动中来，让学生体验到科学探究的乐趣；五是加强师生合作、生生合作，激发他们的探究热情，在交流与讨论中碰撞出思维的火花，提升学生的科学思维品质和科学探究能力，发展学生的生物学科核心素养。

参考文献：

[1] 郭学恒，李东海. 指向科学探究素养测评的高考生物学试题探析 [J].
生物学教学，2020，45（2）：60-62.

[2] 葛均波，徐永健. 内科学 [M]. 北京：人民卫生出版社，2013.

[3] 张云芳. 高中思想政治课培养学生知识迁移能力研究 [D]. 武汉：华
中师范大学，2020.

[4] 教育部考试中心. 彰显学科特质 发挥育人功能：2019年高考生物试
题评析 [J]. 中国考试，2019（7）：25-28.

[5] 陆永华. 试析科学探究要素在高考中的考查 [J]. 物理教师，2013，34
（11）：78-80.

例析生成性简答题的答题策略

　　近年来，为了更好地体现新课程理念、考查考生的生物科学素养，在第Ⅱ卷中越来越频繁地出现了生成性简答题，这种简答题没有现成的答案（如教材的结论、概念、专业术语），而是要求考生用自己的语言来组织答案，生成具有试题特定要求的"书本之外的某一知识要点"的生成性答案，对考生的信息处理能力、知识运用能力、解决问题能力提出了更高的要求，因而在高三备考复习是应引起足够的重视。

一、生成性简答题的答题策略

　　参见图2-4。

```
┌──────────┐     ┌──────────────┐     ┌────────────────┐
│审题、获取 │ →  │回扣教材，提取解题 │ →  │根据问题结合所学   │
│信息      │     │所需的相关知识   │     │知识组织答案      │
└──────────┘     └──────────────┘     └────────────────┘
     ↑                  ↑                      │
     └──────────────────┴──────────────────────┘
              反馈检查答案的合理性
```

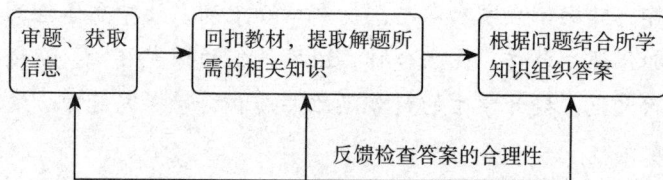

图2-4　生成性简答题的答题策略

1. 审题，获取信息阶段

　　获取的信息是否完整、准确，直接关系到答案的完整性和合理性。从近几年高考生物科简答题来看，生成性简答题的信息呈现方式包括文字、图形（包括模式图、示意图、装置图等）、数据（包括曲线图、数据表格）等。纯文字类型的简答题，审题时要画出关键词，注意将题干中隐含的信息转化为显性的、具体的信息；图表数据类的简答题则应将它们进行图文转化，并将转化后的信息与所学内容进行联系、整合。下面以2013年四川卷第8题为例，浅析获取信息的方法。

　　例：（2013年四川卷）将玉米的PEPC酶基因导入水稻后，测得光照强度对转基因水稻和原种水稻的气孔导度及光合速率的影响结果，如图2-5和图2-6所示。（注：气孔导度越大，气孔开放程度越高）

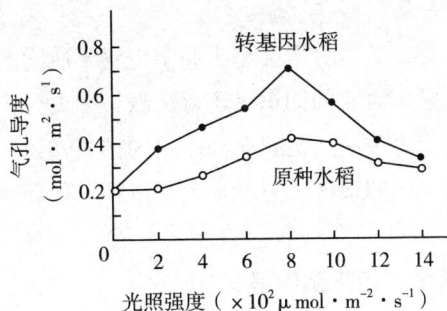

图2-5 光照强度对转基因水稻的影响结果

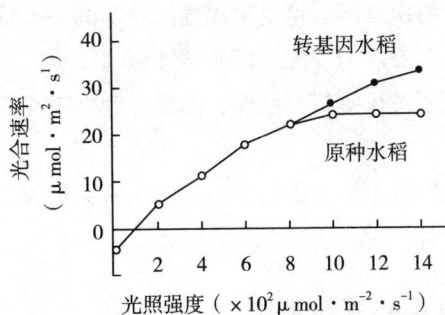

图2-6 光照强度对原种水稻的气孔导度及光合速率的影响结果

审题，画出题干关键词"PEPC酶基因""转基因水稻和原种水稻和""气孔导度""光合速率"。仔细读图，并从图2-5和图2-6可以提取如下信息：

图2-5：自变量是光照强度，因变量是气孔导度，在光照强度小于$8 \times 10^2 \mu mol \cdot m^{-2} \cdot s^{-1}$时，随光照强度增加，两种水稻的气孔导度也随之增大，当光照强度大于$8 \times 10^2 \mu mol \cdot m^{-2} \cdot s^{-1}$时，气孔导度随光照强度的增加而减小。

图2-6：光照强度小于$8 \times 10^2 \mu mol \cdot m^{-2} \cdot s^{-1}$时，两种水稻的光合速率没有差别，当光照强度大于$8 \times 10^2 \mu mol \cdot m^{-2} \cdot s^{-1}$时转基因水稻的光合速率逐渐增强，而原种水稻基本不变。

综合图中的信息，发现光照强度为$8 \times 10^2 \mu mol \cdot m^{-2} \cdot s^{-1}$时是两个坐曲线变化趋势的转折点，两种水稻的光合速率与气孔导度不是完全的平行关系（即当光照强度大于$8 \times 10^2 \mu mol \cdot m^{-2} \cdot s^{-1}$时，随光照强度增加，气孔导度减小，但此时原种水稻的光合速率基本不变，而转基因水稻的光合速率却越来越大），这一信息是题干隐含的关键信息。

2. 回归课本阶段

高考试题不管怎么考，其内容不会超出高中生物学所学的知识范围，所以，不管题型如何的变化，解题所需要的知识点还得从教材中去寻找。仍以上题为例，根据题目提供的信息，考生可快速回忆起光合作用的相关知识：光合作用的原理、影响光合作用的环境因素（光照强度、温度等），以及各种环境因子对光合作用影响的规律变化等。

3. 根据问题结合所学知识来组织答案

问题部分是围绕题干给出的信息主题展开的。学生能否顺利的解题，取决于学生能够从题干中获取多少信息以及获得的信息能否快速地迁移到要解答的问题中来，这就要求考生能够充分利用好第一、二阶段收集的信息，对信息进行筛选和重组，并用自己的语言来组织答案。这是生成性简答题的一大特点，体现了《考试大纲——理科综合生物科》要求的"能运用所学知识与观点，通过比较、分析与综合等方法对某些生物学问题进行解释、推理、做出合理判断或得出正确的结论"这一能力考核目标。

最后，将答案放入题目中，看语句是否通顺、答案是否与所问的问题相关、有无科学性错误、有无遗漏等。

二、生成性简答题的答题示例

例：（2010高考全国卷Ⅰ大纲理综生物学第31题）如图2-7，从某植物长势一致的黄化苗上切取等长幼茎段（无叶和侧芽）。自茎段顶端向下对称纵切至约3/4处。将切开的茎段浸没在蒸馏水中。一段时间后，观察到半边茎向外弯曲生长。若上述黄化苗茎段中的生长素浓度是促进生长的，放入水中后半边茎内、外两侧细胞中的生长素浓度都不会升高。请仅根据生长素的作用特点分析半边茎向外弯曲生长这一现象，推测出现该现象的两种可能原因。

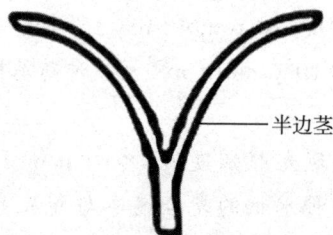

半边茎

图2-7 从某植物长势一致的黄化苗上切取等长幼茎段（无叶和侧芽）

原因1：_____。

原因2：_____。

【解题思路】

（1）审题、获取信息：

①半边茎向外弯曲生长→内侧生长速度比外侧生长速度快。

②题干指出内外两侧生长都不会升高→说明生长素没有发生转移；且此时的生长素浓度是促进生长的。

结合①②③推导出：内侧生长素浓度高于外侧的生长素浓度，故内侧的生长速度比外侧快，表现为半边茎向外弯曲生长。

（2）回归课本、回忆、联想相关知识：

③生长素具有两重性：低浓度促进生长，在一定浓度范围内，随深度升高促进作用越来越强，超过最适浓度，随浓度升高，促进作用逐渐减弱；高浓度抑制生长。

④植物的不同器官、不同部位对生长的敏感度不同。

结合①②④推导出：内侧生长素浓度与外侧的生长素浓度相同，但内侧比外侧对生长素更敏感，相同浓度下促进效果更明显，故内侧的生长速度比外侧快，表现为半边茎向外弯曲生长。

（3）根据问题，结合所学知识组织答案：仅根据生长素的作用特点分析半边茎向外弯曲生长这一现象推测两种可能的原因。

（4）反馈检查：将答案代入题干，结合题干信息和设问，看是否解释得通，有无科学性错误、有无遗漏等。

【参考答案】

（1）内侧细胞中的生长素浓度比外侧高，所以内侧细胞生长较快。

（2）内外两侧细胞中的生长素浓度相同，但内外侧细胞对生长素敏感性不同，该浓度的生长素更有利于内侧细胞的生长。

近几年生物学高考试题中越来越多的出现生成性简答题，体现了高考改革、进一步落实新课标理念的必然要求，这种创新型简答题把信息处理能力与知识的运用能力和分析综合解决问题的能力进行了完美的结合。为此在高三备考复习中，应避免陷入题海泥泞，多关注此类题型，做到精讲精练，提高备考效率。

参考文献：

［1］梅首文，王德法.例析高考生物学生成性简答题的特点［J］.生物学通报，2011，46（8）：41.

核心素养理念下的"种群与群落"专题复习实践

——基于全国卷近五年高考生物学试题的分析与启示

"种群与群落"专题是高考生物试题的重要考查内容，其知识点包括种群的特征和数量变化、群落的结构和演替及相关实验等。为提高该专题的复习质量，提升考生素养，本文对2016—2020年全国卷在该专题所涉及的高考试题按考点逐年进行归类分析，探寻命题思路及特点，为该专题的复习备考提供建议。

一、考点分布与分值

种群与群落专题内容在群体水平上讨论生物与生物、生物与环境的关系，是后续生态学内容的基础，是高中生物课程的重要内容，也是历年高考试题中的常考内容、高频考点之一。从近五年全国卷Ⅰ、卷Ⅱ、卷Ⅲ的分值与考点分布看（见表2-10），种群的特征和数量变化是近年来的高频考点，而对群落的演替的考查，则只在2020年的Ⅱ卷有所涉及。

表2-10　近五年高考理综卷"种群与群落"专题分值与考点分布

知识内容	2016年	2017年	2018年	2019年	2020年
种群的特征	Ⅰ卷：5（6）	Ⅱ卷：31（4） Ⅲ卷：5（6）	Ⅲ卷：6（1.5）	Ⅰ卷：6（6） 31（2）	
种群数量的变化		Ⅰ卷：5（6） Ⅱ卷：31（4）	Ⅰ卷：5（6）	Ⅲ卷：31（8）	Ⅲ卷：31（4）
群落的结构			Ⅲ卷：6（1.5）	Ⅰ卷：31（2）	Ⅰ卷：6（3），30（2） Ⅲ卷：31（2）
群落的演替					Ⅱ卷：6（6）
卷Ⅰ合计	6	6	6	10	5

续表

知识内容	2016年	2017年	2018年	2019年	2020年
卷Ⅱ合计		8	3		6
卷Ⅲ合计		6		8	6

注：括号前的数字表示题号，其中的数字表示该题的分数。

二、命题思路与特点

1. 注重对基础知识和核心概念等必备知识的考查，体现高考命题的基础性和综合性

试题精选命题素材，围绕种群的特征和数量变化、群落的结构与演替，渗透生态平衡、群落动态演替、进化与适应等生命观念，多角度、多层次考查考生对必备知识的理解和灵活应用。如2020年全国Ⅱ卷第6题，以三角洲的形成为背景，考查考生对群落演替概念和演替规律的理解，树立群落特征随时间变化而变化的生态观；2018年Ⅰ卷第5题，既考查种群增长曲线的条件判断，又分别从密度因素、环境资源因素以及种群密度与产量的关系，综合考查考生对影响种群数量变化因素的掌握情况，引导中学教学要加强对主干知识的深度学习与知识网络的整体构建。

例1：（2017年高考理科综合全国Ⅱ卷第31题）林场中的林木常遭到某种山鼠的危害。通常，对于鼠害较为严重的林场，仅在林场的局部区域（苗圃）进行药物灭鼠，对鼠害的控制很难持久有效。回答下列问题：

（1）在资源不受限制的理想条件下，山鼠种群的增长曲线呈 __J__ 型。

（2）在苗圃进行了药物灭鼠后，如果出现种群数量下降，除了考虑药物引起的死亡率升高这一因素外，还应考虑的因素是 __苗圃中山鼠种群中个体的迁出__ 。

（3）理论上，除药物灭鼠外还可以采用生物防治的方法控制鼠害，如引入天敌。天敌和山鼠之间的种间关系是 __捕食__ 。

（4）通常，种群具有个体所没有的特征，如种群密度、年龄结构等。那么，种群的年龄结构是指 __一个种群中各年龄期的个体数目的比例__ 。

分析：试题以林场鼠害为背景，考查考生对影响种群密度的内部因素和种群数量变化因素的理解和把握。第（1）小题考查考生对J型增长和S型增长的适用范围，第（3）小题则是考查考生对种间关系的理解和判断，第（4）小题则是对年龄结构的简单回忆，考查了考生对必备知识的掌握情况；而第（2）小题则考查了考生对引起种群数量变化的综合分析与思考，试题兼顾基础性与应用性，合理梯度区分，既体现全员育人的理念，又有利于高校选拔人才。

2. 聚焦关键能力，体现学以致用的学科价值

试题凸显科学素养立意，在加强学科主干知识考查的基础上，着重考查考生的逻辑推理与信息加工等关键能力，以选拔具备终身发展与适应时代要求的具有核心竞争力的人才。

（1）以农牧渔生产实践为命题背景，弘扬科学劳动精神，考查考生解决实际问题的能力。

由于本专题的内容与生产实践联系相当紧密，近几年涉及该专题的试题多通过创设生产实践问题情景，考查考生利用专题知识分析和解决实际问题的能力，倡导学以致用，增强考生学习生物学的获得感。如2020年全国Ⅰ卷第30题第（1）小题，精心创设情境，结合农业生产，选取中耕为素材，考查学生对这一栽培措施的生物学原理的分析和解释，引导考生深入思考其隐含的生物学原理，领略中华农耕文化的博大精深，培养考生科学劳动、尊重劳动的情怀。

例2：（2017年高考理科综合全国Ⅰ卷第5题）假设某草原上散养的某种家畜种群呈S型增长，该种群的增长率随种群数量的变化趋势如图2-8所示。若要持续尽可能多地收获该种家畜，则应在种群数量合适时开始捕获，下列四个种群数量中合适的是（D）

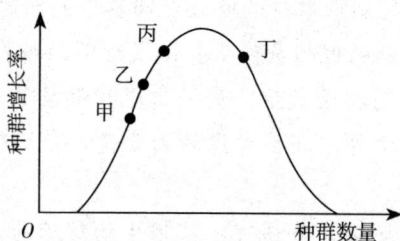

图2-8　种群数量与种群增长率

A. 甲点对应的种群数量　　　　B. 乙点对应的种群数量

C. 丙点对应的种群数量　　　　D. 丁点对应的种群数量

分析：本题围绕农业生长过程中如何获得可持续产量这一实际问题，让考生判断"若要持续尽可能多地收获该种家畜，开始捕获家畜的合适时机"。考查角度常规，关注考生的答题感受，但从呈现的曲线图来看，该图的横坐标不是时间变量，而是种群数量，纵坐标也不是常见的种群数量，而是种群增长（速）率，体现了高考试题的创新与原创，要求考生首先要对此坐标曲线进行加工，提取出种群量与种群增长率的关系，结合所学知识，判断出"最合适的捕获时机应该是超过K/2以后位点，即丁点对应的种群数量"这一关键信息。这是因为在这个时间点捕获家畜，能持续获得较高的产量。

（2）创设实验分析与探究场景，考查考生的科学素养水平。

生物学是一门实验学科，实验与探究能力是生物学科的核心能力，涵盖对知识的综合运用能力、分析和解决问题能力、表达与交流能力等，是在形成知识框架基础之上的拓展和延伸。考生在实验与探究过程中所形成的以专业方法解决实际问题的科学思维与科学探究品质将是他们受用终身的学科素养。从近五年高考理综全国卷在"种群与群落"这一专题的命题特点分析，以实验探究和调查实践为命题立意的试题比例很大，例如，2016年高考理科综合全国Ⅱ卷第5题和2017年高考理科综合全国Ⅲ卷第5题，均以种群的密度调查为素材，考查考生对特定的生物学问题进行实验设计、方案实施和数据处理能力。2017年高考理科综合全国Ⅲ卷第6题，结合农业生产实践和生物学技术，对农田中具有趋光性昆虫进行调查，考查考生对黑光灯诱捕昆虫的生物学原理和应用情况的掌握程度。

例3：（2019年高考理科综合全国Ⅲ卷第31题）回答下列与种群数量有关的问题。

（1）将某种单细胞菌接种到装有10mL液体培养基（培养基M）的试管中，培养并定时取样进行计数。计数后发现，试管中该种菌的总数达到a时，种群数量不再增加。由此可知，该种群增长曲线为　S　型，且种群数量为时　a/2　，种群增长最快。

（2）若将该种菌接种在5 mL培养基M中，培养条件同上，则与上述实验结果相比，该种菌的环境容纳量（K值）　减小　（填"增大""不变"或"减小"）。若在5mL培养基M中接种该菌的量增加一倍，则与增加前相比，K值　不变　（填"增大""不变"或"减小"），原因是　K值是由环境资源量决定的，与接种量无关　。

分析：本题的知识落点是种群数量增长和环境容纳量的关系，考查考生的实验探究与科学表达能力，第（1）小题考查考生对种群增长S型曲线和J型曲线理解与判断，以及S型曲线不同时的增长率差异。第（2）小题综合考查考生对实验条件改变后，种群数量的变化，尤其是最后一问，考生要在扎实理解S型种群增长的特点，环境容纳量与空间、环境资源关系的基础上，才能够深入理解当培养基一定时，环境容纳量（K值）不变，与接种量的多少没有关系，并将上述思维过程用准确、简约的语言表达出来，考查考生的科学思维过程和实验探究水平。

3. 充分展现生物学科的特质，帮助考生树立生态文明观，增强社会责任感

"种群与群落"这一专题探究了种群密度、种群数量在不同时空的变化规律，研究了不同种群的生物在长期适应环境和彼此相互适应的过程中形成动物生物群落的过程及其演化规律。如2020年全国卷Ⅲ第31题，引入水华这一真实的考查能够感受到案例情景，要求考生利用所考生态学相关知识，分析蓝藻密度极大的原因，考查考生解决相关生物学问题的能力，引导考生关注生态问题，倡导绿色发展理念，提升生态意识，认同生态文明建设的必要性和重要性，共同形成保护生态环境的社会责任（见表2-11）。

表2-11　2016—2020年涉及"种群和群落"的高考试题渗透社会责任的具体表现

时间	卷别	题号	社会责任素养的具体体现
2016年	Ⅰ卷	5	对于如何合理利用自然资源的问题，引导考生要尊重、理解种群数量增长的规律，确立合理的捕获量和时间节点，树立可持续发展的思想
2017年	Ⅱ卷	31	在鼠害防治方面要运用生物学原理，渗透生物防治理念，降低农药的使用，树立生态文明观
2018年	Ⅰ卷	5	以影响种群数量增长的密度制约为背景，传达了在农林、畜牧业生产问题上，不能盲目扩大规模，树立科学种养意识
2019年	Ⅰ卷	31	引入天敌，构建"果园害虫→天敌"这一食物关系，限制害虫数量增长，体现人与自然和谐相处，认同保护生物多样性的重要意义，渗透环境友好理念
2020年	Ⅱ卷	6	理解群落演替的内在规律，形成保护环境，维护生态平衡习惯

4. 试题设计稳中求新，有助于创新型人才的选拔

习近平总书记在全国教育大会上指出，应积极投身实施创新驱动发展战略，着重培养创新型、复合型、应用型人才。每年的高考生物试题在承续往年高考命题风格的基础上，坚持稳中有变，在知识联系、内容题材、图文呈现、设问角度等多方面显示出新意，考查考生对生命观念、科学思维和科学探究及社会责任等学科素养的达成情况。表2-12以全国Ⅰ卷为例，探讨了2017—2020年涉及该专题内容的高考试题设计上的创新点。

表2-12 2017—2020近五年全国理综I卷试题设计创新性的体现

	题号	主要考点	试题设计表现出来的创新性
2017年	5	种群数量的变化	创新性地用坐标的形式描述草原上散养的某种家畜种群数量与种群增长率的关系，考查考生的信息转换能力
2018年	5	种群数量的变化	从环境资源、密度因素以及产量与密度的关系，其中密度因素和产量的关系中学较少涉及，考查考生独立思考与深度学习能力
2019年	5	影响种群数量变化的环境因素	以微生物培养为命题素材，并用坐标的形式呈现出不同资源条件下（更换培养基的周期），某种微生物的种群增长曲线，题目新颖，考查考生的求异思维
2020年	31	种间竞争	把传统的农耕文明与生态学理论有机结合，弘扬科学劳动精神，引导考生认同中华民族的农耕文明，伟承农耕文明

三、"种群与群落"专题复习实践

根据高考试题的命题思路和特点，结合新课程理念和高考评价体系这一"风向标"，作者在"种群与群落"这一专题复习进行了以下实践。

1. 构建并丰富专题内容的知识网络，帮助考生形成系统的生命观念

扎实掌握主干知识，丰富专题内容的知识网络，是学习生物学课程的根基，也是提高考生生物科学素养的重要基础。在专题复习中引入典型案例，再现本专题的主干知识和核心概念，在建立知识框架的基础上，引导考生领会各知识点之间的内在联系，让考生在有意识的深度学习中，提高他们分析问题和解决问题的能力，形成整体的生命观念。我在本专题复习中，以弃耕农田的次生演替过程为例，在与考生重温基础知识的同时，把相关概念、内容板书在黑板上，同时拓展它们的联系及其在生产实践中的应用，收到了良好的效果（见图2-17）。

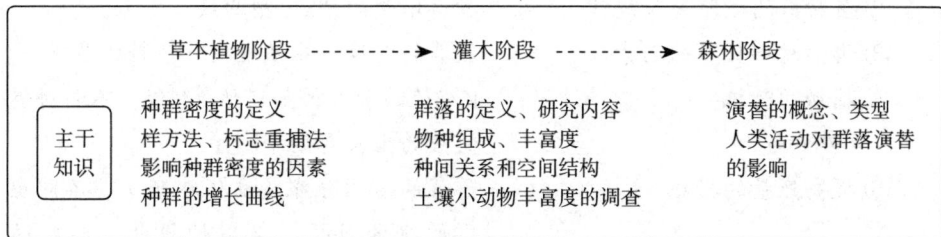

主干知识	草本植物阶段 --------➤	灌木阶段 --------➤	森林阶段
	种群密度的定义 样方法、标志重捕法 影响种群密度的因素 种群的增长曲线	群落的定义、研究内容 物种组成、丰富度 种间关系和空间结构 土壤小动物丰富度的调查	演替的概念、类型 人类活动对群落演替的影响

对主干知识的扩展	以某种草本植物为例，分析种群密度和种群数量的关系，推测影响种群数量变化因素。	以群落内部分种群为例，分析气候环境、种间关系对种群数量的影响（波动、下降等），群落的空间特征如何随时间改变而改变？	顶级群落的类型、决定因素，演替过程中物种组成、丰富度、初级生产量的变化规律及原因分析。
实践应用	种群数量的变化规律在农业生产、虫害防治等方面的应用，指导农业生产	利用种间关系进行生物防治、调查受污染水域、土壤小动物的丰富度	立体养殖因地制宜进行生态环境治理和污染治理
形成观念，达成素养	（1）群落中的生物具有与该群落环境相适应的形态结构、生理特征和分布特点 （2）不同种群的生物在长期适应环境和彼此相互适应的过程中形成动态的群落 （3）形成人与自然和谐的生态文明观，树立可持续发展的思想		

图2-9　系统的生命观念

2. 创设生产实践情境，引导考生深度思考与持续探究，提高解决实际问题能力和创新能力

专题复习不仅是知识内容的综合与构建，还是能力和科学思维养成的拔高阶段，新课程倡导要精选教学内容，聚焦大概念，在有限的时间里引导考生在真实情景中展开科学探究与实践，帮助他们深入理解大概念内涵，养成科学思维的习惯，提高探究能力和水平，培养出具备创新能力的科技人才。"种群与群落"一节与生产实践联系紧密，素材广泛，教学中不可能面面俱到，只能是精选其中的一两个典型案例进行深度探讨。如复习完本专题的知识内容后，可向考生提出一个水产养殖方面的探究话题。

提出问题：

解决问题需用到的生物学知识或技术：

① 如何估算种群密度　　　　　标志重捕法的方法和注意事项（如标记物应不溶于水、网眼的大小等）

② 鱼种群的数量增长规律　　　种群增长的"S"型曲线

③ 影响种群数量的因素　　　　放养的密度、养殖规模、饵料的多少

④ 捕捞的时机　　　　　　　　K/2值的确立，如何估算K值，不同种类的鱼的生长周期等

⑤ 提高产量的措施　　　　　　群落的空间分布（立体养殖）、不同鱼群的生活习性，饵料的投放、疾病防治等

通过对人工水产养殖的一系列问题探究，帮助考生内化学科知识和核心概念，注重理论联系实际，活学活用，促进考生独立思考、发散思维等高阶思维能力的发展，培养考生的创新实践能力。

3. 渗透生态文明教育，落实立德树人根本任务

"种群与群落"专题属于宏观生物学范畴，考生具有丰富的直观体验，许多社会热点问题如退耕还林还草、环境污染与群落演替的关系、生态环境治理等都能引发考生强烈的共鸣，在专题复习中，渗透社会责任教育，引导学生关注生态热点议题，讨论可能的应对决策，唤起考生的责任感，最终使他们每一个人都能养成尊重个体、善待生命、环境友好的态度和价值观，树立绿水青山就是金山银山的生态观，成为新时代中国特色社会主义的建设者和合格公民。

参考文献：

[1] 教育部考试中心. 科学设计试题 助力素质教育：2018年高考生物试题评析 [J]. 中国考试，2018（7）：29-35

[2] 于涵. 不忘初心 推进新高考改革 面向未来 构筑现代化考试 [J]. 中国考试，2017（3）：19-24.

[3] 广东省教育考试院.2017年广东高考年报 [M].广州：广东高等教育出版社，2018：224

[4] 郭学恒.高考生物学对实验与探究能力的考查 [J].生物学教学，2018（8）：71-73.

[5] 于涵.新时代的高考定位与内容改革实施路径 [J].中国考试，2019（1）：1-9.

下 篇

课堂实践与研究项目

在教育的浩瀚星河中，每一位教师都是探索宇宙奥秘的宇航员，而每一次课堂实践都是我们与学生共同启程的星际旅行。在这场旅行中，我们不仅传授知识的火种，更点燃学生心灵的火炬，引领他们探索生命科学的深邃与奇妙。

下篇将展开一段关于高中生物课堂实践与研究项目的旅程，这里记录了我们在教学田野上的深耕细作，以及对生物学课堂中学生科学思维培养的深入探索。我们将一同走进课堂实践的真实场景，感受教学的温度，触摸学生思维的脉动，共同见证知识与智慧的交融，情感与理智的共鸣。

在这里，我们分享了一系列课题研究报告，它们不仅是教育实践的硕果，更是教学理念的升华。从"核心素养下高中生物课堂学生科学思维培养的实践研究"到"生命伦理视角下的研思行"，每一项研究都是对教育本质的深刻反思和积极回应。我们也将展示精心设计的教学案例，如"激素调节的过程（一）教学设计"和"影响酶活性的条件实验探究教学设计"，它们是理论与实践相结合的典范，是知识传递与能力培养的桥梁。

我诚挚地邀请您，与我一同走进下篇的世界，在字里行间感受教育的情怀，在教学的旅途中探索未知。愿我们的思想交流如星辰般璀璨，愿我们的实践探索如航行般深远，共同书写属于我们的教育新篇章。

核心素养下高中生物课堂学生科学思维培养的实践研究

（2019年韶关市教育科研课题）

一、绪言

（一）研究的背景

1. 科学思维是生物学核心素养的重要组成部分

随着教育改革的不断深入，培养学生核心素养成为教育的重要目标之一。《普通高中生物学课程标准（2017年版2020年修订）》强调，科学思维是生物学核心素养的重要组成部分，学生应在学习过程中逐步发展归纳与概括、演绎与推理、模型与建模、批判性思维、创造性思维等思维能力。

《中国学生发展核心素养》指出，学生应具备能够适应终身发展和社会发展需要的必备品格和关键能力。而这些能力的获得与提升，都需要恰当地应用科学思维。

2. 科学思维是高考评价体系的重要维度

教育部考试中心研制的《中国高考评价体系》主要由"一核""四层""四翼"三部分内容组成。其中"四层"为考查内容，即"核心价值、学科素养、关键能力、必备知识"，而学科素养的考查，必须依赖于对科学思维的把握与应用。

3. 培养学生科学思维是社会发展的需要

在现代社会中，科学技术迅猛发展，具备良好科学素养的公民，才能有效参与社会生活并应对各种复杂问题。科学思维能力不仅有助于理解和探讨生命现象及规律，还能帮助学生在面对生物学相关的社会议题时进行批判性分析和创造性解决问题。

4. 教育实践的挑战

虽然理论上强调科学思维的重要性，但在实际教学中，如何有效培养学生的科学思维仍面临诸多挑战。这需要教师在教学设计、课堂实践、评价方式等方面进行深入研究和创新，探索出适合高中生特点的科学思维培养方法。

（二）研究的意义

1. 科学思维能够帮助学生正确认识和改造世界

科学思维要求从实际出发，客观地揭示事物的本质和规律。正确地运用科学思维方法，就意味着能够运用辩证唯物主义和历史唯物主义世界观和方法论去分析和解决问题，从而形成正确的世界观和方法论。科学思维为我们认识世界和改造世界提供了思想武器，从而使得我们能够运用辩证方法，用发展的眼光全面地看待问题，全面动态地认识并改造世界。

2. 培养学生科学思维是学生终身发展的需要

培养科学思维能力不仅限于知识的传授，更是为学生的终身发展奠定基础。科学思维能力是适应未来社会和终身发展的关键能力，能够提升学生的自主学习能力、批判性思维能力和创新能力，促进学生全面发展。

3. 培养能够适应时代发展和国际竞争力人才的需要

国际上对科学教育的关注不断提升，许多国家和地区都在强调科学思维能力的培养。中国教育需要与国际接轨，培养具有国际竞争力的人才，这也促使我们在高中生物课堂中加强对科学思维的研究和实践。

（三）研究内容

（1）通过问卷调查了解高一新生科学思维现状，分析高一学生对高中生物的认识及他们在生物学习方面的问题及状况等。

（2）采用进阶性、递进性的教学策略进行课堂教学设计，以培养学生的归纳概括、演绎与推理、分析与综合、批判性思维、逆向性思维和创造性思维等。

（3）从学生的学情调查中探究调动学生学习兴趣的因素，进行整理分析，以改进教学策略和教学方法，不断提升学生的思维品质，不断提高教师的教学水平。

（四）研究的方法

1. 文献研究法

查找与本课题相关的资料、文献以及研究成果，从而全面地了解掌握本课题的研究问题。

2. 问卷调查法

针对高一新生的科学思维现状，设计相应的调查问卷，以便了解高一学生在科学思维方面的具体情况及在生物学科方面的兴趣。

3. 案例分析法

根据具体的教学案例来分析，研究如何利用科学思维的方法提高学生的归纳概括能力、建模能力、演绎与推理能力、批判思维能力和创造性思维能力。

4. 经验总结法

在具体的教学实践基础上，根据本课题的研究目的，随时收集资料素材，相互探讨并探索行之有效的措施，并及时总结经验教训，最终在理论的基础上形成相应的方法。

二、文献综述

（一）概念界定

1. 思维

思维是人类在认识、理解和解决问题过程中所进行的心理活动和过程。它是一种高级的认知功能，涉及感知、记忆、概念形成、推理、判断、想象和决策等多种心理过程。

2. 科学思维（有些文献称为"理性思维"）

《普通高中生物学课程标准（2017年版2020年修订）》指出："科学思维是指尊重事实和证据，崇尚严谨和务实的求知态度，运用科学的思维方法认识事物、解决实际问题的思维习惯和能力。"从中我们不难发现，科学思维首先是指一种思维习惯。这种思维习惯最大的特点就是尊重事实和证据，崇尚严谨和务实的求知态度。严谨主要是指获取证据的方法和从证据到结论的思维是严密的、周全的、无漏洞的；务实主要是指使人的认知符合客观事物的真实情况。

（二）科学思维的研究现状

1. 国外关于科学思维的研究

（1）科学思维的定义与框架的构建。国外对科学思维的研究首先致力于明确其定义和构建理论框架。Dunbar（1995）提出了科学思维中的"发现周期"模型，强调科学思维不仅依赖于归纳和演绎推理，还需要通过假设生成与检验来进行科学发现。Klahr和Dunbar（1988）在其研究中表明，科学探究过程中的演绎推理有助于学生理解和应用科学概念。Ennis（1996）强调，批判性思维要求质疑假设、论证和结论的有效性，并寻找证据支持或反驳。Newell和Simon（1972）提出的"问题解决"模型提供了一套工具和方法，包括问题定义、信息收集、分析和评价、方案选择和实施等步骤。

在构建科学思维的理论框架时，国外研究者们借鉴了多个学科的成果。心理学提供了关于人类认知过程的深入理解，Jean Piaget和Lev Vygotsky的认知发展理论对理解学生如何发展科学思维提供了重要启示，揭示了思维的机制和发展规律。现代认知科学通过脑成像技术和实验研究，揭示了科学思维在大脑中的神经基础。

（2）教学方法与策略。国外的教育研究者和实践者致力于探索有效的教学方法和策略，以培养学生的科学思维能力。例如，探究式学习（Inquiry-based Learning）、基于问题的学习（Problem-based Learning）和项目式学习（Project-based Learning）等教学方法被广泛应用于课堂中，旨在通过实际问题和项目的探讨，促进学生的科学思维发展。

（3）评估与测量工具的开发。为评估学生的科学思维能力，研究者开发了多种评估工具和测量方法。例如，科学推理测试（Scientific Reasoning Test）、批判性思维评估（Critical Thinking Assessment）和问题解决能力评估（Problem-solving Assessment）等工具被用来衡量学生在不同方面的科学思维能力。国际学生评估项目（PISA）中的科学素养评估，为不同国家的科学教育提供了宝贵的数据和比较视角，促进了科学思维教育的全球化发展。

（4）跨学科研究。科学思维的研究不仅限于科学教育领域，还涉及心理学、认知科学、神经科学和教育技术等多个学科的交叉研究。例如，研究者探讨了科学思维在不同学科领域的应用，如在物理、化学、生物等学科中的具体体现和培养策略。

综上所述，国外对科学思维的研究在定义与理论构建、教育心理学、教学方法、评估工具、跨学科研究、国际比较和科技应用等方面取得了重要进展。这些研究不仅丰富了对科学思维的理解，也为教育实践提供了有力支持。

2. 国内关于科学思维的研究

国内学者对科学思维的研究在近年来取得了显著进展，涵盖了理论构建、教学实践和评估方法等多个方面。

（1）理论构建方面，郭宗杰（2016）在其研究中提出，科学思维不仅包括归纳与演绎推理、假设生成与检验，还应包含批判性思维、系统性思维和创新性思维。这一综合性框架为理解和培养学生的科学思维提供了更为全面的理论基础。朱正威、赵占良和谭永平等学者的研究成果表明，科学思维的培养需要多方面的努力，包括课程设计、教学策略和评估方法的改进。这些学者提出的探究式学习、问题导向学习和基于项目的学习模式，均强调学生在学习过程中主动思考、积极探究和批判性分析。吴成军认为，科学思维具有以下一些显性特征：①崇尚真知，认同科学知识、原理和方法在解决问题中的作用（认知动机）；②尊重事实和证据，以事实和证据作为科学思维的起点（认知行为）；③正确的逻辑分析，运用科学的思维方法认识事物及事物之间的联系（认知方式）；④质疑和批判，创造性地提出观点、方法，以解决具体的问题（认知品质）。

（2）教学实践方面，国内学者通过多种方式探索如何在课堂中有效培养学生的科学思维。王明远（2018）研究指出，探究式学习（Inquiry-based Learning）在培养学生科学思维能力方面具有显著效果。他在实验研究中发现，采用探究式教学方法的班级，学生在问题解决、批判性思维和创新能力等方面的表现均优于传统教学方法的班级。这表明，通过设计和实施科学探究活动，能够有效促进学生科学思维能力的发展。

此外，陈志伟（2020）在其研究中提出，基于项目的学习（Project-based Learning）也是培养学生科学思维的有效途径。他通过实证研究发现，参与项目学习的学生不仅在科学知识掌握方面表现更好，而且在批判性思维和系统性思维能力上也有显著提升。这种教学方法通过让学生在真实的项目中应用科学知识和技能，激发了他们的学习兴趣和主动性，促进了科学思维能力的全面发展。

（3）评估方法方面，国内学者也进行了大量研究，以期建立科学思维能力的有效评估体系。李红梅（2017）在其研究中提出了一套基于多维度的科学思维评估模型，包括逻辑推理、问题解决、批判性思维和创新性思维等维度。她通过实证研究验证了该模型的有效性，认为这一评估工具能够全面、客观地反映学生的科学思维能力，为科学教育的评价提供了有力支持。

同时，张晓琳（2019）在其研究中强调了科技手段在科学思维评估中的应用。她指出，通过使用智能化评估系统和大数据分析，可以实现对学生科学思维能力的实时监测和动态评估，提高评估的准确性和效率。这一研究为现代科学教育评估方法的创新提供了新的思路。

总的来说，国内关于科学思维的研究在理论构建、教学实践和评估方法等方面均取得了重要进展。通过构建综合性的理论框架，探索有效的教学方法，以及开发多维度的评估工具，国内学者为科学思维的培养提供了坚实的理论基础和实践指导。这些研究不仅丰富了科学教育的理论体系，也为实际教学提供了有力的支持，推动了我国科学教育的发展和进步。

（三）科学思维的教育心理学基础

1. 认知主义学习理论对发展科学思维的概述

（1）皮亚杰认知发展和建构主义理论。

皮亚杰认为，儿童的认知是在已有图式的基础上，通过同化、顺应和平衡等机制，不断从低级向高级发展的一个建构过程。教育是对知识的理解和有机统一。皮亚杰认为教育的真正目的并非增加儿童的知识，而是设置充满智慧刺激的环境，让儿童自行探索，主动学到知识。这就提示广大教师，在教学的过程中，要设法向学生展示一些能够激发他们兴趣并且具有挑战性的材料，在一定范围内允许学生通过自主地获得结果，并将其纳入原有认知结构中，从而达到新的水平。

（2）维果茨基的社会文化理论。

维果茨基强调，学习是一个社会互动的过程，教师和同伴的支持（即最近发展区内的支架作用）对于学生的认知发展至关重要。在课堂中，教师可以通过合作学习、小组讨论等方式，提供有针对性的指导和支持，帮助学生在互动中发展科学思维能力。

2. 人本主义学习理论对发展科学思维的概述

（1）马斯洛的自我实现理论。马斯洛强调个体追求自我实现的内在动力，即实现个人潜力和能力的最高境界。在科学思维的培养中，这意味着学生应被鼓励探索和发展他们的兴趣和能力。教师应创建一个支持性的学习环境，帮助学生发现和追求自己的科学兴趣，激发他们内在的学习动机。通过自主探究和研究，学生能够更好地发展他们的科学思维能力。

（2）罗杰斯的学生中心观点。罗杰斯的学生中心理论主张教学应以学生为中心，尊重学生的个体差异和自主性。科学思维的培养应尊重学生的独特性，鼓励他们自主选择学习内容和学习方式。在这种环境中，教师应更多地扮演指导者和支持者的角色，而不是知识的灌输者。通过自主学习，学生能够更主动地参与到科学探究中，培养独立思考和解决问题的能力。

此外，人本主义学习理论强调情感和自我反思在学习中的重要作用。积极的情感体验可以增强学生的学习动机和认知效果，学生通过自我反思，可以认识自己的思维过程和策略，发现自己的优势和不足，从而进行持续改进。在培养科学思维时，教师应关注学生的情感需求，鼓励学生进行自我评估和反思，通过记录学习日志或反思报告，帮助学生不断改进自己的思维方式和探究方法。

3. 批判性思维理论

批判性思维是科学思维的重要组成部分，指的是对信息和论点进行系统分析和评价的能力。Ennis（1985）提出的批判性思维框架包括分析、评价和创造等核心技能。在生物学教学中，教师应鼓励学生质疑和评估科学结论。例如，在学习基因编辑技术时，可以引导学生阅读相关文献，分析不同观点的依据，评价基因编辑的伦理和社会影响。

4. 探究式学习理论

探究式学习（Inquiry-based Learning，IBL）是一种以学生为中心的教学方法，强调通过提出问题、设计实验、收集和分析数据等过程，促进学生的科学探究能力和科学思维的发展。

（1）问题驱动学习：在探究式学习中，教师应设计开放性的问题，引导学生自主探究。例如，在学习生态系统时，可以提出"为什么不同生态系统中生物多样性存在差异"这样的开放性问题，激发学生通过查阅资料、设计实验和讨论分析来探索答案。

（2）实验和实地考察：通过设计和实施实验，学生能够在实践中应用科学方法，培养归纳和演绎推理能力。例如，在学习光合作用时，学生可以通过设计实验，测量不同光照条件下植物的光合作用速率，从而理解光合作用的机理和影响因素。

三、对高一新生科学思维的现状调查及分析

（一）调查目的

通过对广东北江中学高一新生生物学科科学思维的实际情况的调查，深入了解该校学生科学思维的现状，以便给"核心素养下高中生物课堂学生科学思维培养的实践研究"的前期实践研究提供翔实、准确的第一手资料，为课题的下一步发展提供依据，增强该课题的针对性和实效性。

（二）调查方法

不记名问卷调查法（发放纸质问卷，以笔答问卷的形式进行调查，共发放问卷100份，回收问卷94份，有效问卷88份）。

（三）调查对象

广东北江中学高一学生。

（四）调查内容的设计

本次调查问卷（见附件）共设计问题8个，均为单项选择题。调查内容包括是否理解生物学科核心素养中科学思维以及科学思维所涉及的几个方面（归纳与概括、演绎与推理、模型与建模、批判性思维、创造性思维等），调查学生对科学思维的理解与运用。

（五）数据汇总

（1）学生对科学思维具体的内容的了解：完全了解占4.5%，完全不了解占30.7%，听说过占64.8%。

（2）当学生发现老师或专家所讲的观点和自己所想的有所不同时的反应：以他们的观点为准占9%，保留自己的观点占17%，在实验的基础上，提出疑问占74%。

（3）学生理解从具体到一般的归纳过程，通过推理发现并总结出一般的规律的情况：非常符合占13.6%，一般符合占68.2%，不符合占18.2%。

（4）学生运用概念模型来解释概念的情况：非常符合占11.3%，一般符合占67.1%，不符合占21.6%。

（5）学生运用物理模型来表达概念的情况：非常符合占14.8%，一般符合占59.1%，不符合占26.1%。

（6）学生运用数学方法对生物学现象的内在规律进行抽象和概括，并通过数学关系解决实际问题或对事物的发展过程进行预测的情况：非常符合占14.8%，一般符合占22.7%，不符合占62.5%。

（7）学生对某个问题产生兴趣后，是否会设法收集相关资料并分析得出结论的情况：经常会占19.3%，有时会占30.2%，从来不会占50.5%。

（8）当学生某个实验做了很多次，得出的结果仍旧与课本上的理论结果不完全相符时，学生的反映情况：实验总是存在误差的，只要大致符合就能说明问题实验过程可能出现问题占48.9%，应该再重复做几次课本上的理论结果有问题，实际实验得出的结果才是正确的占38.6%，在确保操作没有问题的情况下，要尊重实验事实，并且尝试解释误差出现的原因占12.5%。

（六）结果分析

对第1题的问卷调查进行统计分析，我们发现学生对于科学思维的认识明显不足，其中完全了解的学生仅占4.5%，64.8%的学生停留在听说过的层面上。而对科学思维的评价涉及的几个方面，如归纳与概括、演绎与推理、模型与建模、批判性思维、创造性思维等，学生的认知程度不同。第2题的问卷调查反映了学生的批判性思维情况，通过统计分析，74%的学生会在实验的基础上，对自己所不认同的观点提出疑问。第3题的问卷调查结果也显示68.2%的学生能够根据一般过程归纳概括得到一般规律。模型与建模方面，概念模型和物理模型有约60%学生能够达到一般符合，但数学模型方面，62.5%的学生无法通过构建数学模型来解决实际问题。另外，第8题的问卷调查结果表明有将近一半的学生从来不会运用创造性思维对有兴趣的问题进行追根究底。演绎推理方面更是只有12.5%学生会尝试用所学科学研究方法对某些实验现象来进行解释说明。

通过问卷调查，我们发现高一学生对科学思维的认知非常有限，他们对归纳与概括、批判性思维有所认识，但远远不够；而在模型与建模、创造性思维和演绎与推理方面，学生的认识非常的浅薄，是我们后续实践研究过程中要特别关注的部分。

四、高中生物教学中培养学生科学思维的策略

（一）基于思维导图培养学生的归纳概括能力和发散性思维

1.理论依据

思维导图（Mind Mapping），又名心智导图，是著名心理学家东尼·博赞于1971年发明的一种利用图像进行放射性思维的方法。它是一种表达发散性思维的高效图形思维工具，兼具简单性和实用性。思维导图不仅能够展示发散性思维，在高中生物教学实践中，还可以用来培养学生的归纳与概括能力。

（1）帮助学生形成知识网络。高中生物课程知识面广、知识点繁多，学生需要将这些知识进行高度浓缩和整合。通过构建思维导图，学生可以清晰地了解各章各节知识点之间的异同和联系点，将所学知识串联成一个相对完整的整体，掌握知识结构的整体框架。这种训练能够显著提高学生整合、归纳和概括知识的能力。例如，在学习生态学时，学生可以通过构建思维导图，将不同生态系统的特征、能量流动和物质循环等知识点有机地联系起来，形成一个系统的知识网络。

（2）促进学生主动归纳与概括。在构建思维导图的过程中，学生需要对知识进行再处理，厘清层次关系、内在联系和逻辑关系，对知识进行相应的归纳和概括。这一过程实际上就是学生学习主动归纳与概括的过程。通过这种训练，学生不仅能够掌握知识点的具体内容，还能提高对知识进行系统整理和分析的能力。例如，在学习遗传学时，学生通过构建思维导图，对遗传规律、基因表达和变异等知识点进行归纳和整理，从而更好地理解和掌握遗传学的核心概念。

2.利用思维导图开展课堂教学的策略

（1）布置学习任务，突破重点知识。

教师通过布置学习任务，引导学习小组根据学习任务单开展学习活动。如在讲授"光合作用"一节中，引导学生厘清知识的层次和逻辑关系。

（2）构建思维导图。

在学生基本掌握核心知识后，教师可以采用分组讨论的形式，让学生共同讨论并绘制思维导图，促进学生的合作学习和知识整合。例如，在学习生态系统的能量流动一节时，可以让学生分组绘制不同生态系统的能量流动图解，并在全班进行展示和讨论。

（3）展示与反馈。

学生完成思维导图后，可以进行展示，分享自己的思维导图。教师和同学可以对每组的思维导图进行评价和反馈，指出其优点和不足，帮助学生进一步改进和完善。例如，在展示遗传学的思维导图时，可以讨论哪些部分的逻辑关系更清晰，哪

些部分需要作进一步补充。

（4）总结与提升。

最后，师生对本节课的内容进行总结提升，利用思维导图巩固本节课的重点和难点，进一步提升学生的归纳和概括能力。也可以通过提问、讨论等形式，检验学生对知识点的掌握程度，并引导学生反思自己的学习过程。例如，在总结生态学时，可以提问学生对能量流动和物质循环的理解，并让学生通过思维导图再次展示。

（二）基于建模教学培养学生的逻辑推理能力和建模思维

1. 模型建构在认知建构主义中的理论基础

认知建构主义（Cognitive Constructivism）理论强调，学生通过主动构建知识体系来理解和掌握新知识才是有意义的学习。模型建构作为一种具体的知识构建方式，能够帮助学生将零散的知识点整合成一个连贯的整体。

高中生物学涉及的模型主要包括物理模型、概念模型及数学模型。例如，通过建构物理模型帮助学生深入理解细胞的结构与功能观、基因重组的内涵。通过建构数学模型引导学生突破遗传学中基因频率计算难点。通过建构概念模型，如血糖调节模型，帮助学生加深对血糖平衡的理解。总之，模型建构要求学生在理解和分析基础知识的同时，进行综合与应用。这一过程不仅需要建模思维，还需要批判性思维和创造性思维等高阶思维能力。

2. 教学策略

（1）创设情境，作出假设。通过实际案例或引导问题，将学生带入需要解决的具体情境。例如，在讲授遗传学中的基因重组时，可以展示一个复杂的遗传系谱图，引导学生思考并提出假设。

（2）讲授核心知识。教师通过讲授、演示等方式，向学生传授本节课的核心知识点。在讲授过程中，可以展示不同类型的模型及其构建方法。例如，讲解细胞结构时，展示一个细胞的物理模型，讲解基因频率时，展示相应的数学模型。

（3）合作探究，建构模型。在教师的指导下，通过分组合作的形式，让学生讨论并动手实践，共同完成模型的建构。教师应提供必要的工具和资源，并在过程中给予指导和帮助。例如，在学习生态系统的结构时，学生可以分组构建一个具体生态系统的模型，展示其中生物和非生物因素的相互关系。

（4）展示与评价。学生完成模型建构后，进行展示与交流。每组学生展示自己构建的模型，讲解其构建过程和结果。教师和其他学生对每组模型进行评价，指出其优点和不足，提出改进建议。例如，在展示血糖调节模型时，学生可以展示各部分的相互作用，并解释调节机制。

（5）总结与反思。教师对本节课的内容进行总结，强调重点知识和思维方法。引导学生反思自己的学习过程，提出改进模型的方法和进一步探究的问题。例如，反思遗传学中的模型构建时，学生可以总结基因重组的规律及其在实际问题中的应用。

（6）拓展与应用。教师布置课后任务，鼓励学生将所学知识和建模方法应用到其他实际问题中。例如，学生可以选择一个感兴趣的生物学现象或社会问题，尝试构建相应的模型，进行进一步研究。

（三）基于论证式教学培养学生的分析能力和批判性思维

1. 论证式教学策略培养学生批判性思维的立论依据

维果茨基的社会建构主义理论强调，通过社会互动和协作学习，学生能够在"最近发展区"（Zone of Proximal Development，ZPD）内提升认知能力。论证式教学中的讨论和辩论活动，为学生提供了丰富的社交互动机会，使他们在与同伴和教师的互动中不断反思和修正自己的观点，逐步形成批判性思维。库恩（1999）的研究发现，经过论证式教学训练的学生在分析和评估证据、提出和支持论点方面表现出更强的批判性思维能力。努斯巴赫和施劳（2007）的研究也表明，论证式教学不仅提高了学生的批判性思维能力，还增强了他们的科学探究和论证能力，使学生在学习过程中更加积极主动。通过论证式教学，学生需要不断地提出假设、检验假设，并对不同观点进行比较和评估。这一过程不仅培养了学生的独立思考能力，还使他们学会如何从多个角度审视问题，提升批判性思维的广度和深度。

2. 论证模型

英国著名哲学家图尔敏首次提出了由主张、资料、根据、支援、限定和反驳六个要素构成的过程性模式，称为图尔敏论证模型（见图3-1）。其中资料、主张、根据是图尔敏论证模型的核心成分，在图中突出显示，也将其称为基本模式。

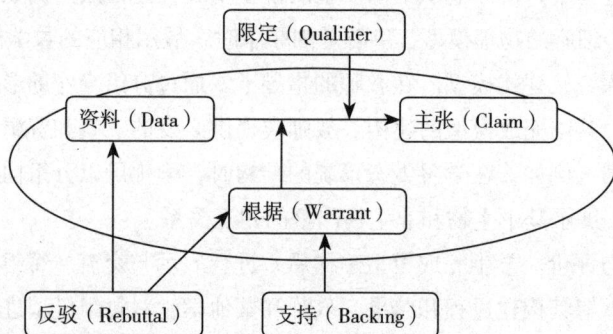

图3-1　图尔敏论证模型

3. 开展论证式教学的教学策略

（1）建立支持性学习环境。教师首先需要建立一个安全、开放的课堂环境，鼓励学生自由表达自己的观点。通过明确课堂讨论的规则和期待，确保所有学生感到尊重和被倾听，从而提高他们参与论证活动的积极性。

（2）明确论证主题。课前确定具体的论证主题。这个主题应与课程内容密切相关，且具有开放性和争议性，能够引发学生深入思考和讨论。

（3）在"提供证据—质疑反驳—提出新主张—呈现新证据"的环节中推进论证教学。将学生分成小组进行讨论，每个小组可以选择一个不同的观点进行辩论，教师可以引导学生使用图尔敏论证模型来构建他们的论证。通过对主张、资料、根据、支援、限定和反驳等要素的教学参与，引导学生逐步探寻事物的真相，并在此过程中，培养学生的批判性思维和小组合作学习的精神。

（4）引导反思和评估。在每次讨论后，教师应引导学生对讨论过程和结果进行反思。可以通过提问和引导，让学生评估自己和他人的论证，识别其中的优点和不足，并探讨改进的方法。

（5）提供持续的反馈和支持，整合跨学科知识。论教师应在论证过程中提供及时和建设性的反馈，帮助学生不断改进他们的论证技巧。还可以通过整合其他学科的知识，丰富学生的论证内容。例如，在生物课上讨论生命伦理问题时，可以引入法律、伦理学、社会学等相关知识，使论证更加全面和深入。

（6）使用多样化的评价方法。在评价学生的论证能力时，可以采用多样化的评价方法，如口头辩论、书面论证、角色扮演等。同时，可以引入自评和互评，促进学生自我反思和相互学习。

（四）基于科学史教学培养学生的证据意识和批判性思维

1. 基于科学史培养学生的实证思维和批判思维的立论依据

人本主义代表罗杰斯强调情感与认知的融合对学习的积极意义。通过科学史教学，学生可以更好地理解科学家在探索过程中的情感和动机，从而在情感上产生共鸣，激发他们对科学探究的兴趣和创新思维。班杜拉的观察学习理论强调榜样学习的重要性，科学史中科学家的创新和探索过程可以作为学生的榜样，激励他们模仿科学家的严谨和求真务实的态度，对科学研究的过程中始终持有的质疑精神和判断性态度。教学实践中，历史探究法通过引导学生探究科学史上的关键实验和发现，能够培养他们的探究能力和批判性思维。

《普通高中生物学课程标准（2017年版2020年修订）》指出："学习生物科学史能使学生沿着科学家探索生物世界的道路，理解科学的本质和科学研究的思路和方法，学习科学家献身科学的精神，这对提高学生的生物学学科核心素养是很有意义的。"刘恩山教授认为生物科学史是以生物科学发展中有着重要转折作用的事件及课题为主线，以科学产生和发展的过程为轮廓，用翔实的资料论说科学家们的创造性劳动，生动形象地描述他们进行科学探究的思维方法和过程，有利于培养学生的批判性思维等科学思维。

2. 教学策略

（1）案例研究。案例研究法通过引入科学史上的经典实验和发现，让学生深入分析这些案例，理解科学家的思维过程和方法。例如，讲解孟德尔的豌豆杂交实验时，教师可以引导学生回顾孟德尔的实验设计、数据记录和结果分析过程，帮助学生理解科学探究的证据意识。通过分析这些科学史案例，学生不仅能学会如何进行科学实验，还能培养他们基于证据作出合理判断的能力。

（2）角色扮演与模拟。角色扮演和模拟活动可以让学生以科学家的身份参与到科学史事件中。教师可以设计情境，如模拟巴斯德进行巴氏消毒法实验，让学生分组扮演科学家、助手和记录员，实际操作并记录实验过程。通过这种亲身体验，学生可以更深刻地理解科学家的思维过程和解决问题的方法。

（3）探究性学习。教师可以布置开放性问题，如"达尔文是如何提出自然选择理论的？"，让学生通过查阅资料、小组讨论和汇报展示等方式，自主探究达尔文在不同阶段的思维变化和理论形成过程。探究性学习不仅培养了学生的自主学习能力，还能激发他们的好奇心和创新思维。

（4）科学争议讨论。科学史上充满了科学争议和理论冲突。教师可以选择一些具有代表性的科学争议，如拉马克与达尔文关于进化理论的争论，组织学生进行辩论和讨论。在讨论过程中，学生需要查阅资料、分析证据、阐述观点，并反驳对方观点。这种互动不仅培养了学生的批判性思维，还能锻炼他们的创新思维和逻辑表达能力。

（5）跨学科整合。科学史不仅涉及生物学，还涉及物理学、化学和社会科学等多个学科。教师可以设计跨学科的教学活动，如讲解DNA双螺旋结构发现时，可以结合化学中的分子结构知识和历史中的二战背景。通过跨学科整合，学生能够从多角度理解科学问题，培养他们的综合思维和创新能力。

（五）基于实验探究培养学生的创新思维等高阶思维

1. 实验探究在培养学生科学思维中的重要作用

生物学是自然科学中的一门基础学科，是研究生命现象和生命活动规律的科学。生物学课程要求学生主动地参与学习，在亲历提出问题、获取信息、寻找证据、检验假设、发现规律等过程中习得生物学知识，养成科学思维的习惯，形成积极的科学态度，发展终身学习及创新实践能力。

（1）发展批判性思维。在实验探究过程中，学生需要质疑、验证和评价实验结果，这有助于培养他们的批判性思维。例如，在分析实验数据时，学生需要评估数据的准确性和可靠性，质疑异常结果，并通过进一步实验或查阅文献来验证和解释这些结果。

（2）激发创新思维。实验探究活动提供了自由探索和创新的机会，鼓励学生提出独特的假设和实验设计。例如，在设计一个关于环境因素对植物生长影响的实验时，学生可以自主选择研究变量，如光照强度、温度、土壤类型等，并通过实验验证自己的假设，从而培养创新思维和实践能力。

（3）提高科学素养和态度。实验探究活动让学生亲身体验科学探究的过程，理解科学的本质，培养科学态度和科学素养。例如，通过多次参与实验探究，学生逐渐养成实事求是、严谨求证的科学态度，理解科学研究的挑战与乐趣，提升其对科学的热爱和追求。

实验探究在培养学生科学思维中的重要作用是多方面的。通过参与实验探究，学生不仅能够掌握科学知识和技能，还能培养批判性思维、创新思维、问题解决能力以及合作与沟通能力。这些高阶思维能力和科学素养的培养，不仅对学生在生物学科的学习中有重要作用，更对其终身学习和未来发展具有深远影响。

2. 开展实验探究的教学策略、原则和教学实施

（1）教学策略。首先，问题导向策略是通过引导学生提出有探究价值的问题，激发他们的兴趣和思考，并鼓励学生自主选择探究主题，以提高参与度和探究热情。其次，合作学习策略通过小组合作探究，让学生分组设计和实施实验，鼓励团队合作和互相学习，同时在小组内明确角色分工，确保每个学生都有具体任务。最后，多样化评价策略注重对学生在实验探究全过程中的表现进行过程性评价，并结合教师评价、自我评价和同伴评价，从多个角度全面评估学生的探究能力和科学素养。

（2）实施原则。实验探究的实施还需要遵循一定的原则。一是科学性原则，要求实验方案科学合理，数据记录和分析严谨，结论基于充分的证据，同时尊重科学探究的基本步骤，包括提出问题、制定假设、设计实验、收集数据、分析数据、得出结论和反思改进。二是学生主体性原则，学生在整个实验探究过程中是主导者，教师只起引导和辅助作用，鼓励学生自主探究和创造，提出独特的假设和实验设计。三是过程导向原则，注重探究过程中的思维训练和能力发展，培养学生的反思意识，引导他们在每个环节进行反思，总结经验和教训，不断改进探究过程。

（3）开展实验探究的教学环节。第一，在导入阶段，教师通过展示与课程内容相关的生物现象或问题，引发学生的兴趣和思考，并通过提问和讨论，引导学生提出探究问题和假设。第二，在实验设计阶段，学生分组讨论，制订实验方案，教师对方案进行指导和审核，确保科学性和可行性。第三，实验实施阶段，学生按照设计方案进行实验，详细记录实验过程和数据，遇到问题及时调整方案，确保实验顺利进行。第四，数据分析与结果讨论阶段，学生整理和统计实验数据，形成图表等结果展示，并讨论分析数据的意义，得出结论，反思实验中的不足。第五，汇报展示阶段，学生整理实验报告，准备展示材料，如海报和PPT等，各小组进行汇报展示，介绍实验过程、结果和结论，并接受提问和建议。第六，反思改进阶段，学生总结探究过程中的收获和不足，提出改进建议，教师对各小组表现进行反馈，指出优点和需要改进的地方，并进行综合评价。

通过这些策略、原则和实施过程，教师可以有效地利用实验探究培养学生的创新思维、批判性思维及其他高阶思维能力，提升学生的科学素养和实践能力，为其终身学习和未来发展奠定坚实的基础。

五、研究结果及分析

（一）前测及结果分析

本文的研究对象为广东北江中学的高一四个班级，高一（3）班、（4）班、（5）班和（6）班，四个班级均为普通平行班，我们设置高一（3）班和（4）班为实验组，高一（5）班和（6）班为对照组。经过入学两个月的学习，结合教学进度、参考书中的试题和学科网资源库的资源设计编制了一套科学思维能力和品质的测试量表，对我校高一新生的科学思维和科学品质进行摸底测试。

试题包含15道选择题，两道大题，内容包括生物必修一第一至四章的相关知识。在考试试题中，1、2、3、7、8题的内容考查的主要是细胞的组成成分和结构等内容，需要学生运用比较、分析与概括的能力，难度一般。第5、6、9、10、15题考查的是细胞结构和物质跨膜运输等内容，需要学生根据相关的材料，运用分析综合法，对题干知识进行分析和梳理，进而得出正确结论。其中第9、10题中还考查了科学家对线粒体进化由来的推测和证明细胞核功能的实验，让学生体会批判性思维和创造性思维的运用。第4、11、12、13、14题主要考查学生模型建构和模型分析的能力，题目难度中等。非选择题部分综合性比较强，考查了必修一前四章的知识点，需要运用比较法与分析综合法对所提供的现象、实验进行分析、归纳。

学生在解答试题时必须运用比较法、分析综合法、批判性思维、创造性思维和模型建构等科学思维方法才能解答出题目。将设计好的试题在对照组和实验组班级同时进行测试后，由同一位教师对试卷进行批改。以该次考试成绩作为前测成绩，对两个组的测试成绩运用SPSS 2.0进行数据统计分析，分析的数据主要包括了学生的平均成绩以及标准差、T值、P值。将几个班级学生科学思维能力测试题的成绩作为对这几个班级学生科学思维能力的参考依据，结果如表3-1所示。

表3-1 实验班与对照班前测数据

班级	人数	平均分	标准差	T值	P值
实验班	93	50.495	11.090	0.689	0.492
对照班	97	49.474	9.273		

实验结果表明，入学的第一次测试实验班的平均分为50.495，对照班的平均分为49.474，实验班和对照班测试成绩的P值为0.492。两个班级的成绩无明显差异，实验班和对照班的平均分相差也很小。

（二）后测试题及结果分析

基于以上情况，课题组继续开展教学实践。根据前期的文献研究和对高一学生的问卷调查，课题组成员选择了合适的科学思维素材结合教学策略精心设计了教学设计，并在所带的两个班级高一（3）班、（4）班进行了教学实践，另两个班级高一（5）班、（6）班采用常规授课作为对照组。经过近两个学年度（高二学生）的教学实践，结合教学进度、参考书中的试题和学科网资源库的资源设计编制了一套测试科学思维能力和品质的试题，对实验组和对照组班级学生进行测试。

本次测试包含15道选择题，两道大题，内容涵盖必修一至必修三全部知识。在考试试题中，第1、4、7、10、12题需要学生运用分析与概括的能力对书本材料进行分析理解，如第4题中对实验的考查，需要通过对实验材料、方法进行比较分析，才可以基于书本的材料和方法进行拓展，难度一般。第3、6、8、13、14、15题要求学生根据所给文字资料或者图形来获取信息，通过比较推理，对所得信息进行综合分析，才能得出正确的结论。第2、5、9、11题则是需要学生在分析计算的基础上，通过构建模型或运用模型来答题，体现了构建模型这一科学思维方法的运用。第16题除了要求学生通过对图表和实验过程进行比较分析之外，还需要在综合分析的基础上，演绎推理实验过程，才能写出实验设计，难度较大。而第17题考查学生对于假说演绎法这一方法的理解和运用程度，学生需明确假说演绎法每一个步骤所对应的操作过程，并进行实验设计，难度也较大。

该测试试题重点涵盖了假说演绎法、比较法、分析综合法和模型构建等科学思维方法的运用。测试结束后，对学生测试成绩进行了统计，用SPSS 2.0对数据进行统计分析。分析的数据主要包括了学生的平均成绩以及标准差、T值、P值。将几个班级学生科学思维能力测试题的成绩作为对这几个班级学生科学思维能力的参考依据，结果如表3-2所示。

表3-2　实验班与对照班后测数据

班级	人数	平均分	标准差	T值	P值
实验班	93	62.656	11.304	3.113	0.002
对照班	97	57.505	11.490		

实验结果表明，该次测试实验班的平均分为62.656，对照班的平均分为57.505，实验班和对照班测试成绩的P值为0.002。两个班级的成绩明具有明显差异，说明运用科学思维培养的教学实践有了显著的效果。

六、结论与展望

（一）研究结论

本研究以落实《普通高中生物学课程标准（2017年版2020年修订）》精神为出发点，促进核心素养在高中生物课堂教学的实施与发展进行了为期两年的理论研究和实践探索。目的是进一步提高教育教学水平，优化教学手段和策略，不断提升学生的科学思维水平和科学思维的品质，为我校的高中生物教学提供切实可行的教学范例，共同促进我市高中生物教育教学水平的不断深化和提高。

通过研究实践，得出结论如下：

（1）高一新生的科学思维水平和科学思维的品质普遍不高，与他们的入学成绩没有明显的相关性。

（2）通过新生入学的问卷调查，反向推导可以看出，初中阶段的教师对学生科学思维培养和重视程度还有待提高。

（3）本研究所倡导的教学策略能够有效地提升学生的科学思维水平和科学思维的品质。经过近两年的教学实践，通过规范化的测试量表对学生的科学思维方法（归纳与概括、演绎与推理、分析与综合、模型建构、逻辑思维、创新性思维等）和科学思维品质（敏捷性、深刻性和创造性、求异性等）进行测量，结果表明，与对照组相比，实验组学生的科学思维水平有了明显的提高。

（4）科学思维是学生综合素养的重要组成部分，通过提升学生的科学思维水平和科学思维的品质，有助于学生在纸笔测试中取得优异的成绩，近两年我任教两个班的生物学教学任务，其中一个班是实验班，另一个班是"物理类平行班"，2021届我校共16个物理类平行班，通过历次大考的平均分这一指标，我所教的"物理类平行班"在平均分和优秀率等指标方面具有明显的优势，取得了显著的成绩

（见表3-3）。

表3-3 **2021届物理类平行班历次大考平均分及其在物理类平行班的排位**

	平均分			优秀率		
	10班	年级	排位	10班	年级	排位
高二第一学期全市统考	69.1	65.8	2	13.3%	12.3%	4
2021届韶关市调研考试	68.1	62.7	1	6.4%	5.2%	2
2021届广东一模	74.9	71.3	1	40.4%	28.6%	1
2021届广东二模	69.9	68.6	4	31.9%	22.4%	2
2021届高考	86.2	83.6	1	87%	63.8%	1

注：据学生反馈给年级的高考成绩，本届高三共519人共加生物科考试，其中等级分大于
　　等于83（A类）的学生有331人，物理类平行班共46人参加生物科考试，生物单科等级
　　分大于等于83分的有40人，1人取得98分的好成绩，也是我校生物单科的状元。其余6
　　人达B级（70分以上）。

通过本课题的教学实践，结合调查研究，我们对如何在高中生物课堂教学中培养学生的科学思维提出如下建议：

（1）教师方面：首先是要构建教研共同体，加强研究和学习，不断提升教师对科学思维的认识。其次是要用系统的观点，在不同学段协调科学思维各维度的综合培养，再次是加强集体备课、灵活挖掘科学思维评价的新体系。

（2）课堂教学方面：针对不同的课型，采取灵活多样的教学策略，从不同的维度培养学生的科学思维：

①基于概念图教学策略培养学生的归纳与概括能力。

②基于多样化的模型与建模教学策略培养学生的建模能力。

③基于论证式教学策略培养学生的演绎与推理能力。

④基于科学史培养学生的批判性思维能力。

⑤基于实验探究培养学生的创造性思维能力。

针对五种科学思维方法的培养提出选取教学策略的依据，并对五种教学策略的教学环节进行归纳，展示运用五种教学策略的教学设计片段。

2. 研究展望

由于时间、研究水平等诸多因素，本课题关于科学思维的研究仍有许多不足，对于科学思维学生部分的调查可能不是很全面，且对两校学生科学思维的达成情况没有进行对比研究。在今后的教学实践中，将会对提出的有关于科学思维的教学策

略进行进一步的实践、优化，并不断丰富教学案例。同时，将对如何科学有效地评价学生科学思维的达成情况进行进一步的探讨与研究，并以校本教材、论文或学案的方式总结研究成果，并力争在课题组成员的工作单位、所在市进行推广应用。

参考文献：

［1］核心素养研究课题组.中国学生发展核心素养［J］.中国教育学刊，2016（10）：1-3.

［2］刘颖，苏巧玲［J］.医学心理学，北京：中国华侨出版社，1997：27.

［3］朱正威.科学思维与教育创新［M］.北京：教育科学出版社，2019.

［4］赵占良.如何通过探究性实验活动培养学生的科学探究能力［J］.教育科学研究，34（2）：123-134.

［5］谭永平.基于项目的学习模式提升学生科学思维能力的实证研究［J］.教育心理学，38（3）：215-228.

［6］陈梅香，杨小玲.皮亚杰认知发展阶段理论及其在素质教育中的应用［J］.桂林师范高等专科学校学报（综合版），2005（1）：72-76.

［7］胡卫平，林崇德.青少年的科学思维能力研究［J］.教育研究，2003（12）：19.

［8］吴成军.试论科学思维及其在生物学学科中的独特性［J］.生物学教学，2018，43（11）：7-9.

［9］刘大椿.科学哲学通论［M］.北京：中国人民大学出版社，1998.

［10］郭桥，资建民.大学逻辑导论［M］.北京：人民出版社，2003.

［11］魏亚玲.基于图尔敏论证模型的高中化学课堂教学分析［D］.南京：南京师范大学，2014.

［12］中华人民共和国教育部.普通高中生物学课程标准（2017年版）［M］.北京：人民教育出版社，2018.

［13］刘恩山，曹保义.普通高中生物学课程标准（2017年版）解读［M］.高等教育出版社，2018.

［14］何嘉媛，刘恩山.论证式教学策略的发展及其在理科教学中的作用［J］.生物学通报，2012，47（5）：31-34.

［15］刘恩山，汪忠.普通高中生物课程标准（实验）解读［M］.南京：江苏教育出版社，2004.

附：

生物学科核心素养中科学思维现状的调查问卷

亲爱的同学：

你好！非常感谢你在紧张的学习之余参与本次调查。本次调查目的在于了解我校学生生物学科核心素养中科学思维的现状。问卷采取匿名方式，所获得的信息用于学术研究，以及为教师的教学提供重要信息，希望你能仔细阅读并斟酌后从中选出答案（选择题全部为单选题），感谢你的参与！

1. 你了解科学思维具体的内容有哪些吗？（　　　）

A. 完全了解

B. 完全不了解

C. 听说过

2. 当你发现老师或专家所讲的观点和你所想的有所不同时你将（　　　）

A. 以他们的观点为准

B. 保留自己的观点

C. 在实验的基础上，提出疑问

3. 你能够理解从具体到一般的归纳过程，通过推理发现并总结出一般的规律吗？（　　　）

A. 非常符合

B. 一般符合

C. 不符合

4. 你能够运用概念模型来解释概念吗？如能运用文字、符号等形式，将抽象不易观察和理解的事物概括描述出来。（　　　）

A. 非常符合

B. 一般符合

C. 不符合

5. 你能够运用物理模型来表达概念吗？如能利用各种材料把不易观察的事物模拟其原型表达出来，如制作真核细胞的三维模型，细胞膜的流动镶嵌模型等。（　　　）

A. 非常符合

B. 一般符合

C. 不符合

6. 你能够运用数学方法对生物学现象的内在规律进行抽象和概括，并通过数学关系解决实际问题或对事物的发展过程进行预测吗？如通过植物的光合作

用与呼吸作用的关系图解决实际问题等。（　　　）

A. 非常符合

B. 一般符合

C. 不符合

7. 你对某个问题产生兴趣后，你会设法收集相关资料并分析得出结论吗？（　　　）

A. 经常会

B. 有时会

C. 从来不会

8. 如果某个实验做了很多次，得出的结果仍旧与课本上的理论结果不完全相符，那么你更偏向于认为（　　　）

A. 实验总是存在误差的，只要大致符合就能说明问题实验过程可能出现问题

B. 应该再重复做几次课本上的理论结果有问题，实际实验得出的结果才是正确的

C. 在确保操作没有问题的情况下，要尊重实验事实，并且尝试解释误差出现的原因

如何在生物教学中培养学生的探究精神

新课标的核心理念是提高学生的科学素养，要求在教学中渗透情感、态度、价值观的教育，强调对科学精神的培养。许多教师只重视教给学生探究方法，训练他们的探究能力，而忽略对探究在情感、态度、价值观方面的培养，因而出现了如为考试而探究，为完成教学任务而探究等一系列形式上的探究活动，最终由于缺乏探究精神，使得探究能力没有得到有效培养，探究习惯没有形成，科学素养没有得到有效提高。因此，在教学中着重培养学生的探究精神具有重要意义。

一、培养问题意识，在兴趣中激发探究精神

问题意识是人们对未知客观事物作出的自觉的心理反映，是与生俱来的天然禀赋。袁振国先生在《教育最新理念》一文中提到教育"最大问题是没有问题"。我

们的学生乐此不疲地就是善于解答各种问题，却缺少发现问题和分析问题的能力。缺少问题意识必然导致缺乏探究精神，只有具备强烈问题意识的学生，才有可能关注科学知识、科学方法及其研究过程。因此，在教学中经常启动和提高学生的"问题意识"就显得尤为重要，它不仅是科学探究的原动力，同时也是提高科学素养的切入点。

1. 巧设认知冲突情景，帮助学生发现问题

认知冲突是人的已有知识和经验与所面临的情境之间的冲突或差异。这种认知冲突会引起学生的新奇和惊讶，并引起学生的注意和关心，从而调动学生的学习积极性。教学中根据学生的生活背景和已有的知识结构，巧妙设计认知冲突的情景，激发他们探求知识的欲望。如在物质跨膜运输实例一节教学中，我设计了两个演示实验：实验一是教材要求的演示实验，实验二是则用0.3g/mL氯化钠溶液代替0.3g/mL的蔗糖溶液。教学时先用演示实验归纳渗透作用的概念和条件，随后提问学生：如果用0.3g/mL氯化钠溶液代替蔗糖溶液，结果会如何？多数学生毫不犹豫地回答水柱将会上升。于是我向学生演示实验二，当学生发现用0.3g/mL的氯化钠溶液代替蔗糖溶液时，水柱并没有上升，这时讨论气氛一下子就活跃起来。通过巧设认知冲突，帮助学生发现问题，然后引导学生分析、探究，使学生对渗透作用的原理、溶液浓度差的实质和对两个条件的理解有了进一步的认识。

2. 创设民主和谐氛围，引导学生提出问题

课程标准强调教学内容的人文性，要求教师应转变观念，重新定位自己的角色。如在"细胞呼吸"一节教学中，在讲到细胞呼吸原理的应用时，有学生问我黄酒是如何酿制的，这时我并没有急于告诉学生答案，而是提问其他学生有谁能解答这个问题，这时气氛开始活跃，当有学生把黄酒酿制过程解答完后，我又进一步提问学生，针对黄酒的制作工艺，你能想到哪些问题？这些问题与细胞呼吸原理的应用有何联系？课堂气氛进一步活跃，这时有学生提到了制作过程为什么要洒水？而且水不能漫过米饭？有些黄酒变红的原因？为什么要在中间挖一个洞？等等。这些问题当中，学生能回答的，让学生回答，回答不完整或回答不了的，则由我来解释。这样师生互动、生生互动的教学模式提高了教学的趣味性，增强了学生学习生物学的兴趣，在不知不觉中激发了学生的问题意识，增强了学生的探究兴趣。

因此，在教学过程中要努力创设一个平等、轻松的教学环境，鼓励学生多思、多疑、多提出有探究价值的问题，引导学生在知识形成、能力培养、技能训练中发现问题，鼓励他们多角度对其进行进一步的探究。

二、重视史实教育，在方法中落实探究精神

生物学中的一些经典实验如"光合作用的发现史""生长素的发现史"等，就有许多科学家所设计的一系列巧妙实验，这些都是课堂教学中引导学生进行探究的良好素材，如表3-4所示。

表3-4 生长素的发现与达尔文的系列实验探究过程

探究过程	内容
观察现象	植物具有向光性
提出问题	植物生长过程中为什么会具有向光生长的特点
做出假设	植物的向光生长特性可能与胚芽鞘尖端有关
设计实验	达尔的系列实验
验证假设，得出结论	胚芽鞘尖端可能会产生某种物质，这种物质在单侧光的照射下，对胚芽鞘的下部产生某种影响
进一步探究	胚芽鞘尖端是否真的存在某种物质、这种物质的化学本质是什么（温特和郭葛的系列探究实验）

通过科学史中一些经典实验和逻辑分析的再现，让学生体验生物学知识的形成过程，从中学习科学家的思维方法和理解生物学概念、原理的来龙去脉。这样既传授了知识，又培养了学生的科学思维。

三、拓展教材实验，在实验操作中体验探究精神

现有教材的实验往往已列有详细的实验方案、步骤，使学生能在短短的一节课时间内以较高的成功率完成实验。但从学生的学习过程看，每一位学生会因知识经验背景的不同而对同一实验内容产生不同的理解或疑问，并试图探究。这些理解或疑问可能是错误或片面的，也可能是独到的、精彩的、创新的。但受到教学时间、教学进度等的限制，教师往往无法在课堂上满足学生的探究需求，长此以往，学生在实验中再次引发探究的动机就会逐渐减弱，实验效果可想而知。相反，教师如果能针对学生的困惑，灵活地采取相应的策略，重组教学资源（如重新安排时间、变换内容），组织系列探究性拓展实验则会产生较好的实验教学效果。

通过拓展教材实验来创设未知的情境，让学生去探究，能更有效地培养学生的探究能力和探究思维，下面是我对"观察洋葱表皮细胞的质壁分离与复原"这一实

验的拓展：4人一个实验小组，提供相关的实验器具及必要的提示信息，要求每个实验小组在完成教材实验的基础上进一步粗略测出洋葱表皮细胞的细胞液浓度。下面是有代表性的三个实验小组的探究过程。

实验小组甲：分别配制0.1g/mL、0.2g/mL、0.3g/mL的蔗糖溶液，分别以四种不同的浓度分别观察洋葱表皮细胞恰好发生质壁分离的百分比，然后根据实验现象做出判断。由于浓度梯度不多，所以大多数实验小组能完成实验并初步估算出洋葱表皮细胞的细胞液浓度。

实验小组乙：分别配制0.05g/mL、0.1g/mL、0.15g/mL、0.2g/mL、0.25g/mL、0.3g/mL蔗糖溶液，其余操作过程与实验小组甲相同，因时间关系未能完成实验，导致实验失败。

实验小组丙：蔗糖溶液的浓度梯度与实验小组乙相同，但在做实验前他们首先进行建模分析，然后根据实验现象再作进一步探究。图3-2是他们的建模过程。

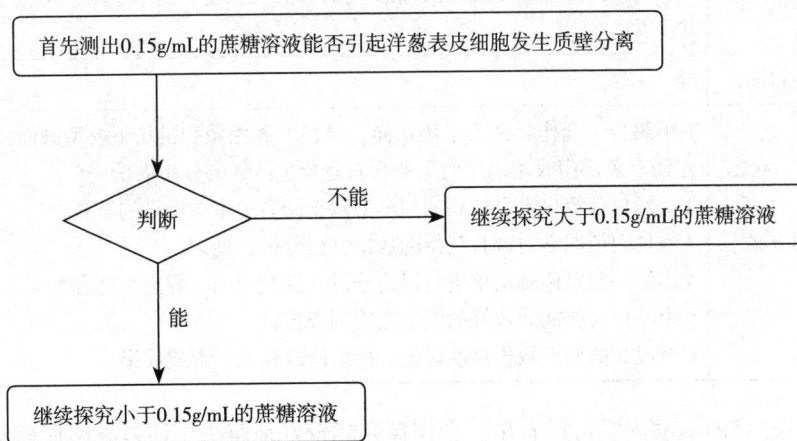

图3-2　建模过程

实验小组丙通过科学方法进行建模分析，也取得了成功，并且实验数据比甲组更精确。

虽然有些实验小组未能探究成功，但在亲身体验的过程中，他们能够感受到科学探究的艰辛和曲折，树立正确的科学观和坚韧不拔的探究精神。增加一些探究性实验，既能增强学生的动手操作欲望，培养学生动手能力，提高实验操作技能，又能使学生在实验探究的过程中，获得新知，开阔知识视野，体验探究的过程，培养科学的探究精神。

四、搭建课外实习平台，在合作中加强探究精神

探究需要合作，合作能使探究更主动、更深入，由于已有经验、文化背景的特殊性，学生对事物的理解也会各不相同，合作学习能使学生看到问题的不同侧面，对自己和他人的观点进行反思或批判，从而建构起新的和更深层次的理解。教材中有不少调查研究或研究性学习内容都具一定的趣味性、可合作性，如"调查媒体对生物科学技术发展的报道""调查人群中的遗传病"等。选取合适的内容可以使每一个学生都投入学习活动中去，进行有效的思考，解决具体问题，实现有效的发展。表3–5是某学习小组成员的一个探究方案。

表3–5　韶关市三大河流不同区段的水质污染情况分析

项目	内容
课题	韶关市三大河流不同区段的水质污染情况分析
原理	利用显微镜观察采样水质中微生物的种类及数量，判断水质污染程度及污染类型
调查目的	略
活动方案	1.小组分工合作，两人采集水样，镜检，并用照相机拍下典型画面，两人走访有关部门收集沿岸的工业、农业及生活区的分布数据 2.由两位计算机水平较高的同学上网查阅有关水质污染的资料 3.另选两位同学对调查获得的数据进行分析、处理 4.小组一起对调查结果进行讨论分析、探究成因，提出治理方案 5.由一位写作能力较好的同学完成调查报告 6.对成文的调查报告再度讨论、提出修改意见、形成成果

从表3–5的活动内容可以看出，合作探究能较好地解决个体差异给探究学习带来的困难，实现优势互补、共同提高。在合作探究的过程中，不仅学生的探究能力和创新精神能够获得较大的提高；同时，也能增强学生的团队精神和合作意识，有利于培养学生的协作能力和良好的人际关系。此外，通过独立学习与合作探究相结合的学习过程，能发挥认知过程对情感过程和意志过程的重要作用，培养学生良好的情感态度和科学的价值观。

五、鼓励自主尝试，在习惯中深化探究精神

心理学表明，某种行为不断重复、强化就成了习惯。为了发展学生的创新意识和实践能力，在某些探究活动中，我鼓励学生在一定范围内自己设计探究方案，让

学生按照自己的思维方式进行自主科学探究，这既有利于学生探究习惯的养成，又有利于学生创新思维和技法的形成，同时也是课程资源开发和利用的重要途径。

1. 鼓励学生课后研究、自主设计探究内容，逐步强化探究行为

课外实验是生物课堂实验的补充和延伸。教学中我经常鼓励学生根据自己的兴趣爱好独立开展简单可行的探究实验。在期中、期末开展两次成果交流，把一些优秀的探究性实验报告和实验素材（相片、实物等）公布在学习园地上，从反馈的教学效果来看，学生的积极性很高，60%的学生能完成两个以上的探究性实验。表3-6摘录了部分学生的探究性实验报告。

表3-6　部分学生的探究性实验内容

序号	实验内容
1	绿豆根尖向光性探究
2	探究光对绿豆种子萌发的影响
3	探究不同土质对玉米生长的影响
4	探究生态瓶中水草与小动物的数量的比例关系及稳定性研究
5	探究不同浓度的蔗糖溶液与葡萄糖溶液对油菜花粉萌发的效果
6	重力与单侧光对玉米向性生长的影响程度探究

实际上，每一个学生的报告就是一个小小的信息库，学生在课后的自主探究中获得了对学科新知识的了解与掌握，加深了对新问题的认识。在相互讨论、学习的过程中完成了信息的"互补"、资源的"共享"。通过调查，学生不仅增加了信息量、拓宽了知识面，而且培养了学生的探究精神，提高了表达能力和信息交流能力，更充分激发了学习生物学的兴趣，促使他们自觉主动地参与到学习中来。

2. 引导学生关注生活、主动探索，日渐养成探究习惯

丰富多彩的现实生活为学生的自主探究提供了丰富的素材，如在"基因分离定律"一节教学中，很多学生对自身的一些表现型究竟是显性性状还是隐性性状非常感兴趣，纷纷前来向我咨询，但我并没有急于告诉他们答案，而是鼓励他们参考孟德尔的研究方法针对某一性状在班内进行调查研究。几天后，个别学生发现某些性状（如某些性状由多对共同基因控制、伴性遗传等）用基因分离定律解释不通，这时我便建议他们到图书馆或上网查阅相关资料作进一步探究。表3-7列举了部分学生对人类性状的探究内容。

表3-7 部分学生对人类性状的探究内容

序号	探究内容
1	人群中有耳垂与无耳垂的性状遗传
2	人群中拇指内翻与不能内翻的比例及其遗传特点
3	探究食指与无名指等长与不等长的显隐关系
4	单眼皮与双眼皮的遗传方式
5	探究有酒窝与无酒窝的显隐关系及遗传方式
6	探究男性身高的正态分布—数量性状的遗传特点
7	用眼卫生对改善遗传性高度近视的效果分析

通过自主探究，学生既能较好地掌握教材，还能开阔视野，联系实际的能力也加强了，不少学生还能从环境、家族发病史、个体差异等方面对人类性状的遗传进行深度分析。所以在教学中应创设条件，引导学生关注生活、主动探索，充分发挥学生的主观能动性，鼓励他们放飞思维的翅膀，激发他们的参与意识和探究思维，使他们在探究学习的过程中能感受到探究带来的成功与喜悦，进一步激发他们的学习兴趣和探究欲望，使探究学习成为一种习惯化、常态化的学习方式。

参考文献：

［1］周红.用科学发现史进行探究性学习［J］.生物学教学，2005，30（7）：12-14.

［2］曾文俊.高中生物学课程的拓展性内容在教学中的运用［J］.生物学教学，2005，30（4）：54-56.

［3］吴燕瑛.谈生物学教学中对学生科学思维的培养［J］.生物学教学，2005，30（10）：18-19.

［4］赵锡鑫，等.生物学科教育学［M］.北京：首都师范大学出版社，2001.

基于思维导图培养学生发散性思维的教学案例

——"生命活动的主要承担者——蛋白质"教学设计

一、教材分析

本节课内容属于人教版生物教材必修一第二章第二节第一课时，主要包括三个部分：氨基酸及其种类、蛋白质结构及其多样性、蛋白质的功能。第一课时主要讲解氨基酸的结构及其种类以及氨基酸的结合方式。本节内容是高一生物中重要并且较难掌握的一节，内容也较多，它在必修一教材中起到承上启下的作用。必修一第二章第一节提到细胞中含量最多的有机物是蛋白质，蛋白质种类繁多，功能多样，是生命活动的主要承担者，学好本节内容对于后续的学习，特别是对于必修二基因的表达这一内容的学习有着非常重要的作用。在课程标准中，针对这一节的内容，是要求学生会"概述蛋白质的结构和功能"，要达成这一目标，就必须先要理解蛋白质的基本组成单位——氨基酸的结构特点，以及由氨基酸形成蛋白质的过程。

二、教学目标

知识目标：说明氨基酸的结构特点及氨基酸的结合方式。

能力目标：

（1）通过氨基酸结构通式的推导，培养学生分析归纳的能力。

（2）通过探讨氨基酸的缩合过程，培养学生解决问题的能力。

课时素养目标：

（1）运用结构与功能观，阐述蛋白质的结构多样性及功能多样性。（生命观念）

（2）通过不同氨基酸的比较，说出组成蛋白质氨基酸的结构特点。（科学思维）

（3）关注蛋白质的研究新进展。（社会责任）

三、教学重难点

（1）教学重点：氨基酸的结构特点；氨基酸形成蛋白质的过程。

（2）教学难点：氨基酸形成蛋白质的过程。

四、教学方法

以分组合作的形式，通过师生互动，首先通过观察一起构建了氨基酸的结构模型，然后学生亲自动手剪纸、拼接，探究氨基酸形成蛋白质的过程。

五、教学准备

多媒体课件、纸板（见图3-3）、剪刀、胶带等。

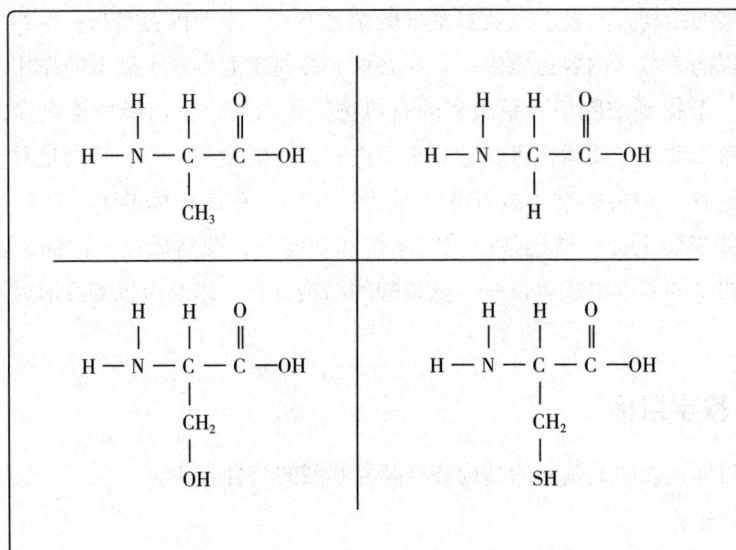

图3-3 纸板内容

六、教学过程

参见表3–8。

表3–8 教学过程概述

教学内容	教师组织与引导	学生活动	设计意图
（一）创设情境导入新课	图片展示安徽阜阳"大头婴儿"照片 提出问题：为什么婴儿会出现这种症状？ （引导他们把问题的关键放在劣质奶粉的成分上分析：婴儿因为长期吃蛋白质含量极低的食物，造成身体发育不良而引起严重浮肿，表现出头骨比较大）	学生思考讨论	用图片资料引起学生的学习兴趣
（二）引出课题：生命活动的主要承担者——蛋白质	教师及时评价并做出总结：蛋白质对于小孩子的生长发育重要吗？ 既然蛋白质这么重要，我们日常生活中还有哪些食物富含蛋白质呢？ 这节课就来学习生活中我们既熟悉又陌生的"蛋白质"，熟悉这是因为蛋白质与我们的生活息息相关，无时无刻它都存在我们生活的周围，陌生这是因为我们对于蛋白质的了解是少之又少	回答：很重要，蛋白质是生命活动的承担者 看图观察，思考并回答	联系生活，引导学生注意日常饮食的科学搭配
	通过昨天布置的预习作业，让你们回去预习课本蛋白质的内容，你们最想知道蛋白质的什么知识？ 用大屏幕播放思维导图的核心词语"蛋白质"，其他分支节点留出空白，让学生自由想象与蛋白质相关联的知识 	回答：蛋白质的组成结构 回答：蛋白质在人体中发挥的作用 回答：蛋白质都具有什么功能 回答：蛋白质都有什么种类 教师布置预习（蛋白质的思维导图）	通过模型建构，培养学生的归纳能力和模型建构能力

教学内容	教师组织与引导	学生活动	设计意图
	图片展示各种食物，让学生找出蛋白质丰富的食物。 提出问题：食物中的蛋白质能否被人体直接吸收呢？ 教师讲解：是的，蛋白质必须经过消化成为各种氨基酸才能被人体吸收和利用。也就是说，蛋白质是由氨基酸构成的	学生展示思维导图（略） 回答：不能，必须经过消化才能被吸收	
（三）氨基酸	活动一：构建氨基酸的结构通式 结合"思考与讨论"中给出的4种氨基酸的结构式回答： 1.氨基酸由哪些元素组成？ 2.这些氨基酸的结构有什么共同特点？不同之处是什么？ 3.尝试构建出氨基酸的结构通式： 对学生结论进行评析并讲解：每个氨基酸分子至少都含有一个氨基和一个羧基，并且都有一个氨基和一个羧基连在同一个碳原子上，R基不同导致氨基酸不同。 由R基引出氨基酸的种类：构成蛋白质的氨基酸有20多种。简介必需氨基酸与非必需氨基酸及其实用性。 练习：投影部分正确和错误的氨基酸结构式，要求学生判断哪些结构符合构成人体蛋白质的氨基酸通式，并标出其R基	小组讨论，通过观察比较，尝试归纳氨基酸的结构特点，并构建氨基酸的结构通式 学生思考、作答	通过问题让学生步步深入，层层推进，自主推导出氨基酸的结构通式在学生思考之后，教师及时总结，解答学生的困惑，有利于学生对知识点的掌握联系生活 通过课堂练习巩固所学知识，评测学生对氨基酸相关知识的掌握程度，以修正后续的教育行为

教学内容	教师组织与引导	学生活动	设计意图
（四）蛋白质的结构及其多样性	单个的氨基酸是如何组成蛋白质的？ 活动二：探究氨基酸分子相互结合的过程 阅读教材P22页，分组合作： 1.各小组任选两种氨酸模拟氨基酸相互结合的过程。 2.各小组派出代表展示探究成果（重点讲解脱水缩合过程） 提示： 1.氨基酸相互结合的方式？ 2.哪两者结合？新形成的化学键是什么？ 3.水中的H和O分别来自哪个基团？	小组讨论，通过观察模拟，尝试探究蛋白质形成过程，能讲解出脱水缩合反应过程并上台展示	学生通过课本资料阅读，小组合作，以剪纸和拼接的形式模拟氨基酸分子相互结合的过程，理解氨基酸脱水缩合的过程
	对学生结论进行评析并讲解：氨基酸缩合反应的关键部位在一个氨基酸的羧基与另一个氨基酸的氨基，共同脱去一部分生成水，各氨基酸剩下部分相连。连两个氨基酸残余部分称为肽键。这种方式叫"脱水缩合"，形成的产物叫作二肽。随着添加氨基酸，指出肽键和多肽的结构……		在学生思考之后，教师及时总结，解答学生的困惑，有利于学生对知识点的掌握
	氨基酸→ 二肽→三肽→……→多肽→肽链（一条或多条）→蛋白质 PPT演示氨基酸脱水缩合的过程 以表格形式引导学生归纳肽键、H_2O数目和氨基酸数目的关系以及氨基、羧基数目	观看PPT，结合之前的剪纸拼接进一步理解氨基酸脱水缩合的过程 归纳表格，掌握H_2O和肽键数目、蛋白质分子质量的计算方法	让学生对脱水缩合有一个感性的认识，加深记忆
（五）小结	引导学生小结这堂课的内容，然后在练习中把课堂上所学的知识点连成网络。构建本节内容的思维导图（给出模板范例），培养对知识的分类、归纳及概括能力	自我小结，整理知识，完成布置的思维到作业	巩固梳理知识，便于学生课后复习

七、课后反思

由于学生未学过有机化学，蛋白质这一节的内容比较难懂，传统的讲解模式让学生普遍感到抽象和枯燥，本节课采用了学生自主、合作、探究的学习模式，始终以"创设问题→引导探究→解决问题→得出结论"的问题导学为主线，充分调动学生的积极性，激发学生的学习潜能，促使学生在自主探索、与同伴交流讨论中掌握知识，锻炼能力。为了把抽象的有机结构变得直观，我使用了纸板模型，让学生自己动手剪切和拼接来模拟氨基酸脱水缩合的过程，在增强学生学习的兴趣的同时，也增强了学生对知识获得的体验，取得了较好的教学效果。

通过构建"蛋白质"相关知识点的思维导图，能够清楚把本节知识点串联成一个相对完整的整体，从而对"蛋白质"整体框架知识有所把握，通过这种思维导图的构建和提高学生整合、归纳概括知识的能力，也能帮助学生学会主动归纳与概括，把握其中的层次关系、内在联系与逻辑关系。

基于建模策略培养学生建模思维的教学案例

—— "细胞膜的结构和功能"教学设计

一、教材分析

本节是高中必修一第三章第一节"细胞膜的结构和功能"，本课内容主要包括对细胞膜结构的探索历程以及流动镶嵌模型的基本内容。本节内容充分利用课本科学史素材及补充材料，让学生体验科学研究、模型建构的过程，认识细胞膜的化学组成，逐步形成提出假说并修正完善的科学思维方法。

二、教学目标

生命观念：理解细胞膜流动镶嵌模型的基本内容。

科学思维：在模型建构过程中，学会提出假说，运用"结构与功能相适应"的观点评价、修正模型。

科学探究：通过细胞膜物理模型建构过程，提高学生对细胞膜的认识；能够运用流动镶嵌模型尝试解决科研或现实生活中的问题。

社会责任：通过分析对细胞膜成分与结构的探究历程，认同科学理论的形成是众多科学家共同努力探索的结果。

三、教学重难点

教学重点：细胞膜的功能；流动镶嵌模型的主要内容。

教学难点：对流动镶嵌模型的理解及迁移运用。

四、教学过程

参见表3–9。

表3–9 教学过程概述

时间	教师行为	学生活动	设计意图
（一）导入	问题探讨，激发兴趣： 展示用台盼蓝溶液处理的动物细胞 问：台盼蓝通常用于检测细胞膜的完整性，检测细胞是否存活。死细胞会被染成蓝色，活细胞则不会着色，据此推测，细胞的什么结构作为细胞的边界？	学生观察用台盼蓝溶液处理的动物细胞，思考问题	联系生活，类比导入新课，通过台盼蓝染色细胞图片引发学生的好奇心，为引入新课进行铺垫
（二）细胞膜的功能	1.细胞膜的功能 结合图片、视频阐述细胞膜的功能。 （1）将细胞与外界环境分隔开 （2）控制物质进出细胞 问：举例说明是否所有进入细胞的物质都是有益的呢？ 如病毒或病菌。所以细胞膜控制物质进出的能力是相对的 （3）进行细胞间的信息交流 学习任务：利用课文图例，分析多细胞进行信息交流的方式，并用案例说明这种信息交流对生物体生命活动的意义。 小组合作：各学生成长共同体（学习小组）根据学习任务进行合作探究 展示与交流：各学习小组派代表上台阐述细胞间信息交流的方式和生命意义	小组合作探究，通过口述展示探究结果。并得出结论：细胞膜对物质进出的控制作用是相对的 学生根据任务要求进行小组合作学习，引导学生运用分析综合的思维方法探究细胞间信息交流的意义	通过课件展示，教师讲解，进一步理解细胞膜在生命进化中的重要作用 创设情境，深入理解细胞膜在控制物质进出细胞过程中的意义，树立结构与功能相适应的观点

时间	教师行为	学生活动	设计意图
（三）细胞膜成分和结构的科学史探究历程	师生归纳： ①通过信息分子进行交流。 ②通过直接接触进行交流。 ③通过胞间连丝进行交流。 2.细胞膜成分和结构的科学史探究历程 活动一：细胞膜成分的探索 组织构建：各学习小组选出小组长、汇报员、记录员 领取任务、合作探究：各组小组长上前抽取并分发资料卡，每小组三分钟时间进行讨论，将讨论结果（推测或结论)写在纸条上 学习资料卡的主要内容来自教材P42~43页阅读材料 展示与交流：各小组派代表展示本组的学习成果，其他组的同学进行评价与完善。 师生共同归纳与板书： 膜上分子占比 | 磷脂 | 50% | | 蛋白质 | 40% | | 糖类 | 2~10% |	学生根据任务要求进行小组合作学习，引导学生运用分析综合的思维方法探究细胞间信息交流的意义 小组合作、展示分享、讨论修正	创设探索情境，一是让学生通过探究理解细胞间进行信息交流的方式，二是通过对其交流所蕴含的生命意义，帮助学生树立生命观念 培养学生从材料中提炼观点的能力（分析综合的思维方法和信息获取与加工能力）
（四）制作流动镶嵌模型	活动二：细胞膜的模型建构与展示 课前学习小组自选材料制作细胞膜模型，选出1~2组进行全班观摩，谈谈所制作模型的优缺点？ 	展示细胞膜模型，其他同学从科学性、艺术性等角度进行评析	培养学生合作学习的能力，培养学生团队协作、分析资料、推理思考的能力 各小组汇报员依次上前汇报，对本组讨论的结果以及理由进行阐述，锻炼学生表达与逻辑思维能力

时间	教师行为	学生活动	设计意图
五、探讨流动镶嵌模型的结构特点	 资料七： 1972年，辛格和尼科尔森根据冰冻蚀刻技术的研究结果证明，膜蛋白主要为球形结构，蛋白质分子有的镶在磷脂双分子层表面，有的部分或全部嵌入磷脂双分子层中，有的贯穿于整个磷脂双分子层。细胞膜不是静止的，而是具有流动性 	学生结构模型和资料探究细胞膜的结构特点	深入理解细胞膜的结构特点，帮助学生形成结构与功能相适应的生命观念
六、本节小结			
七、板书设计	3.1　细胞膜的结构和功能 		

基于论证式教学培养学生科学思维的
教学案例

——"促胰液素的发现"

一、教学思路

总体思路是利用科学史开展论证式教学，发展学生的科学思维。

科学思维是指尊重事实和证据，崇尚严谨和务实的求知态度，运用科学的思维方法认识事物、解决实际问题的思维习惯和能力。科学思维的培养有多种策略和方式，其中的一个重要策略就是论证或科学论证。在生物课堂课引入论证式教学，实质是引导学生像科学家那样将科学领域的论证工作方式引入生物课堂，使学生经历类似科学家的论证过程，以促进学生理解科学概念和科学知识，并发展学生科学思维的教学模式。人教版高中生物教材中的科学史多以时间为主线，展现生物学科学知识、科学方法的演进过程，它不仅隐含丰富的科学实验方法和科学观点，而且具有很高的育人价值。因此，论证式教学策略非常适用于科学史教学。

促胰液素的发现，经历了"特定阶段得出的特定结论，后又受到质疑，再次论证并修正结论的论证过程"，与修改后适用于中学生物教学的Toulmin论证模式相吻合。因此，本文围绕以下"主张"采用论证式教学策略展开教学（见图3-4）：胰液分泌是一个神经反射→胰液分泌是一个化学调节的过程→胰液分泌既是一个神经反射（神经调节），又有化学调节过程（激素调节），让学生在亲历提出疑问、收集资料、寻找证据、捍卫主张、讨论与分享中习得生物学知识，发展演绎与推理、分析与综合、抽象与概括等逻辑思维和批判性、发散性思维。

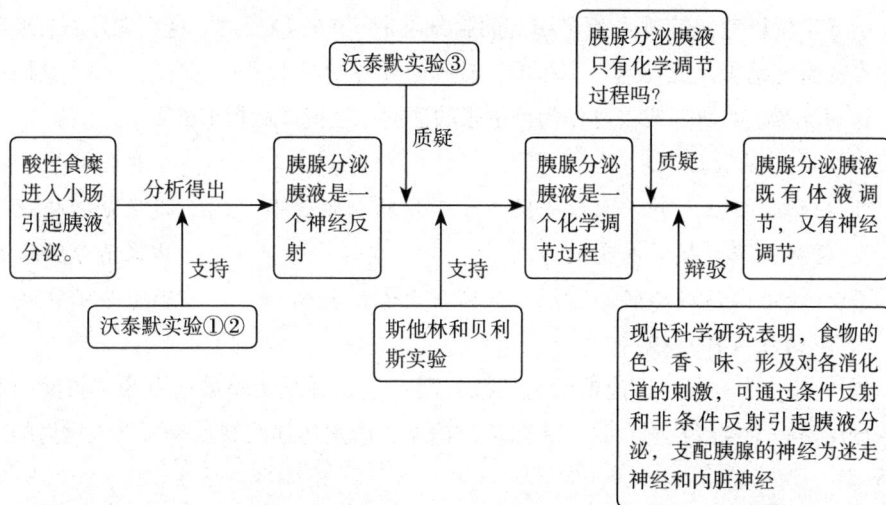

图3-4 促胰液素的发现论证式教学流程

二、教学过程

1. 投影狗的消化系统模式图

简述食物的消化吸收和消化液的分泌等前概念知识。

设计意图：唤醒学生头脑中已有的前科学概念，引导学生认同结构与功能相适应的观点，为后续的教学活动作铺垫。

2. 资料导入，提出主张

资料1：法国实验生理学家克劳德·伯尔纳和巴甫洛夫实验室的生理学家道林斯基先后发现酸性食糜进入小肠会引起胰液分泌。这一现象引起了科学家的思考："促使胰液分泌的信息是如何从小肠传递到胰腺的呢？"

设计意图：材料引入并提出问题，激发学生的探究兴趣，并引导学生回顾神经调节的相关知识，为后续的论证教学开展提供必备知识。

资料2：在19世纪，学术界普遍信仰"神经论"思想，包括巴甫洛夫学派也认为，胃酸（HCL）刺激小肠的神经，神经将兴奋传给胰腺，使胰腺分泌胰液（提出主张）。

设计意图：开门见山，让学生了解当时学术界对此现象的主流观点，也为凸显斯他林和贝利斯勇于冲破固有的思想、观念、理论的束缚，尊重科学、注重实证的科学精神埋下伏笔。

3. 引导学生为主张寻找论据

引导学生思考：针对"胃酸引起胰腺分泌是一个神经反射"这一观点，有哪些科学家的研究结果是支持这一主张的？教师引导各学习小组开展讨论，师生共同讨论后认为沃泰默的研究成果可作为该主张的证据，经梳理后板书如下。

实验过程	实验结果
① 把稀盐酸注入狗的上段小肠（十二指肠）肠腔内	胰腺分泌胰液
② 将稀盐酸直接注入狗的血液	胰腺不分泌胰液
③ 切除通向该段小肠的神经，只留下血管，再向 小肠注入稀盐酸	胰腺分泌胰液

进一步引导学生分析论据的适切性。问：上述哪组实验最适合为"胃酸引起胰腺分泌是一个神经反射"这一主张提供论据？请阐述你的观点并写出该反射的反射弧。

设计意图：遵循科学研究范式，引导学生模拟科学家的思维方式，围绕主张所需的论据进行资料收集与分析、提炼观点，为主张提供证据。培养学生的分析综合能力、语言表达能力和实证精神。

4. 提出疑问，引导学生引用其他论据捍卫主张

教师引导学生思考：如果第①②组的实验结果能够说明胃酸引起胰腺分泌是一个神经反射，那么，又该如何解释第③组实验的结果呢？

有学生引用教材回答：这可能是小肠上微小的神经难以剔除干净，这是一个十分顽固的神经反射。

教师继续追问：回顾反射的相关知识，如果小肠的神经剔除干净，反射还会发生吗？

设计意图：引导学生基于事实进行深入的分析与推理判断，培养学生运用知识能力和推理判断能力，提升学生的思维品质。

5. 开展实验探究，寻找新的论据，修正原有的主张

（1）提出假说。

教师进一步引导学生针对沃泰默的第③组实验进行探究：大家对沃泰默的解释满意吗？如果大家不认同他的观点，又该如何解释第③组的实验现象呢？

各小组纷纷讨论发表自己的看法，课堂气氛非常活跃。师生讨论后提出如下假设：在盐酸的作用下，小肠黏膜可能产生了一种化学物质，这种物质进入血液后，随血液到达胰腺，引起胰液的分泌。

设计意图：引导学生针对前人的研究成果进行推理论证，并提出自己的观点。培养学生的质疑精神和批判性思维，发展学生的演绎与推理、抽象与概括能力。

（2）设计实验，修正原有主张。

教师引导学生根据刚才的假设，设计一个实验加以验证。学生讨论后提出：如果要推翻沃泰默的观点，应该像斯他林和贝利斯那样，把狗的一段小肠剪下来，刮下黏膜，将黏膜与稀盐酸混合，一段时间后加沙子磨碎，制成提取液。将提取液注射到同一条狗的静脉中，观察胰腺是否分泌胰液。

教师引导学生讨论：斯他林和贝利斯的实验结果说明了什么？你能从中得出什么结论？师生讨论后得出结论：在盐酸的作用下，小肠黏膜可能产生了一种化学物质，这种物质进入血液后，随血液到达胰腺，引起胰液的分泌。（修正原有主张）

教师继续追问：斯他林和贝利斯的实验体现了怎样的设计思想？按照实验设计应遵行的原则，上述实验缺少了对照实验，如果让你重复斯他林和贝利斯对这一问题这一探究过程，你该如何设置对照，以平衡无关变量对实验结果的影响。

设计意图：通过问题串的形式，激发学生的探究热情；通过拓展、改进实验设计来培养学生的创新思维、领会实验的思想；通过交流与评价实验设计的优劣，发展学生的批判性思维并提高其语言表达能力；最后通过引导学生对实验思想、对照实验的设置等问题的分析与讨论，培养学生的发散性思维。

6. 对修正后的主张继续探究，进一步完善主张

教师引导学生思考：斯他林等科学家的实验表明，盐酸刺激小肠黏膜，引起胰腺分泌胰液是一个化学调节过程，并且把小肠黏膜分泌的这种物质命名为促胰液素。那么，胰腺的分泌是否只有化学调节一种途径呢？

学生小组讨论后，有部分学习小组的同学把他们收集到的资料分享出来：

资料3：现代科学研究表明，食物的色、香、味、形及对各消化道的刺激，可通过条件反射和非条件反射引起胰液分泌，支配胰腺的神经为迷走神经和内脏神经。

教师引导学生思考：资料3说明说明了什么？结合斯他林和贝利斯的实验，总结胰腺分泌胰液的调节方式。

师生讨论后得出结论：酸性食糜（主要刺激物是盐酸）进入小肠后，刺激小肠黏膜上皮分泌促胰液素，经体液的传送作用于胰腺，引起胰液分泌，这一个化学物质引起的调节过程。此外，食物的色、香、味、形及对各消化道的刺激，通过条件反射和非条件反射，也会引起胰液分泌，这是一个神经调节过程。

设计意图：通过资料分析进一步完善主张，培养学生的抽象概括能力，使其领悟生命活动的复杂性。同时，通过梳理促胰液的发现过程，渗透科学研究是一个不断证伪、丰富认识、完善结论的过程，提升学生的辩证思维品质。

7. 重温巴甫洛夫及其团队的相关研究，引发学生深入感悟科学精神

资料4：关于酸性食糜进入小肠引起胰液分泌这个现象，巴甫洛夫的另一个学生帕皮尔斯基也开展了系列的研究，他发现，切断双侧迷走神经、切断双侧内脏大神经以及毁损延髓后盐酸溶液仍能引起胰液分泌。

资料5：斯他林和贝利斯发现促胰液素的论文于当年发表后，巴甫洛夫让他的一个学生来重复斯他林和贝利斯的实验，当出现提取物引起胰液分泌时，巴尔洛夫深表遗憾地说："自然，人家是对的。很明显，我们失去了一个发现真理的机会！"

教师引导学生阅读材料并思考：上述材料引发了你怎样的思考，请同学们从科学态度和科学精神的角度谈谈自己的体会。

设计意图：引导学生深刻领会科学探究要敢于质疑权威，并以事实为基础，客观地得出结论，培养学生的实证精神和实事求是的科学态度，并深刻认识到在那特殊的历史时期，斯他林和贝利斯两位科学家表现出尊重事实、不迷信权威的科学精神，敢于冲破传统观念的束缚，坚持真理的宝贵品质。

三、课后反思及启示

本节课围绕胰液分泌的调节方式进行分析与论证，鼓励学生大胆尝试提出主张、使用证据支持或反驳主张，发展科学思维，提升交流技能。结合问题串，引导学生深入理解三位生理学家的实验设计原理和思路，培养他们的深度学习能力，提升科学素养。由于论证式教学与以往的教学模式有所区别，为提升论证的质量与品质，特提出以下建议。

1. 组建学习小组，课前培训小组长并布置学习任务

开展基于论证的学习活动，需要组建一个类似科学家的研究团队，课前培训各学习小组的小组长，让他们带领自己的组员学习如何收集资料、如何提出观点（主张）、如何为观点提供论据等。

2. 围绕论证教学流程精心设计问题串，引导学生开展有意义的交流与对话

由于学生的思维无法完全预设，因此师生的对话总是充满各种变化。为此，教师一方面要围绕论证的主题合理设计教学流程，精心设计问题串，另一方面要充分注意课堂的生成性，并及时把它转化成教学素材加以利用，发挥教学机智，让课堂变得生动，同时要充分尊重学生的主体地位，为课堂教学提供良好氛围。

3. 教学过程要避免为论证而论证，进而忽视对科学本质的理解

科学本质即是关于科学的知识，在利用科学史开展论证式教学过程中，教师要引导学生深入分析材料（论据）与主张的内在逻辑关系，同时要精选资料全面反映科学发现的历程，引导学生深刻理解科学知识的获得过程，以深化其对科学本质的理解。

基于科学史培养学生科学思维的教学案例
——"植物生长素的发现"

一、教材分析

本节内容是高中生物人教版必修三第三章的第一节，在整个植物的激素调节内容中起着承上启下的作用。植物激素调节一章与必修三第一、二章内容并列组成生物有机体稳态调节知识体系。植物生长素的发现一节作为本章开篇一节层层深入揭示了植物向光性这一生命现象是在生长素调节作用下产生的个体适应性，随着生长素的发现，学生认识到植物激素的存在，并初步了解生长素作用，这也为继续探索第二、三节生长素的其他生理作用及激素应用奠定了基础。

二、学情分析

知识基础方面，学生对"向光性"这一现象在生活中都有体会，且通过前阶段的学习，他们具备了一定实验设计能力。

学习能力方面，学生们普遍表现为感性思维能力强、抽象理性思维能力弱、个体间学力参差不齐、语言组织能力弱、学习过程易受非智力因素影响等特征。

三、知识目标

（1）概述生长素的发现过程。（重点）
（2）解释植物向光性的原因。（难点）

四、核心素养

科学思维——分析与综合：基于生长素的发现过程，分析归纳出胚芽鞘弯曲生长的原因。

科学探究——实验思路及设计：分析科学家发现生长素的过程和方法，并得出实验结论。

五、教学方法

利用自制的多媒体课件，创设形象生动的教学氛围，同时应用实验探究法、讲述法、比较法等，针对不同的教学内容采用不同的教学方法。结合本教材的特点及所设计的教学方法，以"自主性、探究性、合作性"为学生学习的三个基本维度，以培养学生的科学素质为指导，以侧重科学方法教育为归宿，指导学生用"发现问题—作出假设—设计实验—得出结论"的实验思路开展实验探究。在教学活动中以教师为主导，学生为主体，引导学生主动动眼看、动口说、动脑想，使学生的学习过程和认知过程统一为一个整体。

六、教学过程

参见表3-10。

表3-10　教学过程概述

教学内容	教师行为	学生行为	设计意图
（一）引入新课	播放实验视频，并提问：将种子种在花盆里，等它们萌发后，先给它们左侧光照射，再换成右侧光照射，你会观察到什么现象？ 总结：幼苗先向左，后向右生长。这种现象称之为植物的向光性。在我们的生活中，还有哪一些向光性的例子？ 展示"向光性"图片和概念：在单侧光的照射下，植物朝向光源方向生长的现象叫向光性 进一步提出为什么植物会有向光性？	观看视频，仔细观察幼苗的生长现象，得出植物向光生长的结论 红杏出墙、迎客松、向日葵、窗台的绿植……	观看视频并联系生活实际，激发学生强烈的求知欲 展示图片，直观的说明向光性是植物界普遍存在的现象
（二）生长素的发现历程	1.达尔文的实验（19世纪末） 讲述达尔文的生活发现：达尔文在种植金丝雀虉草时，发现单侧光照射时，金丝雀虉草的胚芽鞘会向光弯曲生长。他提出疑问为什么会有这种现象，并以胚芽鞘为材		

教学内容	教师行为	学生行为	设计意图
（二）生长素的发现历程	料进行了实验设计 简单介绍胚芽鞘，并引导学生回顾科学研究的一般过程 根据达尔文的生活发现，完成以下科学探究的一般过程： ①提出问题 ②作出假设 ③实验验证 结合课本第46、47页，以小组为单位设计实验 假说1：向光性与胚芽鞘尖端有关 假说2：感光部位在胚芽鞘尖端 ④得出结论 达尔文对向光性的解释：①胚芽鞘尖端受单侧光刺激后，就向下面的伸长区传递某种"影响"；②这种"影响"造成伸长区背光面比向光面生长快。因而使胚芽鞘出现向光性弯曲 教师展示实验并提出问题：你认为达尔文的实验能够说明什么？大家对他的解释有疑问吗？ 但是这种"影响"是什么？为什么背光面比向光面生长得快？这两个问题还没有得到解决，需要进一步证实（培养批判性思维）	回顾科学探究的一般过程： ①提出问题 ②作出假设 ③实验验证 ④得出结论 思考讨论得出答案： 1.向光性与胚芽鞘有关：尖端？尖端下部？ 2.感光部位在：胚芽鞘尖端？尖端下部？ 假说1.向光性与胚芽鞘尖端有关 假说2.感光部位在胚芽鞘尖端 以小组为单位设计实验并得出结论 1.向光性与胚芽鞘尖端有关 2.感光部位在胚芽鞘尖端 学生思考并回答： 疑点1：这种影响究竟是什么呢？	单子叶植物的胚芽鞘是向光性实验的常用材料，展示图片，有利于学生直观的认识该结构 引导学生用发现问题—提出问题—作出假设—设计实验—得出结论的思路来进行科学探究 小组合作的形式进行实验设计 培养学生"发现问题"的能力

教学内容	教师行为	学生行为	设计意图
（二）生长素的发现历程	2.詹森的实验（1910年） 展示实验并介绍琼脂块和云母片的作用。 3.拜尔的实验（1914年） 请思考： （1）为什么将尖端放置在一侧呢？ （2）实验为何设在黑暗条件下？ （3）达尔文实验中的单侧光可能起什么作用？ （4）由该实验可以得到什么结论？ 分析综合： 根据达尔文、詹森、拜尔等一系列实验结果初步证明：胚芽鞘的尖端产生的影响可能是一种_____，这种物质的_____造成了胚芽鞘的弯曲生长 4.温特的实验（1928年） 根据A组实验能否证明幼苗尖端产生某种物质透过琼脂块，进入胚芽鞘尖端促进生长？该如何设计实验证明？ 由该实验可以得到什么结论？ 	疑点2：尖端产生的影响是一种化学物质，其从胚芽鞘尖端传递给下部，为什么会引起胚芽鞘弯曲生长？（即两侧不均匀） 根据实验得出结论：尖端产生的影响可以透过琼脂块 分析实验回答问题： 1.使影响在尖端下部分布不均匀 2.排除光照的影响 3.使影响在尖端下部分布不均匀 4.尖端产生的影响在其下部分布不均匀造成弯曲生长 对上述所学实验进行分析综合，得出结论：胚芽鞘的尖端产生的影响可能是一种化学物质，这种物质的分布	培养学生分析实验现象和得出结论的科学素养

教学内容	教师行为	学生行为	设计意图
（二）生长素的发现历程	对照组： 注：■ 表示含生长素的琼脂块 □ 表示不含生长素的琼脂块 结论：进一步证明造成胚芽鞘弯曲的影响确实是一种化学物质引起的。温特把这种物质命名为"生长素" 5.生长素究竟是什么物质呢？ 1931年科学家从人尿中分离出具有生长效应的化学物质，1946年，从高等植物中分离出生长素，其化学本质为吲哚乙酸 其他具有生长素效应的物质还有苯乙酸、吲哚丁酸等 经过以上这么多位科学家的共同努力，我们终于找到了生长素，而且我们是不是可以对植物的向光性进行更科学更合理的解释呢？	不均造成了胚芽鞘的弯曲生长 不可以。需添加空白对照实验	培养学生分析实验现象和得出结论的科学素养 引导学生对实验方法和实验现象进行思考探究 让学生感受到科学进步是由很多个小步积累出的科学实验的对照原则 培养学生分析实验现象和得出结论的科学素养
（三）植物产生向光性的原因	结合下图，如何对植物的向光性进行更科学更合理的解释？ 外因：单侧光照射 内因：胚芽鞘背光一侧的生长素多于向光一侧，因而引起两侧的生长不均匀，从而造成向光弯曲 进一步提问：为什么单侧光照射后，胚芽鞘背光侧的生长素多于向光侧？请讨论并作出合理的推测	学生结合所给图形进行分析综合：向光侧生长素少，细胞生长慢，背光侧生长素多，细胞生长快 学生分组讨论探究后各小组分别提出自己的"推测"	培养学生提取信息，处理信息，分析综合的能力 创设学生合作探究的问题情境

教学内容	教师行为	学生行为	设计意图
（三）植物产生向光性的原因	汇总"推测"： 推测1：单侧光照射下，向光侧的生长素运输到背光侧 推测2：单侧光作用下，向光侧的生长素分解了 如何来证明以上推测哪一个正确？ 对"设计验证实验"给予提示：可参考鲍森·詹森实验和温特实验的方法 补充实验： 如图是燕麦胚芽鞘尖端在不同的光照条件下，经过一定时间后，定量测定琼脂块中生长素的含量，就测定结果进行分析，你能得出什么结论？ 教师继续质疑补充和引申：有关植物向光性原因的研究目前仍在进行，有不同的学者以其他材料如向日葵、萝卜幼苗为材料研究植物向光性时，发现在单侧光的作用下，背光侧与向光侧的生长素含量是相同的，进一步发现是引起生长抑制的物质分布不均。也有科学家重复了温特的实验，发现胚芽鞘的弯曲度是由于生长素和生长素抑制类物质二者共同作用的结果。我们经典的"生长素分布不均匀假说"也面临着严峻的挑战，目前科学界还没有定论，科学的本质就是在这样不断的争议、质疑中进一步发展的。教师向学生渗透科学不断发展、进步的思想，培养他们敢于质疑的精神	一小组学生提出了合理实验设计：用玻璃片或云母片插入胚芽鞘不同位置，收集并比较两边琼脂块中生长素的含量 学生结合所给图示分析并得出结论：在单侧光的照射下，胚芽鞘尖端的生长素从向光侧运输到了背光侧	学习模仿科学家的实验方法，根据实验目的设计合适的实验方案 培养批判性思维
（四）课堂小结	1.生长素的发现历程 2.植物产生向光性的原因	回顾全文并总结	

七、教学反思

本节实验探究课难度很大，一开始我的思路是重点训练学生对实验探究步骤方面的能力，根据"提出问题、作出假设、实验验证和得出结论"等四个环节，分别对四个科学实验进行体验。但以我们班的学生基础还是达不到这么高的水平，难度太大，所以我对原有的设计进行了修改和简化。只在达尔文实验的教学过程中尝试"提出问题、作出假设、实验验证和得出结论"活动。

在教学过程中，我认为学生在对达尔文的实验中尝试"提出问题和作出假设"活动环节还是有难度，因此开始学生表现出茫然，在我的启示下才推理出了合适的"问题和假设"。

对于验证的实验内容，有了前面的假设和之前学习的实验设计方法，学生很快设计出了合适的实验并得出结论。接下来的学习中，通过对其他几位科学家的实验进行分析，训练了学生分析实验现象结果和得出结论的能力，另外通过"对植物的向光性作出科学合理的解释"，训练学生"总结结论"的能力。同时，引导学生再次发现新问题："为什么生长素在单侧光下分布不均？"并让学生开展合作探究。

总之，本堂课的设计是通过学习科学家发现生长素的过程和方法，层层深入，不断探索，引导学生进行科学探究过程的学习。经过一堂课的学习，学生们"发现和提出问题"的能力有所提升，但如何设计实验、如何正确组织语言得出结论仍然需要更进一步的学习。

基于实验探究培养学生创新思维的
教学范例一：绿叶中色素的
提取和分离实验

一、实验教学目标

（1）生物学是以实验为基础的科学，实验教学对提高学生的生物科学素养起着重要作用，是培养创造性思维的重要阵地.通过小组对不同的实验材料、实验现象、实验结果的交流汇报，加强学生提高分析问题、解决问题的能力，学生通过自主选择实验材料（不同树叶、不同颜色花瓣、不同操作步骤）进行实验锻炼了创造性思维能力。

（2）通过小组的探究实验掌握绿叶中色素的提取和分离的基本操作方法和注意事项；探索叶绿体中色素的种类和颜色。

二、实验原理

（1）色素的提取：绿叶中的色素能够溶解在有机溶剂无水乙醇中，所以可以用无水乙醇提取绿叶中的色素。

（2）色素的分离：绿叶中的色素不止一种，它们都能溶解在层析液中。然而，它们在层析液中的溶解度不同：溶解度高的随层析液在滤纸上扩散得快；反之则慢。

三、实验材料与用具

新鲜绿叶（自己去校园内采摘各种树叶、花瓣等），研钵，剪刀，干燥的定性滤纸（条形和圆形），铅笔，尺子，盖玻片，培养皿，棉线，牙签，胶头滴管，无水乙醇，层析液，二氧化硅和碳酸钙。

四、实验教学设计思路

"绿叶中色素的提取和分离"是必修一的一个重要实验，该实验的重点是让学生学会进行绿叶中色素的提取和分离，难点是通过分离色素探究绿叶中色素的种类。但在学生实验中，常因实验原理不明、材料选择不当、研磨不充分、分离操作过程复杂等原因导致本实验要解决的重难点未能通过实验真正解决，实验效率因为实验结果的不理想而大打折扣。因此，针对该实验的几个关键之处，根据实验操作实践进行了改进，有效提高了实验效果。

本实验的教学改进与创新具体如下。

1. 实验材料的改进

实验材料课本要求称取 5 g 的绿叶，加入二氧化硅和碳酸钙后加入10 mL的无水乙醇。原本该实验为定性实验，想锻炼学生的创造性思维所以改为：取5片左右校园植物（比如锦葵、三角梅、人面子）的叶片或不同颜色的花瓣（三角梅的红苞片、锦葵的花瓣）等，加入二氧化硅和碳酸钙后加入 5 mL无水乙醇（分两次加入）迅速研磨。

创新（创造性思维）之处：让学生尝试其他绿叶材料甚至其他颜色的植物材料

（图3-5是采用的三角梅的花苞片）。

图3-5　采用的三角梅的花苞片

2. 画滤液细线的改进

课本上采取用毛细吸管吸取少量的滤液，但是实验下来效果总是不好，滤液细线不直，量不均匀。改进为：色素研磨后不必过滤（不影响实验效果），用盖玻片取代毛细吸管，沿画出一条细线，待滤液干后，再画2~3次，这样滤线细线更直。

创新（创造性思维）之处：让学生尝试用其他工具来画滤液细线，以达到更好的效果。

3. 探究如何用圆形滤纸分离色素

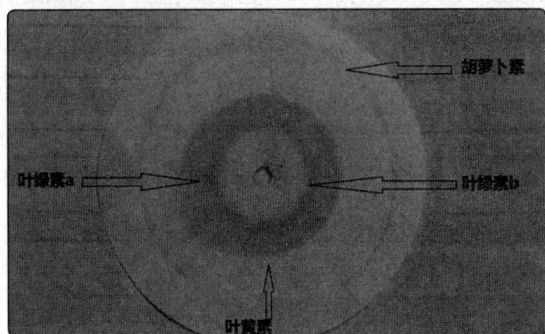

图3-6　探究如何用圆形滤纸分离色素

（1）用滴管将研磨液滴在圆形滤纸块中央。

（2）将滤纸块滴有研磨液的地方戳一个小孔。

（3）将棉线穿过小孔，上端系一个结。

（4）滤纸下的棉线与培养皿中的层析液充分接触。

（5）3分钟左右圆形滤纸的出现 4 个大小不一的同心圆而且色素含量明显的不同（见图3-6）。

创新（创造性思维）之处：改进后实验效果明显且简单容易操作，克服了原实验中的不足达到了理想的实验效果。而且为了不影响条形滤纸和圆形滤纸的两个实验同时进行，增加了实验操作内容并提高实验效率，让学生的创造性思维得到了进一步锻炼。

五、实验教学过程

1. 创设情境，引入新课

展示校园环境，多种苗木美景图片，提起学生兴趣，从校园美景引入本实验，为学生去校园寻找实验材料作铺垫。

2. 学生活动：讨论实验方案的设计并进行交流

学生小组讨论，探究如何用不同的材料、条形和圆形滤纸不同的步骤提取和分离色素。

3. 实验过程

实验过程中将全班学生分成4个实验大组，24个实验小组进行实验。学生通过自己的探究与实践掌握色素的提取和分离的相关正确操作以及叶绿体中色素的种类和颜色。

（1）剪碎叶片，如各种树叶3~5片即可。

（2）充分研磨。加少许二氧化硅和碳酸钙，先加入3~5mL无水乙醇，即将研磨好时再加入适量无水乙醇。

（3）制备滤纸条和圆形滤纸。滤纸条一端剪去两角，使色素带整齐扩散；用铅笔在距离剪去两角一端1cm处画一条线，圆形滤纸打孔。

（4）画滤液细线。改用盖玻片（部分组用提前准备的其他工具），更容易画直画细。

（5）分离色素（纸层析法）。用条形滤纸和圆形滤纸两种方法分离色素。

小结：研磨—制备滤纸条—画滤液细线（细、直、齐）—分离色素—观察结果

六、观察结果，分析交流

观察并总结实验结果，即从上到下依次为橙黄色的胡萝卜素（最快）、黄色的叶黄素、蓝绿色的叶绿素 a（最宽）、黄绿色的叶绿素 b。各组根据本组结果交流分析，明白哪些材料效果明显，以及实验过程的注意事项。

七、小结（体现创造性思维的地方）

本实验是一个验证性的实验，但教学过程加入了一个探究性实验，即探究不

同的植物叶片和花瓣等的实验效果，除了条形滤纸，让学生用圆形滤纸分离色素，并对书本上的一些小的操作步骤进行了改进，力求使实验的教学效果更明显。实验教学过程中，通过小组讨论交流实验设计方案后，让学生自主实验，让学生在实验的过程中以及对实验结果的分析交流中体会色素分离的原理及色素的种类等相关知识。

总的来说，本实验探究在锻炼学生的创造性思维方面有以下几个亮点。

（1）让学生自主尝试其他材料：校园植物（比如锦葵、三角梅、人面子）的叶片或不同颜色的花瓣（三角梅的红苞片、锦葵的花瓣），都取得了较好效果，其中锦葵绿叶的效果更好。特别是还获得新认识：有些植物的花瓣除了有本身颜色的色素外竟然也有叶绿素，如三角梅的紫红苞片除了红色的色素同时含有叶绿素。

（2）圆形滤纸的色素同心环效果非常明显。

（3）让学生尝试用其他工具（盖玻片）来画滤液细线，以达到更好的效果。

基于实验探究培养学生创新思维的教学范例二：粗略测定小白菜叶表皮细胞细胞液浓度

一、实验原理

小白菜细胞细胞液与外界溶液（蔗糖溶液）可形成一定的浓度差，成熟的小白菜叶表皮细胞可以看成一个渗透装置，用一系列浓度梯度的蔗糖溶液进行质壁分离实验，细胞液浓度应介于发生质壁分离与未发生质壁分离浓度之间。用红墨水将蔗糖溶液着色，解决了难以观察小白菜表皮细胞的液泡的难题。

二、实验材料

显微镜、小白菜叶、红墨水、清水、蔗糖、载玻片、吸水纸、滴管。

三、方法步骤

（1）配置一系列浓度梯度（g/mL）分别为0.03、0.04、0.05、0.10、0.30、0.50

蔗糖溶液，在等量的上述溶液中分别加0.5mL红墨水。

（2）撕取小白菜下表皮，制作5个装片（尽量缩短制作时间，可由一组内多个同学同时完成）。

（3）低倍镜显微镜下找到目标，换上高倍镜，在每个载玻片上，分别在一侧滴入上述蔗糖溶液，另一侧用吸水纸吸。（引流法）

（4）观察并记录是否发生质壁分离现象。

表3-11是学生实验纪录结果（重复三次，取平均值）。

表3-11 学生实验纪录结果

配置的蔗糖溶液（g/mL）	0.03	0.04	0.05	0.10	0.30	0.50
质壁分离所需时间（秒）	不发生	不发生	241	62	21	13

结论：小白菜叶的细胞液浓度应在0.04g/mL～0.05g/mL之间。

教师对实验结果较为满意，并提出以下问题：如果要进一步精确白菜细胞液浓度，应如何再进行实验？

实验总结分析：本实验设计虽简单，但包含着创造性思维的火花，首先学生巧妙地用红墨水将蔗糖溶液着色，通过小白菜无色的细胞液和外界的红色蔗糖溶液的反差，有创意地解决了无法清晰观察原生质层是否收缩的矛盾。

生命伦理视角下的研思行

高中生命伦理校本课程的开发和实施

（2023年广东省中小学教师教育科研能力提升项目规划课题）

一、研究的背景

1. 开展生命伦理教育对发展学生生物学科核心素养具有重要作用

《普通高中生物学课程标准（2017年版2020年修订）》（以下简称"新课标"）明确指出：生物学是自然科学中的一门基础学科，是研究生命现象和生命活动规律和科学本质的科学，它和数学、技术、工程学、信息科学是相互渗透、共同发展的，此外，生物学与人文社会学科也是相互影响、相互促进的。加强学科间的横向联系，有利于学生理解生物学科学的本质、科学的思想方法和跨学科的科学概念，有利于学生建立科学的生命观、逐步形成正确的世界观，发展生物学学科核心素养。

新课标在教学与评价建议中亦同时指出："关注和参加与生物科学技术有关的个与社会问题的讨论和决策，是发展生物学科核心素养的重要途径。"高中生物学内容涉及大量与生命伦理相关的社会性议题，如基因隐私、艾滋病、治疗性克隆、转基因与生物安全、胚胎工程与试管婴儿等，学生只有正确运用生命伦理学原则和观点，才能在讨论与辨析上述议题中，作出正确的判断和合乎伦理的决策，并在此过程中培养批判性思维等高阶思维和解决问题的能力。

高中生物学科着眼于学生未来的学习和发展，课程教学重情境，学生学习重实践，教学目标重素养，这些都与生命伦理教育的取向不谋而合。而且伦理议题几乎都来自生命科学、医学和生态学等与生物学相关的学科，生命伦理观念（如敬畏生命、生命尊严、健康生活、众生平等）与生物学科的社会责任内涵高度重合。因此，在中学生物学教学中开展生命伦理教育具有重要意义和可操作性。

2. 现代科技的发展带来了一系列的伦理问题与挑战

随着现代生物技术的发展，它不仅为社会进步提供了强大的支持，同时也引发了众多伦理问题。这些问题涉及生命的诞生（如生殖技术、生育控制、遗传优生学、严重缺陷胎儿的处理等）、生命过程（包括疾病治疗、器官移植、行为控制、社会制度与政策等）以及生命的终结（如自愿死亡、非自愿死亡、安乐死、濒临死亡病人的生存权等）。诸如试管婴儿、代孕、器官移植、安乐死、死亡的定义、转基因植物等生命伦理议题，已经成为公众讨论的焦点。由于生物技术所带来的变化并非总是乐观的，也未必符合人们的伦理观念，因此引发了人们对于这些技术应用的合理性进行越来越多的思考和讨论。

这些技术的应用不仅关系到个人的生死权利，还涉及更广泛的社会伦理和法律问题。高中阶段是学生形成价值观和世界观的关键时期，通过开展生命伦理教育，可以帮助学生深入理解这些技术背后的伦理问题，培养他们的批判性思维和伦理判断能力。

3. 当前中小学生命伦理教育亟待提升

当前社会中，青少年群体中出现了一些令人担忧的现象，如不尊重生命、校园欺凌、遗弃和虐待动物等，这些现象反映出青少年学生对生命的尊重意识相对薄弱。同时，某些事件更是凸显了在中学阶段开展生命伦理教育的重要性和紧迫性。通过生命伦理教育，学生可以更加深刻地认识到生命的价值，学会尊重和珍惜生命。这对于构建一个和谐社会具有极其重要的意义。

4. 跨学科融合的价值选择

正如前文所述，生物学科大量的社会性议题与生命伦理息息相关，科学技术的飞速发展在造福人类推动社会进步的同时，也带来了许多伦理困境。因此，在快速变化的科技时代，生物学与伦理学的结合不仅是教育的必然趋势，更是培养未来公民应对复杂伦理挑战的迫切需求，有助于学生在未来的职业生涯和个人生活中作出明智的伦理决策。

二、研究的意义

（一）理论意义

1. 推动学科融合与创新

生命伦理教育的引入为生物学教学提供了新的视角，促进了生物学科与伦理学、哲学等人文社会学科的交叉融合，有助于形成更为全面和深入的学科理解。

2. 深化生命伦理教育认识

该课题研究有助于深化对高中阶段伦理教育内容、方法和效果的理论认识，为生命伦理教育理论的发展贡献新的观点。

3. 探索教育目标的实现途径

通过生命伦理校本课程的开发，可以探索如何在高中阶段实现培养学生综合素质、批判性思维和社会责任感等教育目标。

（二）实践意义

1. 提升学生生物科学素养

生命伦理校本课程将加强学生对生物学概念的理解，并提升他们对生物科学与伦理问题关联的认识，从而提高他们的生物科学素养。

2. 培养学生的伦理决策能力

实施此课程可以帮助学生在面对生命科学中的伦理困境时，如基因编辑、克隆技术等，能够进行合理分析和伦理决策。

3. 促进学生全人发展

生命伦理教育关注学生的情感、价值观和社会责任感，有助于学生的全面发展，为其成为负责任的社会公民打下基础。

4. 应对社会伦理挑战

当代社会在生物技术等领域面临众多伦理挑战，通过生命伦理教育，学生能够更好地理解和应对这些挑战，为未来的职业生涯和社会生活作准备。

5. 形成学校特色与优势

开发与实施生命伦理校本课程有助于形成学校的教育特色，提升学校在伦理教育方面的知名度和影响力。

6. 促进教育改革与创新

该课题研究可以为高中教育改革提供实践案例和经验，推动教育实践的创新和发展。

三、研究目的与方法

（一）研究目的

在高中阶段强调对生命伦理的关注，主要目的是引导学生正确认识和理解生命，帮助他们树立良好的生命观、价值观，提升他们的伦理思维和伦理决策能力。通过校本选修、课堂渗透、校园广播、校园宣传、伦理辩论等生命伦理教育，引导学生正确认识人与自我、人与社会、人与自然的关系，进而明确肩负的社会责任，在面对有关生命伦理的社会议题时，能够从容应对、独立思考、理性辩证地看待这类社会议题。

（二）研究方法

1. 文献研究法

通过查阅大量国内外生命伦理教育的理论与实践研究资料，为本课题提供研究的理论依据。从树立学生生命伦理观的角度出发，结合本课题调查结果与生命伦理教育的相关研究分析，形成在生物教学中开展生命伦理教育的立论基础。

2. 问卷调查法

为了解目前高中学生生命伦理意识的现状，对我校高中一、二两个年级段的学生进行生命伦理、意识、态度等的全面调查。从生物技术伦理、生态伦理、生命道德伦理、动物福利等方面编制问卷，采用无记名方式发放，对调查结果进行分析与处理。

3. 访谈法

为了解学生生命伦理观念的真实情况，对参与问卷调查的学生随机抽样访谈，探索被调查学生的心理状态和情感态度。依据调查问卷结果设计访谈提纲，在学生自愿的前提下，进行个例访谈，引导学生自由阐明自己的想法，后期对访谈结果进行分析与处理。

4. 行动研究法

通过开设生命伦理学选修课程，探索在高中阶段开展生命伦理教育的路径、策略和方法，同时为校本选修教材的编写提供素材来源。

5. 经验总结法

通过查阅文献、调查研究、确定伦理议题、收集素材开设校本选修课等前期工作的基础上，编写《广东北江中学高中生命伦理校本教材——生命的光芒》。

四、概念界定

1. 生命伦理学

运用伦理学的理论和方法，在跨学科跨文化的情境中，对生命科学和医疗保健的伦理学方面，包括决定、行动、政策、法律，进行系统研究。

2. 生命伦理教育

本研究的生命伦理教育以学生现有的生物学知识为载体，融合多学科知识和背景，选取生命科学的重大成果和前沿发展议题，一方面对学生进行生物科学知识的普及教育，另一方面引导学生对生命科学发展带来的社会、伦理问题进行讨论。帮助学生形成正确、科学的生命伦理观，树立健康、积极的人生观，能够运用生命伦理学的相关知识对一些社会性议题进行伦理分析与决策。

3. 生命伦理观

结合中华传统生命伦理，本研究所指的生命伦理观主要包括生命神圣论、生命质量论、生命价值论。本课题研究涉及的生命伦理观念包括尊重生命、热爱生命、关注生命质量和生命尊严、健康生活、爱护（不伤害）动物、保护环境、人与自然和谐统一等。

五、生命伦理教育在国内外的研究现状

（一）国外生命伦理教育研究现状

生命伦理学诞生于20世纪70年代，它的兴起和发展一方面是基于生命科学技术的突飞猛进，另一方面还有着深刻的社会文化背景。国外的生命伦理教育开端较早，首先在英美等国家被广泛接纳和应用，随后逐渐被其他国家引进和完善，各国形成了较为成熟的生命伦理教育体系。早期的生命伦理教育内容以生命关系、生命知识、生命道德为主。许多国家和地区都施行了各具特色的生命伦理教育，发展至今，各国的生命伦理教育已经卓有成效，也为我国的生命伦理教育本土化实践提供了参考和借鉴。1937年，美国政府推行生命伦理教育的实践，帮助学生体会生命意义，树立正确的生命伦理观。到20世纪70年代末，美国大部分中小学都开设了生命伦理课程，这也反映了美国对生命伦理教育的重视程度。发展到20世纪90年代中期，生命伦理在美国作为必修课程基本得到普及。英国的生命伦理教育始于1987年，由英国中心基金会组织实施，经由多年发展，已经成为学校教育体系中的基础课程，并且被认定为一门重要的跨学科科目。2002年，生命伦理教育方案被确立为必修科目，从此得到全面推广。在日本，生命伦理的教育和研究一度盛行，并成为日本教育的优先事项之一。1988年，日本生命伦理学会成立，旨在推进生命伦理的跨学科研究。1989年，新修订的《教学大纲》启动了日本青少年的生命伦理教育进程，将目光落在尊重人、敬畏生命、生态保护等领域。近年来，为帮助学生珍视生命和感悟生活，理性应对挫折，日本提出注重生命认知教育的"余裕教育"，其中渗透对生命伦理的反思。随着生物科学、医学事业的蓬勃发展，科学与人文的冲突日益加剧，20世纪80年代国际兴起了新一轮教育改革，提出"科学、技术、社会"（STS）教育理念，加强对生命伦理教育的研究和人才培养，后有学者将其拓展为"科学、技术、社会、环境"（STSE）关系的教育。1997年，《人类基因组和人权问题的世界宣言》引起了世界范围内对科学技术领域的道德问题关注，2005年，联合国教科文组织在第一次生命伦理学圆桌会议上发表《世界生命伦理和人权宣言草案》，鼓励各国在各级各类学校开展形式多样的伦理教育与培训，实施生命伦理方面的信息和知识传播计划，以促进社会对生命伦理的认识和参与。

（二）国内生命伦理教育研究现状

我国对生命伦理学的关注始于1979年邱仁宗教授所作的《七十年代医学哲学综述》报告。此后40多年来，国内许多学者从理论和实践层面都对生命伦理教育的开展和建设提出了有益的构想和建议。

1. 高校对生命伦理的研究与实践

余玉花、张鹏、胡芮等从生命伦理教育的价值取向与必要性进行了探讨；丁建飞、朱慧（2021）反思我国应关注生命权利、生命价值和生命质量教育，实现生命伦理教育的本土化；王叶芳、吴伟花（2012）、贺竹梅，程焉平（2017）、孙月娟，郭映花（2018）等学者从高等教育角度分析和反思了高校生命伦理教育的困境和紧迫性，提出学校教育体系中引入生命伦理教育的价值，主张发挥学校教育的主导作用。

2. 中等教育阶段对生命伦理教育的探讨与实践

在基础教育领域，生命伦理教育主要以生物学教学为载体进行课堂生命伦理教育的渗透。李高峰等从青少年自身、学校教育、家庭与社会环境等方面反思了现行生命伦理教育的问题，提出了加强生命伦理教育的构想。章冬萍对高中生物教师进行了认知与教学现状的调查，并从提高教师生命伦理素养和完善学习机制两个方面提出了生命伦理教育有效融入的建议。蔡隐凤以生物课堂教学为载体，进行生命伦理教育方法和途径的探索，高明以新课改革和生命伦理学的内涵为出发点，研究在农村中学生物教学实践中，培养学生生命伦理观念方法。陈红燕将生物学知识作为生死伦理教育的切入点，对学生有意渗透死亡伦理、器官捐献等伦理教育，触发学生对生死伦理价值观观念的理解和共情。在校本课程的实践与开发方面，2007年江苏常州高级中学的冯健在高二学生中开展了《生命伦理》选修课的尝试，取得了较好的效果，北师大生物科组历经5年的时间，于2009年开发了一本适合中学生阅读的校本课程《生命的凝视》，得到人教社中学生物教材主编朱正威教授的高度赞赏。

尽管有关生命伦理教育的研究在教育领域逐渐受到关注，但针对高中阶段的研究仍然有限。截至2024年1月，在中国知网数据库中以"生命伦理"为主题的文献总数为91篇，其中专注于基础教育领域的仅有21篇，这表明高中生命伦理教育的研究在整个生命伦理教育研究中所占比例较小。此外，现有研究多集中在教学策略和内容的探讨上，而缺乏深入的理论建构和实证研究，对于生命伦理教育的长远影响和效果评估的研究也不多见（见图3-7）。因此，我国在高中阶段对生命伦理教育的研究不仅数量有限，研究的深度也不足，这迫切需要我们开展更广泛、更深入的研究，以促进高中生命伦理教育的系统化、科学化发展。

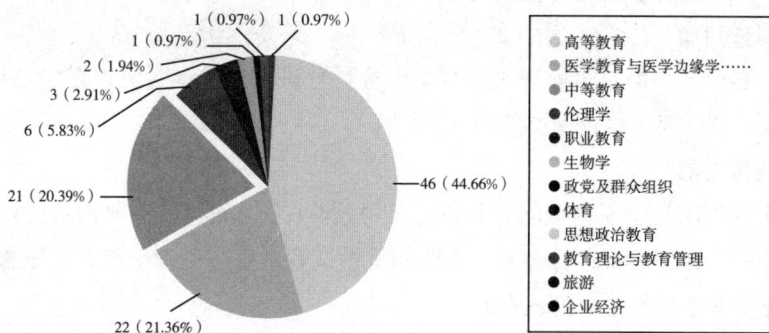

图3-7 以"生命伦理"为主题的文献发表情况

3. 研究的趋势与反思

从文献研读中我们得知，国外在生命伦理教育方面起步较早，发展也相对成熟。发达国家尤其注重青少年的生命伦理教育。相比之下，我国虽然自20世纪80年代引入生命伦理教育，并逐步构建了研究体系，但目前仍存在提升空间。调查研究显示，我国青少年在生命伦理观念和伦理判断上存在误区和偏差，特别是在面对现代生命科技带来的伦理挑战时，缺乏系统分析和深刻思考。在信息时代背景下，如何在有限的课时内改进教学策略，有效提升学生的生命伦理素养，仍是一个待解的问题。2017年生物学科课程标准的修订，对学生的科学素养提出了更高要求，以人教版教材为例，五本教材中涉及生命伦理教育的内容约有100多处，为此，选择性必修三教师参考用书明确提出在教学过程中要关注对学生生命伦理观念的培养，提升学生的伦理思维。因此，有必要从教育者和受教育者两个角度出发，深入了解他们对生命伦理教育的认知和态度，归纳高中生物学科生命伦理教育的实施现状，并提出切实可行的教学案例，以充分发挥生物学科的优势，为生命伦理教育的开展提供有效尝试。

六、我校学生生命伦理意识现状调查

为了解目前高中学生对生命伦理观的意识、态度，以及生物教学中生命伦理教育的开展等现实情况，对我校学生进行了相关的调查研究。本研究主要采用问卷调查与访谈法，后期进行数据资料的收集与分析工作。希望通过分析本研究的调查结果，初步了解高中学生的生命伦理素养情况，为校本课程的开发和高中阶段的生物教学开展生命伦理教育提供一些建议与参考。

（一）学生生命伦理现状调查

1. 调查对象

我校实行高一第二学期开始进行学生选科分班教学，本次调查在2023年3月进行，选取了高一级选修物理类的727位学生。

2. 调查工具

本研究所用的学生调查问卷共18题，每题4~6个选项，各选项相对独立，采用学生熟悉的选择题形式进行命制。主要测量被试者对生命伦理学相关知识的了解程度，以此推测学生的生命伦理素养。

3. 问卷内容设置

本研究主要从"学生对生命伦理及生物课程学习的看法""学生对生物科技应用的看法""学生对生态与环境的看法""学生对生命道德的看法"四个方面进行问卷的编制，最终形成33题构成的问卷。题目分布如表3-12所示。

表3-12　我校高中学生生命伦理素养的现状调查

伦理类别	调查内容	题号
	学生基本信息	1、2
	学生对学生生命伦理的认知及态度	3、4、5、6、7
科技伦理	对人类辅助生殖技术看法	8
	对基因编辑试管婴儿的看法	13
	对转基因生物技术的看法	14
生态伦理	对生态与环境的看法	18
生命尊严与价值（生命道德）	对动物福利的看法	10
	对人的生命伦理的看法	11、12、15、16、17

4. 问卷调查的实施

本次问卷调查采用"当面发放，当面回收"无记名的方式，随堂发放并及时收取。共计发放问卷727份，回收有效问卷674份，有效回复率达92.7%。

5. 结果统计

将收回的问卷进行EXCEL统计分析，结果如表3-13所示。

表3-13　统计分析结果

题号	A		B		C		D		E		F	
	人数	选率%	人数	选率%	人数	选率%	人数	选率%	人数	选率%	人数	选率%
1	364	54.01%	310	45.99%	0	0.00%	0	0.00%	0	0.00%	0	0.00%
2	426	63.30%	247	36.70%	0	0.00%	0	0.00%	0	0.00%	0	0.00%
3	176	26.27%	367	54.78%	127	18.96%	0	0.00%	0	0.00%	0	0.00%
4	252	37.44%	77	11.44%	61	9.06%	256	38.04%	57	8.47%	0	0.00%
5	264	39.34%	188	28.02%	151	22.50%	78	11.62%	0	0.00%	0	0.00%
6	408	60.71%	310	46.13%	168	25.00%	436	64.88%	0	0.00%	0	0.00%
7	645	96.70%	516	77.36%	380	56.97%	347	52.02%	0	0.00%	0	0.00%
8	353	52.45%	96	14.26%	269	39.97%	471	69.99%	30	4.46%	0	0.00%
9	8	1.19%	18	2.67%	639	94.95%	23	3.42%	412	61.22%	0	0.00%
10	38	5.65%	568	84.40%	510	75.78%	318	47.25%	526	78.16%	0	0.00%
11	40	5.97%	520	77.61%	189	28.21%	333	49.70%	110	16.42%	498	74.33%
12	623	92.71%	568	84.52%	83	12.35%	160	23.81%	190	28.27%	0	0.00%
13	211	32.16%	340	51.83%	64	9.76%	85	12.96%	298	45.43%		
14	423	63.61%	407	61.20%	24	3.61%	16	2.41%	94	14.14%	0	0.00%
15	576	86.10%	56	8.37%	531	79.37%	16	2.39%	10	1.49%	0	0.00%
16	51	7.63%	611	91.47%	612	91.62%	25	3.74%	0	0.00%	0	0.00%
17	126	18.86%	320	47.90%	596	89.22%	12	1.80%	6	0.90%	0	0.00%
18	17	2.54%	26	3.89%	19	2.84%	628	94.01%	549	82.19%	0	0.00%

6. 结果分析

（1）学生对生命伦理的认知和态度方面。设置了"你了解生命伦理学吗？""你主要是从什么途径了解的生命伦理学内容？""如果要了解生命伦理学，你希望通过什么形式进行学习？""如果你打算选修'生命伦理学校本课程'，主要是出于什么原因？""你知道生命伦理学有哪些基本原则吗？"5个问题，从调查结果看，超过81%的学生从未听说过或听说过，但知道是研究什么内容的，这说明绝大部分学生对生命伦理学知识是不清楚的。对于获取生命伦理学知识的途径，只有77（11%）位同学是从课堂教学中获取的，这说明在高中生物课堂，生命伦理教育非常薄弱甚至是缺位的。当问及希望通过什么途径来获取生命伦理学知识这一问题题，大部分学生希望通过课堂或选修课的形式来提高对生命论理的认识，这表明，开发一本适合高中学生阅读的生命伦理校本教材具有现实的需要。

（2）学生对科技伦理的认知方面。从调查的结果看，学生对科技伦理的认识存在部分"认知偏差"。以第8题为例：

目前人工授精、试管婴儿等辅助生殖技术给很多不孕不育夫妇带来孕育下一代的希望，甚至可以对胚胎进行设计，如性别的选择。对此你的看法是（可多选）（　　　）

A. 对不想结婚，但又想要孩子的女性可以选择实施辅助生殖（353人，52.45%）

B. 对想要孩子，但不想自己生的可以通过代孕获得孩子（96人，14.26%）

C. 只允许不能正常生育且有生育意愿的夫妇实施辅助生殖（269人，39.97%）

D. 是否实施辅助生殖应由相关的机构、专家进行论证后再决定（471人，70%）

E. 无论什么情况下实施辅助生殖都是不允许或不道德的（30人，4.46%）

分析"学生对人类辅助生殖技术的看法"的调查结果，可以发现：将近40%的学生对人类辅助生殖技术的应用价值较为认可，认为这类技术的应用能够造福于有需要的家庭，超过70%的学生认为是否实施辅助生殖应由相关机构和专家进行论证。这表明大多数学生倾向于寻求专业意见和监管，反映出对科技伦理决策过程的重视。但也有部分学生选了A，说明他们对该技术的使用范围并不清楚，对单身女性通过辅助生殖技术生育后代可能面临的法律和伦理风险认识不足。还有少部分学生选了B选项，说明学生可能对这类问题的关注较少，平常也较少提及，所以出现了"常识性错误"的选择。同样，在基因编辑试管婴儿和转基因生物安全性方面，部分学生对其安全性和伦理风险认识不足，也存在认知偏差。

（3）学生对生命道德伦理的认知。从调查的结果看，学生敬畏生命的认知和情感有待加强，少部分学生生命伦理意识比较淡薄。以第10题为例：

例10. 阅读以下材料，分析回答问题：① 耶鲁大学的科学家把小猪在麻醉后诱发心室颤动，从而死亡，一小时后用计算机控制OrganEx系统对全猪进行持续6小时特定温度和流速的灌注，使猪恢复全身血液循环，成功复活。

② 近日，三名女性游客在四川成都大熊猫繁育研究基地游玩，为了取乐，故意向天生后肢残疾的大熊猫"福菀"泼凉水，"福菀"受到惊吓，发出像小狗一样的哀鸣，逃跑后躲到角落里。

③ 近日，一名公司职员，因为多次以领养为名将获取的20多只猫虐杀，并在网上发布虐猫视频、发表挑衅言论，引发部分爱猫人士不满。随后这名公司职员被爱猫人士围堵，对其实施人身控制、打耳光、脚踹、侮辱等行为，后将现场视频发到互联网上引发关注。

对此你的看法是（　　　）（可多选）

A. 对濒危物种需要给予更多的关注，对于非濒危物种可以不用浪费过多资源（38人）

B. 动物也具备道德地位和权利，应敬畏生命，关爱实验动物（568人）

C. 动物实验的方法和目的应符合人类的道德伦理标准和国际惯例（510人）

D. 对于虐待动物的行为，应给与严厉惩罚，不值得同情（318人）

E. 应采取合法手段让施暴者得到惩罚，而不应该加入施暴行列，以暴制暴（526人）

从统计结果看，虽然有318人认为虐待动物的行为应受到严厉惩罚，但相较于其他选项，这一数字较低，可能表明部分学生对虐待动物行为的严重性认识不足，有38位学生认为非濒危物种可以不用浪费过多资源，这可能表明学生们在动物保护意识上还有提升空间。此外，有106位学生认为动物不具备道德地位和权利，124位学生对动物实验的道德审视还不够深入。

例11. "安乐死"在世界上绝大多数国家是非法的；在荷兰、比利时、瑞士等国家允许对患绝症的病人实施"安乐死"；奥地利、丹麦、法国、德国等10个国家允许"被动"安乐死，即只能终止为延续个人生命而治疗的做法。对此你的看法是（　　　）（可多选）

A. 如果病人申请"安乐死"，就可以实施"安乐死"，无须制定相关法律（40人）

B. 必须制定相关法律，即使病人申请"安乐死"，也必须严格审查（520人）

C. 只要病人、病人家属、医生三方同意"安乐死"即可实施（189人）

D. 在我国现有法律条件下，实施"安乐死"或协助自杀可能涉嫌"故意杀人罪"（333人）

E. 对于身患绝症的病人，为了让其有生的希望，可以隐瞒病情的严重性（110人）

F. 人体实验或医疗行为应在受试者完全知情同意，没有任何压力和欺骗的情况下进行（498人）

在对待"安乐死"这一问题上，有40位学生认为如果病人申请安乐死就可以实施，无须制定相关法律，110位学生认为可以隐瞒绝症病人的病情，这些都表明部分学生对敬畏生命、尊重生命的重要性认识不足，对安乐死实施条件和法律要求存在误解。还有近150位学生没有选"动物也具备道德地位和权利，应敬畏生命，关爱实验动物"和"动物实验的方法和目的应符合人类的道德伦理标准和国际惯例"这两个选项，说明部分学生没有充分地认识到动物与人类一样，享有同等的权利。

例17. 一位27岁的男性同性恋者，艾滋病病毒（HIV）抗体检测阳性，他要求医生不要让他的伴侣知道他已经感染HIV。

对此你的看法是（　　　）（可多选）

A. 医生不应该透露患者的患病信息（126人）

B. 医生本着善意的目的可以悄悄地"提醒"患者的伴侣（320人）

C. 医生应该积极说服该患者让其改变主意（596人）

D. 患者可以隐瞒自己的病情继续与伴侣生活（12人）

E. 患者可以在感染伴侣后再告诉伴侣（6人）

F. 医生可通知疾控中心，让疾控中心工作人员告知感染者（0人）

（相关分析略）

（4）生态伦理认知。从调查数据看，学生对生态伦理的认知仍有提升的空间。以18题为例：

例18. 阅读材料，回答问题：① 2022年，俄罗斯向欧洲输送天然气的北溪管道被炸，造成大约7.78亿立方米的天然气泄漏，相当于50万吨甲烷，长期来看，"北溪"泄漏的大量甲烷将对气候产生灾难性影响，或将在波罗的海地区造成严重的生态危机。

② 2011年3月11日，日本东北太平洋地区发生里氏9.0级地震，继而发生海啸，受地震影响，福岛第一核电站厂的放射性物质泄漏到外部。2021年4月13日，日本政府正式决定将福岛第一核电站内上百多万吨核污染水经处理并稀释后，通过海底隧道排放入海。

对此，你的看法是（　　　）（可多选）

A. 为了国家利益，可以牺牲环境利益（17人）

B. 核污染水稀释到一定程度可以一点点排放到环境中（26人）

C. 只要专家说可以排放核污染水就可以排放，不用考虑周边国家的意见（19人）

D. 各国政府应积极沟通合作共同解决核泄漏污染等生态问题（628人）

E. 无论何时都不能以破坏环境为代价去获取某方面的利益（549人）

上述调查表明，我校高一学生在生态伦理方面表现出了较强的环境保护意识和国际合作意识，但在核污染排放、环境与国家利益权衡等问题上仍存在一些认识上的不足和误区，需要进一步的教育和引导。少部分学生对环境保护有所忽视：有17人认为为了国家利益可以牺牲环境利益，对核污染排放持轻率态度，有26人认为核污染水稀释到一定程度可以排放，有19人认为只要专家说可以排放就可以排放，这可能反映出部分学生对核污染排放的潜在风险和长期影响考虑不够周全。对可持续发展理念的误解：部分学生在国家利益和环境保护之间的权衡可能反映出他们对可持续发展理念的误解，未能充分认识到环境保护与经济发展的协调性和长远性。

（二）学生的生命伦理意识访谈

问卷调查的结果主要反映了参与者的选择倾向，但这些选择背后的原因和动机可能并没有得到充分的展示。为了更深入地探讨学生对生命伦理的看法，我们需要探究他们填写问卷时的思考过程和心理状态。因此，基于问卷内容，我们将制定一份访谈提纲，随机选择我校学生进行深入访谈，并最终对访谈结果进行归纳和分析。

1. 访谈对象

在参与调研的高一年级班级中各班抽取1名学生，共17名同学参与本次访谈。

2. 访谈的实施

为避免问卷调查的局限性，本人在学生自愿的前提下，利用活动课期间与被试学生进行面对面访谈，以弥补问卷调查的不足之处。

3. 访谈结果

为了解学生对相关的生命伦理议题的认知程度，故对参与问卷调查的部分学生进行个例访谈，以下是对其中6位学生访谈结果的汇总。

问1：你是否经常关注生物学领域的最新研究进展或者生命伦理方面的讨论？

答：有三位学生没有听说过生命伦理议题。余下三位表示平常关注的不多，生命伦理这个概念也是第一次听说。

问2：你通常不关注生物科学研究的原因是什么？对于今天讨论的生命伦理议题，你有何见解或理解？

答：对于第一个问题，4位同学的回答集中在"感觉跟自己关系不大""平时没留意"，但有2位同学表示比较关注，特别是对转基因食物的安全性、基因编辑试管婴儿等。对于第二个问题，有4位同学表示不知道这些问题涉及生命伦理，另外两位同学认为基因编辑试管婴儿涉及生命伦理。

问3：你是否了解冷冻卵子、代孕和体外受精等生殖技术？你对这些技术有何看法？

答：6位同学均表示听说过这些技术，但并不清楚这些技术所涉及的生物学原理及可能带来的伦理风险。有两位同学非常赞成这些技术应用于有需要的家庭，有一位同学对此持反对态度，认为违背自然生育原则的技术是不适当的。也有三位同学表示这些技术在造福人类的同时，有可能会生出不正常的孩子，出现不可预测的风险。

问4：在中国，代孕是被法律明确禁止的。尽管如此，还是有些年龄较大的女性希望通过代孕来拥有自己的孩子。你对这个现象有什么看法？

答：汇总6位接受访谈同学的意见，有2位同学表示理解，认为这一技术能够为他人的家庭带来幸福。有三人表示明确反对，认为这会带来伦理冲突，对小孩的成长不利。也有一位同学对此持保留态度，认为随着时代的发现，人们的生育观和伦理观会发生改变，也许会慢慢接受这一行为。

问5：你赞成基因编辑试管婴儿，设计出"完美婴儿"这一技术吗？

答：6位同学均表示不太理解何为设计完美婴儿的内涵，经过教师的介绍和解释，其中有四位同学表示接受，认为这可以提高人口的素质和生育质量。也有两位同学对此持保留态度，他们认为人为改变人体内的基因序列，有可能会带来意想不到的后果，其中的一位同学还补充道："父母为子女设计好遗传性状，这是否侵犯了人的尊严？"

问6：你认为转基因技术是否可能带来一些未知的风险？如果有机会选择，你个人会倾向于购买转基因食品吗？

答：汇总6位接受访谈同学的意见，大家均表示对其可能带来的一些未知风险表示担忧。如果可以选择，他们当中有4位同学表示不会购买，也有2位同学认为经过安全检测的转基因食品应该是安全的，应该对此持开放的态度。

问7：你认为动物是否应当被赋予道德地位和权利？

答：6位同学均表示动物应当被赋予道德地位和权利，有一位同学的理由是动物和人类一样，也是自然界中的一员，应当平等对待。有两位同学表示人类应该要有爱友，对待家养动物（宠物），它们也享有动物的尊严。但也有三位同学表示很矛盾，虽然他们认为动物应当被赋予道德地位和权利，应当得到保护，但是，如果是这样的话，我们又该如何看待屠宰猪、牛、鸡等家禽家畜的行为呢？

问8：你对器官移植这一医疗程序有多少了解？设想你是一名外科医生，面临两位患者都适合接受同一肝脏移植的情况，你会如何决定选择哪位患者进行手术？

答：6位同学均表示不了解器官移植的医疗程序。对于第二个问题，有一位同学表示会选择年龄最小的那位，有两位同学表示应该选择病情最重、最需要这肝脏移植的患者，有两位同学表示按登记的先后顺序手术比较公平，也有一位表示要考虑患者的经济情况，毕竟手术的费用及后续的保养都是很现实的问题。

问9：绿水青山就是金山银山，加强生态环境保护是我们国的国家战略。国家通过设立自然保护区、构建生态长廊、立法等措施和手段，来加强生物多样性的保护，加强对生态环境的保护和治理。对此，你有什么看法？

答：此问题的回答比较离散，不同的同学思考的角度不一样，有同学认为保护环境可以使生态环境越来越好，空气质量好；有同学认为这是国家战略，保护珍稀物种，同时也为人们提供了亲近自然的机会；也有同学认为每一种生物都有其存在的价值和权利。保护生态环境，维护生物多样性，是尊重生命、维护地球生命共同体的重要体现。

4. 访谈结果分析

通过对学生进行个人访谈并整理分析访谈记录，我们得出以下结论。

（1）生命伦理议题关注度：学生们通常不会主动关注生命伦理议题，他们对生物科学的了解相对零散，主要来源于教材、习题和网络媒体。由于紧张的学习生活，学生们在学校投入大量时间进行学习活动，因此获取相关信息的时间和机会相对有限。

（2）生命伦理议题认知：学生对"转基因技术""基因研究""生态环境"和"器官移植"等议题有一定的认识，并能较为理性地思考技术应用。然而，对于"代孕"等生命权利议题，学生们的认识不够科学，甚至存在一些误解，认为"存在即合理"。这可能是因为学生们很少接触到这类议题，只能基于个人的日常经验进行直观理解。

（3）教师引导作用：许多学生提到"老师说过"关于转基因生物、克隆动物等议题的讨论。这表明在生物课程学习中，教师已经与学生进行了一定程度的讨论，帮助学生看到伦理议题的复杂性和两面性。然而，对于接触较少的议题，学生的判断可能存在偏差。他们可能只是机械地记住了教师的观点，而没有将这些论证内化为自己的辩证思考。

综上所述，学生们在生命伦理议题上的认知存在一定的局限性，需要更多的引导和教育。教师在生物课程中应加强对生命伦理议题的讨论，帮助学生形成全面、深入的理解。同时，学校和社会也应创造更多机会，鼓励学生主动关注和思考生命伦理问题，培养他们的批判性思维和辩证观念。

（三）调查与访谈结论

通过调查的实施与分析，得到的结论如下。

1. 学生生命伦理意识现状

通过问卷调查和访谈，我们发现高中学生对生命伦理的意识普遍较低，他们对生命伦理学的概念和内容了解有限，认知较为零散，主要来源于教材、习题和网络媒体。

2. 生命伦理教育现状

高中生物课程中生命伦理教育相对薄弱，学生很少从课堂教学中获取生命伦理知识。学生普遍希望通过课堂或选修课的形式来提高对生命伦理的认识，表明开发适合高中学生的生命伦理校本教材具有现实需求。

3. 科技伦理认知

学生对科技伦理问题如转基因技术、基因编辑、辅助生殖技术等有一定的了解，但存在认知偏差。多数学生倾向于寻求专业意见和监管，反映出对科技伦理决策过程的重视，但也有部分学生对这些技术的使用范围和伦理风险认识不足。

4. 生命道德伦理认知

学生对生命道德伦理的认知有待加强，部分学生对动物福利和生命尊严的理解较为浅薄，对虐待动物行为的严重性认识不足。

5. 生态伦理认知

学生对生态伦理的认知仍有提升空间，虽然表现出较强的环境保护意识和国际合作意识，但在核污染排放、环境与国家利益权衡等问题上存在认识上的不足和误区。

6. 教师引导作用

教师在生物课程中的讨论有助于学生认识到伦理议题的复杂性和两面性，但对于接触较少的议题，学生可能只是机械记忆而缺乏深入的辩证思考。

基于以上结论，迫切需要在高中生物学教育中加强生命伦理议题的讨论和教育，培养学生的批判性思维和辩证观念。同时，学校和社会应创造更多机会，鼓励学生主动关注和思考生命伦理问题。为此，通过开发和实施生命伦理相关的校本课程，以系统地提升学生的生命伦理素养，同时为教师提供培训和资源，以支持他们更有效地进行生命伦理教育。

七、高中生命伦理校本课程的开发

（一）需求分析

1. 学校层面

顺应我校"以人为本，和谐发展"的办学理念，响应"出高素质人才，创新办学经验"的总目标，践行学校致力于特色发展、满足学生多样化发展的课程建设需要。本课程的开发与学校的办学理论、办学目标和课程建设的理念高度吻合。

2. 学生层面

提升学生道德品质修养理，帮助学生体会生命的美好，从而珍爱生命、尊重生命。现代科技的发展，人工智能、机器人的应用和环境污染等带来大量的伦理冲突，这些是每一位公民无法回避且须面对的社会现实，开展生命伦理教育，培养学生的批判性思维、伦理思维等高阶思维，帮助他们树立正确的伦理观念和意识，提升在未来的社会中应对社会挑战、适应社会的能力。

3. 社会层面

应对伦理挑战：当今社会面临着诸如生物技术、医疗伦理、环境保护等方面的伦理挑战，生命伦理教育有助于学生理解和应对这些挑战，提升现代公民应对伦理挑战的能力。

培养公民的社会责任感：生命伦理教育有助于培养学生的社会责任感，使他们认识到个体行为对社会和环境的影响，进而形成积极的社会参与意识，为社会发展和环境保护作出贡献。

4. 教师专业发展

生物学教材涉及大量与生命伦理相关的内容，通过本课题的研究与校本课程的开发，提升教师生命伦理素养和专业理论知识，从容应对教学中所面临的生命伦理议题。

（二）校本课程的内容框架

1. 课程目标

学生通过本课程的学习，学生将能够运用所学的生物学知识，深入思考生命伦理问题，形成积极的价值观和行为准则，提高他们的科学素养、伦理素养和综合能力，以应对未来社会中复杂的生命伦理问题，为个人发展和社会进步作出贡献。树立生命观念和社会责任感，培养学生尊重生命、保护生态环境的生命观念，促进他们承担社会责任，为维护生命和社会秩序做出贡献。培养科学思维和探究精神，培养学生运用科学思维和探究精神，分析和解决生命伦理问题的能力，提高对生命伦理问题的理解和解决能力。促进社会参与和继续学习，激发学生参与社会事务的意愿，引导他们主动宣传树立社会责任，为社会和谐与进步作出积极贡献，为未来学习和职业生涯打下基础。

2. 课程内容

内容包括绪论在内共9个专题，16个课时。

（1）绪论：伦理学与生命伦理学、生命伦理学的产生与发展、生命伦理学的基本原则、生命伦理学的主要内容、生命伦理学的基本理论、高中阶段开设生命伦理学课程的意义。

（2）珍惜生命，健康生活：科学防艾，珍爱健康和远离毒品，珍爱生命。

（3）人伦关系：基因编辑试管婴儿、代孕和器官移植。

（4）动物福利：括动物道德与动物福利的概念、动物分类及福利范畴、国内外的动物福利立法现状。

（5）关注死亡：临终关怀、安乐死和脑死亡。

（6）生命科学发展与伦理：人类基因组计划、基因身份证和基因隐私权。

（7）生物多样性保护与生态伦理：生物多样性、生态伦理原则（尊重生命和生态正义）、保护生物多样性的措施。

（8）突发性公共卫生事件：传染病的定义、传染性疾病的传播、突发性公共卫生事件的应对措施。

（9）传统文化中的生命伦理思想：尊重生命、和谐共生、人与自然和谐发展、道德修养、社会责任、生命共同体等。

3. 教学策略

案例分析、小组讨论、角色扮演、伦理实践、跨学科整合、文本阅读与反思写作等。

4. 评价方式

采取纸笔测试、课堂观察、项目作业、伦理实践等测评方法，对照课题组开发的测评工具（生命伦理学业水平测试卷和学业质量标准）对学生的生命伦理观念、伦理思维、社会责任感等方面进行评估。

（三）编制测评工具

1. 编制《高中生命伦理学业水平质量标准》

参见表3-14。

表3-14   《高中生命伦理学业水平质量标准》相关概述

水平	质量描述
一	1.能够理解生命伦理的基本术语，如道德、伦理、生命尊严等 2.能够识别简单的生命伦理问题，如动物实验、克隆技术等，并进行初步讨论 3.理解遗传与变异的伦理含义，如基因隐私权和基因编辑的伦理争议 4.形成热爱生命、人与自然和谐共处的基本观念，认同环境保护的必要性和重要性 5.认同健康文明的生活方式，远离毒品；能对有关生物学的社会热点议题进行理性判断 6.能够运用归纳和概括的方法，从具体案例中提炼生命伦理的原则
二	1.形成热爱生命、认同人与自然和谐共处的基本观念，认识到环境保护的必要性和重要性 2.能够在复杂的生命伦理情境中，运用高级概念和理论进行深入分析，如人体器官交易、生命终结决策等 3.能够清晰、有逻辑地表达自己的观点，进行有效的学术论证，并与他人进行深入交流；在面对有争议的社会议题时，能利用生物学重要概念或原理，通过逻辑推理阐明个人立场 4.形成热爱生命、人与自然和谐共处的基本观念，初步形成保护环境意识，参与绿色家庭、绿色学校、绿色社区等行动

水平	质量描述
二	5.养成健康文明的生活方式，远离毒品，并能抵制封建迷信和伪科学 6.形成敬畏生命的观念，遵循正确的伦理道德，能对有关生物学的社会热点议题进行理性判断
三	1.针对生命伦理相关的生物学问题，设计简单的实验，使用基本的实验器具，按照步骤进行实验，记录数据，分析结果，并撰写实验报告 2.运用批判性思维分析生命伦理议题，并提出有说服力的论点 3.能够参与社会活动，如环境保护项目，展现其对社会责任的认识；在面对伦理困境时，运用生命伦理原则和价值观做出合理判断和决策 4.能够将生命伦理与法律、社会学、哲学等其他学科知识相结合，提出综合性见解 5.能够在探究过程中与他人合作，并能够就生物学议题与他人进行有效交流形成珍爱生命、人与自然和谐共处的观念，养成保护环境、维护生态平衡的行为习惯，积极参与绿色家庭、绿色学校、绿色社区等行动，并提出人与环境和谐相处的一些建议 6.养成健康文明的生活方式，远离毒品，自觉抵制封建迷信和伪科学；形成敬畏生命的观念，遵循正确的伦理道德，能对生殖性克隆人等社会热点议题进行科学判断

2. 编制高中生命伦理学业水平测试卷

对照《高中生命伦理学业水平质量标准》，命制不同水平的测试题，用于测评学生的生命伦理素养水平。并根据学生的测试情况，优化教材内容，改进教学方法，提升教学效果。

八、高中生命伦理教育的实践

（一）开设校本选修，深化学生生命伦理认知与实践能力

2023年以来，我作为该项目的主持人，与项目组成员一道，在我校高一、高二年级开设了三期"广东北江中学生命伦理教育"校本选修，从实践过程来看，学生积极性高，参与度高，生命伦理意识提升明显。主要的做法如下。

1. 筛选论理议题，确定教学内容

通过查阅资料，观摩大学生命伦理教育线上课程，初步确定了"生命伦理学理论（绪论）""健康生活""现代生物科技与生命伦理""动物福利""生态伦理"等九个专题，共16个课时的教学内容。由于生命伦理学涉及的议题很多，为了筛选出适合我校高中学生学习的生命伦理议题，遵循了如下原则：一是议题内容与高中生物学知识紧密相关，有利于学生通过运用所学知识，结合生命伦理学知识能

够进行分析、推理和决策。二是议题内容与学生的生活学习有联系，能够引起学生共鸣，激发学生的学习兴趣。三是议题内容有助于帮助学生形成正确的生命伦观。四是议题内容具有一定的两难性，有助于培养学生的批判性思维和灵活运用生物学、伦理学知识的能力。

2. 素材的收集、整理和加工

在确定教学内容的基础上，我们采取了多元化的策略来丰富教学素材。除了深入学术文献和关注实时新闻报道外，我们还积极利用网络资源，包括高校公开课、慕课平台以及百度学术等，搜集了涵盖理论知识、教学案例、图文资料和视频等多种形式的教学素材。这些素材不仅包括了经典的生命伦理学理论，还有当前科学前沿中的争议性话题，以及与学生日常生活紧密相关的实际问题。然后对收集的素材进行整理加工，用于课件制作和教学设计。此外，我们还特别关注了与高中生物学教学内容相衔接的案例，确保教学素材的科学性、时代性和教育性，以期构建一个立体、互动、开放的教学资源库，为学生提供全面、深入的生命伦理教育体验。通过这些精心挑选和整合的素材，旨在激发学生的思考，促进他们对生命伦理议题的深入理解和探讨（见图3-8）。

图3-8　学生体验场景

3. 采用灵活多样的教学方法，不断提升教学效果

在教学过程中，我们注重激发学生的主动参与和思考。例如，通过角色扮演的方式，让学生置身于生命伦理决策的情境中，体验不同角色的立场和选择，从而更深刻地理解伦理决策的复杂性。此外，我们还引入了案例分析法，选取一些具有代表性的生命伦理案例，如基因编辑设计试管婴儿，引导学生进行深入讨论和分析，培养学生的批判性思维和问题解决能力。通过"换水"游戏这一模拟实验，让学生深刻认识到洁身自好、保持良好生活习惯、净化交友圈才能有效避免艾滋病的传播。同时，利用多媒体教学工具，如PPT、视频等，使抽象的伦理概念形象化、生动化，增强学生的学习兴趣和理解力。我们还鼓励学生进行小组合作学习，通过小组讨论、头脑风暴等形式，促进学生之间的交流与合作，提高他们的团队协作能力。通过这些教学方法的综合运用，我们旨在构建一个开放、互动、高效的教学环境，帮助学生全面、深入地掌握生命伦理学知识，形成正确的生命伦理观。

4. 采取多种评价方式，评估学生生命伦理素养水平

教学评价是教育过程中的一个重要环节，它可以帮助教师了解教学效果，优化教学策略，并促进学生的伦理素养的提升。在开设校本选修的过程中，通过表现型评价、终结性评价、项目作业、测验和考试等多种评价方式，对照课题组编制的生命伦理学业质量的描述，测评学生的生命伦理学业质量等级。

（1）表现型评价。通过观察、记录学生在课堂讨论、小组活动等中的表现、参与度和反应，评估学生的生命伦理素养水平。

（2）项目作业。通过完成特定的项目（如案例分析、学习心得体会等），评估学生对生命伦理学知识的理解和应用能力，以及伦理决策能力和伦理思维等。

附：心得体会

学习生命伦理学的心得体会

广东北江中学2023级　高一（8）班　刘钰婕

生态伦理学是研究人与自然之间道德关系的学科，其主要研究的内容包括人与自然以及基于人与自然关系，影响到人与人之间的道德关系。生态伦理学为我打开了一个全新的视角，让我重新审视我们与地球上其他生物的关系。

学习的过程中，我深刻地体会到生态伦理学不仅仅是一门理论学科，它更是一种实践的精神，我们看了蓝藻生长不受控制导致水体富营养化的案例，我认识到人类生态伦理意识不够，会对自然环境造成破坏，对这样的结果我感到很心痛，也让我审视了自己的行为和认识到提高自身生态伦理意识的重要性。

学习了生态伦理学之后，我认为人类应放弃传统价值观：算计、盘剥和掠夺，转为追求人类与自然和谐的可持续发展。生态伦理学的作用在于它从单一的关注如何协调社会利益关系的人类道德文化传统，上升一步使得人与自然的关系被赋予了真正的道德意义和价值。告诫人类在有所行为时该以追求各方利益的平衡为宗旨，这样才符合新的伦理规范。

生态伦理意识的重要性更突显了保护生物多样性的意义重大，通过这节课，我了解到中国在保护生物多样性方面所作出的巨大贡献，同时也认识到生物多样性是维持生态平衡、促进人与自然和谐发展的重要成分，保护生物多样性，对于人类经济和未来的发展都是极其有利的。更重要的是，我了解了我国在保护生物多样性方面的成就，在习近平生态文明思想的指导下，过去十年，中国生态环境保护发生了历史性、转折性、全局性的变化，生态环境保护更加全面、深刻、有效，天更蓝、山更绿、水更清，越来越多的珍奇异兽和奇花异草出现在中国大地上，为保护全球生物多样性作出了中国贡献。

绿水青山就是金山银山，生态环境是可贵的美好的，但同样也是脆弱的，我们应该好好珍惜它，保护它，才能让我们的地球更美好。

（3）终结性评价。在一个教学周期结束时进行的评价，通过纸笔测试来评估学生对生命伦理学知识的掌握程度，以此衡量学生在一段时间内的学习成果。

（二）课堂渗透生命伦理教育，培养学生的生命伦理观

高中生物教材中不少内容涉及生命伦理学知识，这为高中生物课堂渗透生命伦理教育提供了丰富的素材（见表3-15）。

表3-15　人教版高中生物学教材涉及生命伦理教育的内容统计

模块	必修1	必修2	选必1	选必2	选必3	合计
数量	15	18	42	43	23	141

选择性必修3在《普通高中生物学课程标准（2017年版2020年修订）》的教学建议中，也反复提及要求关注生命伦理议题的落实，并将培养学生的伦理思维与科学思维、技术思维和工程思维放在同等重要的位置。表3-16汇总了高中生物选择性必修3教材中部分涉及的生命伦理议题及其有关的生命伦理观念。为此，在生物课堂教学中，要找到伦理教育的切入点，适时穿插伦理议题，渗透生命伦理教育，培养学生伦理观念和伦理思维。

表3-16　相关内容概述

章节	生物技术/进展	涉及议题/讨论	生命伦理观念
发酵工程	微生物培养P30页"冰激凌大肠杆菌含量超标"	"健康生活"	珍爱生命，健康生活

续 表

章节	生物技术/进展	涉及议题/讨论	生命伦理观念
细胞工程与胚胎工程	植物体细胞杂交	生态伦理、不同物种间杂交	生态伦理、保护生物
	红豆杉树皮和树叶中提取紫杉醇	保护濒危物种及生物多样性	
	干细胞的应用	胚胎干细胞伦理问题、器官移植、P47IPS细胞再生医学、药物安全性及有效性检测	医学人体研究伦理
	动物细胞融合	P51拓展应用：动物细胞融合技术风险	动物保护及动物福利、生命科学发展与伦理，体现科技自信，厚植爱国情怀
	体细胞核移植	P54克隆动物健康问题（早衰）P55"三亲婴儿"P55拓展应用：克隆大熊猫与保护大熊猫生存环境P66克隆猴展示我国科技自信	
	牛胚胎移植	供体牛与受体牛，P64实验动物P64拓展应用：人工繁育北方白犀牛	
	胚胎分割	胚胎分割引发的动物健康问题	
生物技术的安全性与伦理问题	蛋白质工程	改造基因、合成基因、创造新蛋白质	生命科学发展与伦理
	转基因生物及安全性	安全性调查、P103辩论、P105思维训练、实验动物	
	生殖性克隆人，设计试管婴儿，治疗性克隆	P107克隆人讨论、P109设计试管婴儿讨论P110"人兽嵌合体"P115胚胎基因编辑的伦理问题	人伦关系：基因编辑、代孕、克隆人等
	禁止生物武器	P113全球公共卫生危机、生物武器；P115重构病毒的安全问题	突发性公共卫生事件

　　例如，在学习"核酸是遗传信息的携带者"时，明确核酸在细胞中的含量、作用，告诉学生正常饮食就能保证核酸的摄入需求，无须额外补充，帮助学生树立科学保健观，击破"吃啥补啥"的固化思维。在"神经冲动的产生和传导"一节教学中，组织学生小组讨论毒品成瘾的原因，师生共同总结毒品的危害，传递珍爱生命，远离毒品的观念。通过介绍青藏铁路修建中的生态保护措施，引导学生认识保护生物多样性的重要性，培养学生的生态伦理观。在讲授"生态系统稳定性"一节中，结合日常生活中某些人喜欢从市场上买来动物，通过"放生"来表示自己有爱心的事件，让学生小组讨论是否赞成"放生"，理由是什么？通过讨论传递给学生"敬畏生命，动物生命应得到尊重及保护"的伦理意识。在"胚胎工程"章节后，以人类辅助生殖技术为切入点，引导学生对代孕技术的伦理问题进行思考，明确生

物技术应用需要伦理和社会规范，引导学生对生物技术的伦理思考等。

通过这些教学实践，高中生物课堂不仅传授生物学知识，更渗透了生命伦理教育，旨在培养学生的伦理观念和伦理思维，提升他们的生命伦理意识。教师在教学过程中应不断发现并纠正学生观念的偏差，采取全面而充分的教育措施，以促进学生的全面发展。

（三）多渠道推广生命伦理教育，提升学生的伦理意识和决策能力

1. 定期出版宣传板报，拓宽生命伦理教育的途径

利用学校的宣传栏，定期出版生命伦理的理论、科技伦理、动物福利、医学伦理学、生态伦理等专题内容，普及生命伦理学知识（见图3-9）。

图3-9 利用学校宣传栏普及生命伦理学知识

2. 利用校园广播探讨社会性议题，传播生命伦理学知识

校园广播作为校园内覆盖面广、影响力强的媒介，利用我校的"同心圆"广播电台，定期探讨与生命伦理相关的社会性议题。例如，艾滋病的预防、健康生活方式、动物福利等，这些议题不仅与学生的生活息息相关，也与社会公共利益紧密相连。通过广播节目，提高学生利用生命伦理学知识参与社会事务讨论与决策的能力。

3. 举办辩论赛，为学生搭建伦理实践平台，提升学生的伦理思辨能力

辩论赛是培养学生批判性思维和伦理思辨能力的有效途径。通过定期举办以生命伦理为主题的辩论赛，为学生提供一个展示自己观点、锻炼表达能力的平台。通过辩论，学生也可以更深入地探讨伦理议题，形成自己的见解，同时学会尊重不同的观点。

4. 开展专题讲座，培养伦理思维

专题讲座是学生近距离接触和理解生命伦理议题的重要方式。我们将邀请生命伦理学专家、医学工作人员等专业人士来校开设讲座，让学生有机会与这些领域的专家进行面对面的交流。通过讲座，学生不仅能够获得专业的知识，还能够培养自己的伦理思维。

5. 加强社会实践，提升学生的社会责任感

社会实践是学生将理论知识应用于现实生活的重要途径。我们鼓励学生参与社会实践活动，如志愿服务、社区调研、看望福利院老人等，让学生在实践中学习和体验生命伦理学，增强学生的实践能力和社会责任意识。

参考文献：

［1］陈红燕.初中生生死伦理教育的主题及渗透［J］.中学生物教学，2020（11）.

［2］胡芮.生命伦理教育价值、路径及其超越［J］.中国医学伦理学，2019（10）.

［3］刘鸿宇，王珏.可视化视角下生命伦理研究方法的知识脉络与发展趋势［J］.科学技术哲学研究，2019（1）.

［4］王珂珂，任山章.高中生物教学中渗透生命伦理教育课堂观察报告［J］.中学生物学，2017（11）.

［5］贺竹梅，程焉平.生命伦理学课程建设的思考［J］.中国大学教学，2017（10）.

［6］黄雯怡.新形势下加强高校生命伦理教育探析［J］.江苏高教，2017（2）.

［7］刘志梅.解读苏教版教材中的生命伦理关怀教育［J］.小学教学参考，2015（33）.

［8］肖述剑.大学生生命伦理教育研究简述［J］.当代经济，2014（9）.

［9］胡林英.什么是生命伦理学？——从历史发展的视角［J］.生命科学，2012（11）.

［10］张鹏.论高校生命伦理教育的价值生态及其超越［J］.江苏高教，2011（4）.

［11］吴仁英.台湾地区大学生命教育课程的实施特色及启示［J］.山东师范大学学报（人文社会科学版），2011（3）.

［12］刘晓枫，陈志伟.美国高等医学院校生命伦理学教学现状及启示［J］.中国高等医学教育，2011（4）.

［13］余玉花.从生命哲学到生命伦理学［J］.华东师范大学学报（哲学社会科学版），2008（6）.

［14］程焉平.结合中学生物学教学开展生命伦理教育［J］.生物学教学，2008（6）.

［15］冯健.在高中开设《生命伦理学》课程的尝试［J］.中学生物学，2007（4）.

［16］张利萍，林志新，张雪洪.开展生命伦理学教学的必要性［J］.中国医学伦理学，2006（6）.

［17］陈竺.和而不同：生命伦理的世界性与民族性［J］.中国医学伦理学，2006（4）.

［18］冯超.世界生命伦理和人权宣言草案［J］.医学与哲学（人文社会医学版），2006（8）.

［19］黄春春.日本的生命伦理教育与研究（上）［J］.日本医学介绍，2005（9）.

［20］邱仁宗.生命伦理学：一门新学科［J］.求是，2004（3）.

［21］胡桂平.在中学生物学教学中构建生命伦理观［J］.生物学教学，2003（4）.

［22］邱仁宗.21世纪生命伦理学展望［J］.哲学研究，2000（1）.

［23］赵智.关于人类基因组与人权问题的世界宣言［J］.医学与哲学，1998（3）.

高中生物学课堂开展生命伦理教育的探索

——以"关注生殖性克隆人"为例

科技革新在推动人类文明的进程中，也给人类带来了一系列的伦理冲突与挑战，面对这些无可回避的冲突与挑战，教育工作者需要为学生养成正确的思维方式和价值观提供理论和实践的支撑。生命伦理学是运用伦理学的理论和方法，在跨学科、跨文化的情境中，对生命科学和医疗保健的伦理学方面，包括决定、行动、政策、法律进行的系统研究。利用生物学科开展生命伦理教育具有天然的学科优势，教材中许多内容与生命伦理紧密相连，蕴含了丰富的育人价值。

一、《普通高中生物学课程标准》中有关生命伦理教育的体现

《普通高中生物学课程标准（2017年版2020年修订）》（以下简称"课程标准"）指出，生物学学科核心素养是学生知识、能力、情感态度与价值观的综合体现，生命伦理观、伦理思维和伦理决策素养既是生命伦理学的核心内容，也是生物学科核心素养的具体表征。此外，在课程标准的"课程结构"选修课程部分，设置了蕴含生命伦理观的"动物福利""健康生活"等课程；在"学业质量"部分，对学生提出要"形成敬畏生命的观念、遵循正确的伦理道德，能对生殖性克隆人等社会热点议题进行科学判断"的学业质量要求。为此，在高中生物学课堂开展生命伦理教育，既是课程标准的要求，也是落实立德树人、五育并举的时代使命。

二、高中生物学课堂开展生命伦理教育的意义

1. 丰富学生对生命观念内涵的理解

生物学是研究生命现象和生命活动规律的学科。生物与生物之间、生物与环境之间以及生物体自身各部分之间存在着各种各样的联系。以"生物多样性的保护"为例，为达成"概述生物多样性对维持生态系统稳态以及人类生存和发展的重要意义，并尝试提出人与环境和谐相处的合理化建议"这一教学目标，教学中一方面引导学生从生态系统的结构、功能及稳定性等方面理解保护生物多样性的重要性，还可以从生命尊严、众生平等、生命价值等生命伦理学的角度，引导学生正确看待和

把握人在自然界中的地位，领悟地球上的生命为什么需要和谐共处，进而形成保护环境、促进人与自然和谐共处的生态文明观。

2. 促进学生高阶思维的培养

高阶思维是指发生在较高认知水平层次上的心智活动或认知能力，主要由问题解决、决策、批判性思维、创造性思维等构成。跨学科、高质量的问题串有助于学生高阶思维的生成。高中生物教材中有些热点议题，需要运用生物学、生命伦理学等学科知识才能作出正确的分析与决策，如在讲授"艾滋病的预防与治疗"这一部分内容时，教师不仅需要引导学生利用遗传、免疫调节等知识综合分析艾滋病的发病机理和传播途径，并提出相应的预防措施，降低传染风险，还要引导学生从保护患者隐私（尊重原则）、平衡公众利益（有利、公正原则）、国家对患者的相关政策等角度系统分析这些措施对个人、社会的近期影响、远期影响（伦理思维），批判性地思考科学与伦理的关系，创造性地提出问题解决方案。为此，在高中生物课堂开展有温度的生命伦理教育，有利于培养学生的高阶思维，为他们在未来的职业生涯和社会参与中打下坚实的思维基础。

3. 提升学生的责任担当意识和伦理决策能力

科技发展推动知识加速更新，让教育与经济、社会、文化、伦理道德等多方面相互交织无法分割。许多与生物学科相关的社会性科学议题，需要在跨学科的情境下进行多角度、全方位的分析与综合，才能作出"能不能做"和"该不该做"的价值判断，解决"应该做什么"和"应该怎么做"的伦理决策，而生命伦理学能够为上述判断和决策提供理论支撑和决策规范。以"转基因产品的安全性"为例，设计如下问题串：①如果科学研究多次证实大多数转基因产品是安全的，是否需要对转基因食品进行标签？大面积的种植和推广对环境有没有潜在的风险？②长期食用转基因食物，消费者担忧其远期的潜在风险，让消费者作为"试验者"，是否违背伦理？针对上述伦理与安全性的争议，除了需要扎实的生物知识，还需要综合运用公众的知情权、自主权、选择权，有利和公正原则、生态伦理等伦理学知识，权衡食品安全、可持续发展、社会公正和生态保护等多方面的利益，才能作出合乎伦理的价值判断与决策。为此，在高中生物课堂开展生命伦理教育，可使学生能够更好地理解和应对生物科学与技术领域的伦理挑战，提升他们的责任担当意识和参与社会议题讨论时的决策能力。

4. 弥补生命教育的短板，提升学生的德行修养

当前，部分学生由于遗传、学业、家庭等因素的综合影响，产生了诸多不健康的心态和生活方式。在高中生物课堂开展生命伦理教育，可以让学生从最基础的层面和不同的视角考察生命的价值和自我行为的规范，思考"活着"的意义，即个人

"活着"对自己和他人的价值，使学生自觉形成良好的道德观，培养良好的道德行为，促进学生健康人格的养成及和谐社会的健康发展。

三、高中生物学课堂开展生命伦理教育的探索

以选择性必修3"关注生殖性克隆人"为例，设计并实施了一节在生物学教学中开展生命伦理教育的教学案例。

1. 初识"克隆人"，激发学生对伦理议题的兴趣

播放剪辑后的《克隆人》视频片段，提出问题：如果科学家真的克隆出了克隆人，他与供核个体的关系如何？你愿意克隆自己吗？如果愿意，你将如何与他（她）相处？

设计意图：通过播放视频并设计一系列问题串，引导学生从伦理道德的角度思考克隆人给人类带来的影响，帮助学生快速进入新课学习。

2. 重温"多莉"羊的培育过程，引发学生对克隆动物生命质量与生命尊严的思考

参见图3-10。

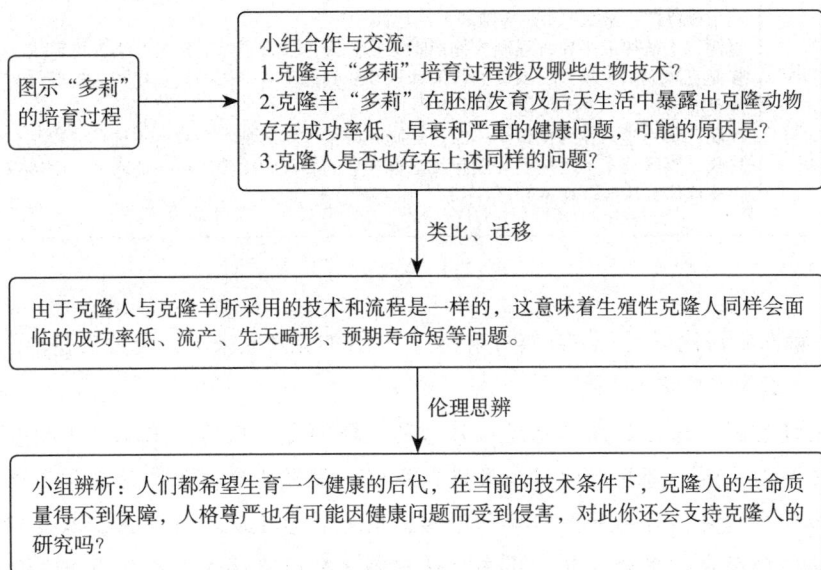

图3-10 重温"多莉"的培育过程

设计意图：重温克隆羊培育的技术流程，分析克隆羊在培育过程所面临的问题，帮助学生迁移并理解克隆人在培育过程和后天的生活中也将面临同样的

技术风险和健康问题，引发学生对克隆人生命质量和生命尊严的关注，帮助学生形成生命伦理观念。

3. 探讨生殖性克隆人面临的伦理问题，凝聚伦理共识，拓宽思维的广度和深度

参见图3-11。

课前布置
讨论议题 | 要求各学习小组做好组内分工，完成相关资料的收集与提炼，确定组内汇报人选等。

议题一　克隆人相当于供核个体的"复制品"，没有"父母"，对克隆人的心理健康和人格尊严会带来什么影响？他们的社会地位该如何认定？人伦关系是否就此消亡？
议题二　从法律、伦理道德的角度阐述人类能否强制克隆人捐献器官？
议题三　人类普遍认为每个个体都是独特的，具有自己的身份、个性和价值。据此分析克隆人的出现还可能带来哪些伦理问题？

成果展示 | 各学习小组选择某一议题进行成果分享，其他小组可对该议题进行充分的讨论、交流、辨析。

凝聚
↓

伦理共识

议题一　克隆人由于没有"父母"，社会地位难以确定，人伦关系消亡此外，在社会生活中可能会受到偏见或不公正的待遇，进而引发严重的心理问题，损害人格尊严。（个体尊严、家庭关系、风险和不确定性）
议题二　法律上不允许强制人体捐献器官。人体器官捐献通常是基于自愿原则，如果强制克隆人捐献器官，人类的价值和权利受到侵害，个体的自主权和人格尊严得不到应有的保护。（个体权利、个体尊严）
议题三　克隆人作为供核个体的"复制品"，个体的独立性和自主选择的权利会受到挑战，克隆技术的滥用还可能导致道德观念的破坏和伦理困境的加剧。（个体权利、个体尊严、社会影响等）

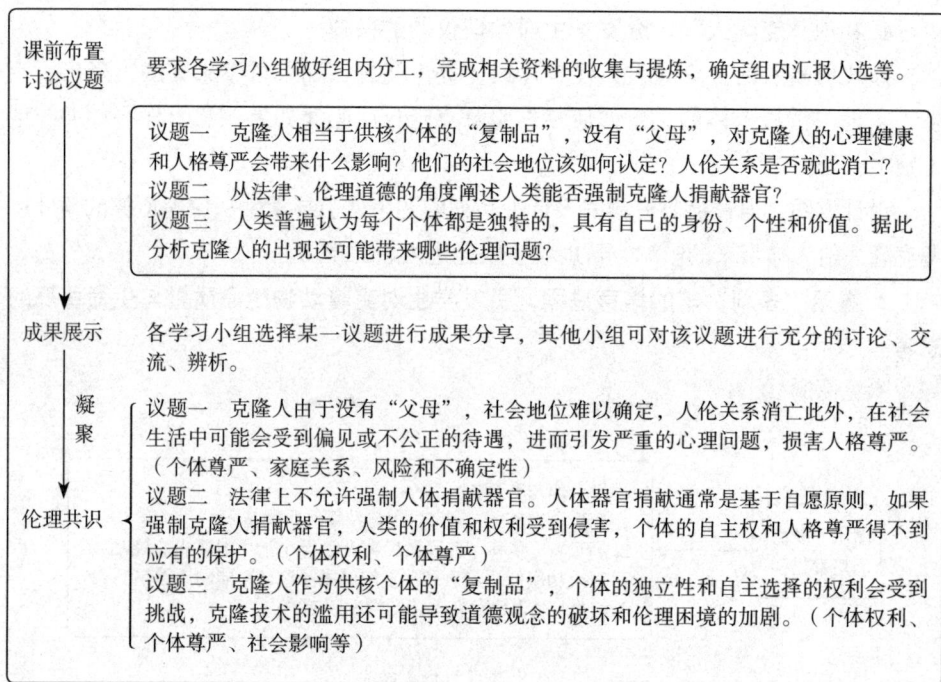

图3-11　探究过程

课前布置讨论议题。结合教材第107页"假如克隆人来了，会带来哪些伦理问题？"（教学策略略）。

设计意图：通过创设"克隆人带来的伦理问题"情境，采取"小组合作→组间分享与交流→师生对学习成果进行提炼→凝聚伦理共识"的教学策略，充分发挥学生的主体作用和团队协作精神，引导从学生从人我关系、人类行为规范方面进行深入的思考，让学生充分认识到生殖性克隆人在个体尊严与权利、人伦关系、社会影响等方面对现有的伦理规范所造成的冲击与影响，在帮助学生达成生命伦理观的同时，培养学生的伦理思维和批判性思维等科学思维，提升学生科学素养。

4. 分析我国禁止生殖性克隆人研究的原因，引导学生坚定认同国家的"四不"立场

创设材料情境：2002 年，联合国禁止生殖性克隆人的国际公约特委会会议通过决议，旗帜鲜明地禁止克隆人。中国代表团严肃宣布："在任何情况、任何场合、任何条件下，都不赞成、不允许、不支持、不接受生殖性克隆人的实验。"

设置问题串：①我国对生殖性克隆和治疗性克隆的态度分别是什么？②对待生殖性克隆人的研究，我国持"四不原则"的理由是什么？③为规范科学技术更好地造福人类，国家还采取了哪些行动来规范科学研究？

设计意图：通过设置问题串，进一步清晰教材内容的逻辑主线，引导学生主动发现无论是科学研究还是供核主体，都没有把生殖性克隆人当作一个道德的主体，而仅仅是一个"工具"或研究对象，这种带有强烈目的性和利己性的行为，严重地亵渎了生命的尊严和人格。从而帮助学生深刻理解我国禁止生殖性克隆人的根本原因，进而坚定认同国家的"四不"立场，渗透课堂思政。

5. 角色扮演是否支持"设计试管婴儿"，培养学生的伦理决策能力和社会责任感

课前布置活动任务，以学习小组为单位，对照教材109页提供的材料，分别从专业科研人员、辅助生殖医生、法律人士、伦理学专业人士的角度收集资料，对是否支持设计试管婴儿表明立场并提出相关的论据（见表3-17）。由于学生对该内容比较陌生，故课前布置任务时，将素材收集的方向及辩论视角一同下发给各学习小组，避免盲目性。

表3-17　各学习小组的角色扮演和分工

学习小组	扮演角色	材料收集及辩论视角（建议）
1、2组	本专业科研人员	辨析试管婴儿、设计试管婴儿和完美设计试管婴儿，设计试管婴儿所涉及的生物学原理、安全性及技术风险
3、4组	辅助生殖医生	设计试管婴儿的操作流程
5、6组	法律人士	从《民法典》《人类辅助生殖技术规范》等律法收集法理依据，表明观点
7、8组	伦理学专业人员	从尊重、自主性、有利、不伤害、公正等生命伦学原则角度分析人为选择生命、遗弃不合要求的胚胎是否合乎伦理规范

设计意图：创设情境，采取角色扮演的教学策略，充分调动学生已有的知识和生活经验，让他们从不同的视角探讨设计试管婴儿的利弊，由于不同人

群看待问题的视角有所差异，故在辩论的过程中就会出现立场各异、观点相左的情况，通过这些真实的场景，引导学生深刻认识到科技的发展在推动社会进步、造福人类社会的同时，也会带来伦理争议和冲突，当争议无法回避时，引导学生深入思考如何通过技术的进步和社会规范的制定，以使科学技术更好地造福人类。此外，通过让学生在阐述观点、陈述证据、辩论与反驳并作出决策的过程中，丰富并拓宽了他们的视野，发展他们的批判性思维等高阶思维，帮助他们养成参与社会事务的自觉性和责任感。

6. 学以践行，评析基因编辑试管婴儿所带来的风险和伦理挑战

材料：2018 年 11 月 26 日，南方科技大学贺建奎副教授宣布一对经过基因编辑的双胞胎婴儿于11月在中国诞生，其团队利用新一代基因编辑技术（CRISPR-Cas9）对婴儿的一个基因进行了修改，使她们出生后即能天然抵抗艾滋病病毒HIV。

要求：请同学们根据上述材料，从安全和伦理的角度评析该技术所蕴含的风险和伦理挑战，一周后提交。

设计意图：通过创设这一全社会都非常关注的社会议题，将课堂的学习延伸到课后的探究，促使学生深入思考新技术的应用所带来的伦理挑战，提高其分析能力和解决问题的能力，帮助他们在未来面对类似问题时能更加成熟和理性地应对。此外，通过课后作业，了解他们将以何种视角看待科技进步和社会伦理的关系，测评学生的高阶思维能力。

四、结语

综上，在高中生物学课堂融入生命伦理教育，是发展学生生物学科核心素养的重要途径，也是落实课程标准要求的有益尝试。教学实践表明，选取与生物学知识密切相关的社会性科学议题，能增强学生的参与兴趣，让学生感受到这些议题与生物学知识是息息相关、紧密相连的，在主动合作、交流中渗透生命观念。采取展示与辩论等教学策略，充分发挥学生的主体作用，在寻找证据、陈述观点、回应质疑的过程中培养学生的科学思维和伦理思维。营造开放、包容的环境，鼓励学生参与讨论和表达观点，养成主动思考和关注社会问题的习惯，并积极寻找解决问题的途径，增强他们的社会责任感。

参考文献：

[1] 邱仁宗. 生命伦理学：一门新学科 [J]. 求是，2004（3）：42-44.

[2] 中华人民共和国教育部. 普通高中生物学课程标准（2017年版2020年

修订）［M］．北京：人民教育出版社，2020.

［3］钟志贤．如何发展学习者的高阶思维能力［J］．远程教育杂志，2005
（4）：78.

［4］李诺，柯立，李秀菊等．社会性科学议题教学促进学生科学素质水平
提升［J］．科普研究，2022，17（6）：60-66，74，111.

［5］贺竹梅，程焉平．生命伦理学课程建设的思考［J］．中国大学教学，
2017（10）：72-76.

（基金项目：广东省2023年教育科学规划课题"高中生命伦理教育校本课程
的开发与实施"，No.2023YQJK257）

生命伦理学首现高考试题对中学
生物教学的启发

进入21世纪以来，生命科学技术以其巨大的力量和人们无法想象的速度影响着人类的文明进程，并且渗透到人们生活的方方面面，给人类的健康增进、生命改善、生活质量提高、疾病预防和治疗等带来了诸多好处。但是，现代生物技术也给人类生活带来了一系列的伦理问题与挑战。

通过生物学教学开展生命伦理学教育具有天然的学科优势，可以更好地帮助学生健全人格的培养，更深刻地理解人与自然和谐发展和尊重生命、敬畏自然的理念。本文以2022年高考生物广东卷中一道与生命伦理学直接相关的试题为例，阐述生命伦理学教育的意义及其对中学生物教学的启示，为今后加强高中阶段学生的生命伦理教育，使其成为发展学生核心素养的重要途径而抛砖引玉，以期引起广大教育工作者的思考与共鸣。

一、生命伦理学教育的意义

生命伦理学是运用伦理学的理论和方法，在跨学科跨文化的情境中，对生命科学和医疗保健的伦理学方面，包括决定、行动、政策、法律，进行的系统研究。《普通高中生物学课程标准（2017年版2020年修订）》提出，在中学教学中引导学生基于生命观念和社会责任形成科学的自然观和世界观，积极参与社会事务的讨

论，作出理性解释和判断，树立和践行"绿水青山就是金山银山"的理念，形成生态意识，参与环境保护实践。主动向他人宣传关爱生命的观念和知识，崇尚健康文明的生活方式，成为健康中国的促进者和实践者。课程标准的上述要求与生命伦理教育的要求高度吻合。过去在片面追求升学率的背景下，学校教育以升学结果为导向，弱化、忽视了对学生生命伦理的教育，导致部分学生出现精神和心理问题，表现出自杀，伤害同学、家人等漠视生命、践踏生命的悲惨现象，因此对高中生开展生命伦理教育显得至关重要。

在日常教学中，将生命伦理教育融入中学生物学教学，具有重要意义。

1. 帮助学生树立正确的生命伦理观念，发展学生的学科素养

生物学是研究生命现象和生命活动规律的学科。生物与生物之间、生物与环境之间以及生物体自身各部分之间存在着各种各样的联系，特别是人与其他生物之间存在着主动与被动的关系，正确看待和把握人在自然中的地位，理解地球上的生命为什么需要和谐共处的内涵，生命伦理学教育显得尤为重要。生物学是基础性和应用性都非常强的学科，在培养学生科学思维和科学探究能力的过程中，渗透生命伦理教育，可以更好地帮助学生理解生物学现象并从生命伦理的视角树立生命观念，促进学生生物学学科素养的达成。

2. 帮助学生树立敬畏自然、尊重生命的观念

生物学与人类生产生活密切相关，生物科学与技术的应用日益广泛，对解决日益严峻的全球性的能源危机、环境污染、人口膨胀、医疗卫生、粮食危机等重大问题正日益发挥着重要的作用。与此同时，在利用和改造生物的过程中，也涌现出了大量的生命伦理学问题，而这些问题与我们每一个人都可能是相关的。因此，在中学阶段渗透生命伦理学教育，帮助他们养成敬畏自然、尊重生命的观念，当他们在面对生命伦理学问题的时候才会理性思考以及作出理性的决策，社会才会朝着更加符合人类所追求的生态文明的目标前行。

3. 对于学生个人未来生活和未来社会发展具有重要意义

生命伦理学基本原则（尊重、不伤害、行善、公平）是每位公民应具备的品质，它不仅是指导人们思考生命伦理问题的指南，同时也是指导人们日常生活的法宝，对于提升个人道德修养具有重要作用。这对于由于缺乏对生命伦理问题的思考和生命伦理学原则指导，而导致的部分学生出现的诸多不健康的生活方式与心态、不健康的人人关系和人与自然的关系等，是一种有效的教育补充。当我们的下一代都具有生命伦理理念和较高道德修养时，未来社会发展才是可期且令人向往的。

二、生命伦理学首次进入高考试题

虽然在中学生物教材中已大量渗透由于生命科学技术的发展所带来的生命伦理问题的讨论与思考，如人教版必修1中关于在人工合成生命以及探究生命质量和生命潜力问题中涉及的科技伦理问题；必修2中关于马和驴杂交、人类辅助生殖技术、转基因动物所带来的生命伦理问题等。但受应试教育的影响，从教师讲授到学生学习，对这些生命伦理学教育的内容并没有引起应有的重视。

在2022年广东省普通高中学业水平选择性考试生物学科的考试中，生命伦理学内容首次出现在试题中，这是一个重要的信号，将对生物学乃至科学教育中的伦理意识引导和人文关怀精神培养起到积极的引领作用，对中学乃至大学的科技伦理教育有着重要的意义。

[试题信息] 2022年的高考试题（广东生物卷）关于遗传病检测一题中，在题干中提到"为了解后代的发病风险，该家庭成员自愿进行了相应的基因检测"。同时，在设问中，除了对发病风险和致病基因概率的计算外，还设置了"该家庭的基因检测信息应受到保护，避免基因歧视"的选项。

该题中有两处明显体现了生命伦理学知识：一是在题干中指出基因检测是在基于自愿的基础上进行的，这强调了生命伦理学四原则之尊重原则的重要内涵；二是基于生命伦理学理念教育而设置的选项，直接考查了学生对生命伦理学知识的了解情况，让学生明白，如果在基因检测信息没有受到有效保护的情况下，则有可能对当事人造成基因歧视的困扰，如升学、就业、保险的歧视等。

这次在高考题目中能直接考查生命伦理学知识，应该得益于2022年3月20日中共中央办公厅、国务院办公厅印发的《关于加强科技伦理治理的意见》。其中明确要求重视科技伦理教育，教育青年学生树立正确的科技伦理意识，遵守科技伦理要求。

生命伦理是在生命经过数十亿年演化的过程中逐步形成的生命秩序，其实我们可以说，生命伦理无处不在（见图3-12）。纵观2022年高考试题，其实反映"生命伦理无处不在"现象的题目还是很多的，如广东生物卷第1题热带雨林国家公园、第6题生态系统食物网和第20题荔枝园生态均映射出了生态伦理；第2题映射出人类在长期农业生产实践中所形成的农业伦理；第9题所映射的是基因、蛋白、亚细胞结构间的生命秩序等；理科综合全国乙卷第5题群落中的动植物因资源、栖所、取食差异而在不同空间"各安其位"所体现出来的生态秩序；第31题通过改进调查方法，减少对野生动物的不良影响映射出爱护野生动物，保障动物福利的理念，第30题以家兔为实验对象所进行的相关实验研究和理综全国甲卷第38题对家畜（羊）进行良种繁育的一系列操作流程，无不渗透出科研人员在对动物进行科学研究或良种繁育过程中，应严格遵守相关的科技伦理。均体现了高中生物教学中有着丰富的生命伦理教育素材。

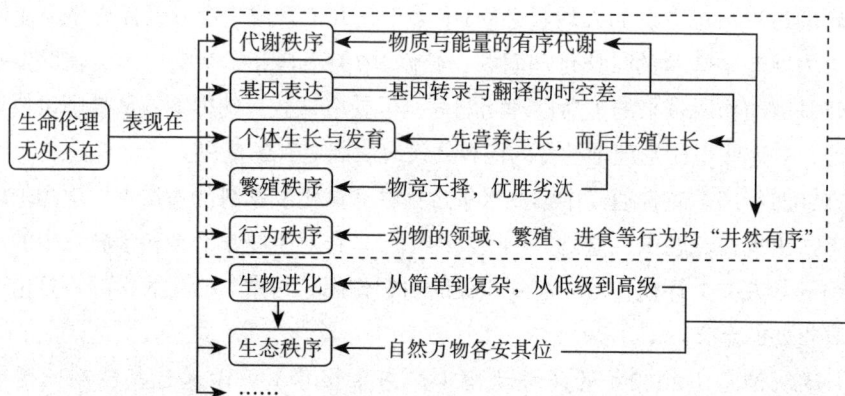

图3-12　生命伦理无处不在

三、对中学生物教学的启示与思考

2022年广东生物卷中对生命伦理学考点设置的尝试，将对中学生物教师更多的生命伦理学教育思考和教学活动起到一种重要的推动作用，对培养学生的生命伦理学理念起到良好的引导作用。在此，就如何在中学生物教学中加强生命伦理学教育，提出几点我们的思考，算是抛砖引玉，期待广大中学教师的参与和讨论。

1. 加强中学教师的生命伦理学修养和水平是当务之急

融入生命伦理学教育，是落实立德树人这一根本任务的具体实施。目前，在我国的教育体系中，由于过于强调专业知识的重要性和主观的文化伦理意识，使得生命伦理学教育非常薄弱。在现有的中学教师队伍中，生命伦理学意识和相关知识较为淡薄，导致课堂上生命伦理教育缺位。只有提升教师自身的生命伦理学意识，开展生命伦理学教育才会成为自觉的教学行为，才可能润物无声般的渗入生命伦理学理念教育。为此，我们认为加强教师自身的专业学科知识和生命伦理学相关知识的学习同样重要。建议相关部门通过举办相关的线上、线下培训、跟岗学习、专题讲座等举措，以提升中学教师的生命伦理学修养和水平。

2. 深入挖掘教材资源以丰富学生对生命伦理学的感性认识

生物学科所涉及的生命科学、卫生保健、生态环境保护、基因工程等内容，为生命伦理教育的开展提供了丰富的素材。如在"细胞生命历程"的单元教学中，通过细胞的生命历程可延伸至个体的生老病死，帮助学生形成正确的生命价值观念，从而形成珍惜和尊重生命的人生态度。又比如在"人类遗传病"这一节的教学过程中，在呈现不同年龄妇女生育三体综合征患儿的风险时，提问学生35岁以上孕妇必须进行产前诊断的理由、社会意义等，让学生基于数据和遗传学原理进行分析与思考，在培养学生的批判性思维能力的同时，引导学生思考遗传病给家庭和社会带来的负担，帮助学生树立优生优育意识和关爱遗传病患者的意识。

人教版高中生物教材的"问题探讨""思考讨论""与社会的联系"等栏目的内容涉及健康生活、疾病预防、转基因食品安全性、遗传育种、胚胎干细胞与治疗性克隆、生态伦理道德等，它们在承担不同教学功能的同时，也蕴含着丰富的生命伦理教育价值。

例如，在开展"免疫失调"的教学活动中，充分利用栏目"HIV与艾滋病"这一社会议题，引导学生探讨国家是否有义务向艾滋病患者提供治疗，个人是否有义务改变自己不安全的性行为，我们是否有义务援助而不歧视艾滋病患者等热点问题，通过深入的讨论和交流，帮助学生树立起尊重和关爱艾滋病患者、尊重个人隐私等理念。又如在讲述"生物多样性及其保护"这一节内容时，投影青藏铁路路基上专供野生动物行走的涵洞图片，引导学生探讨国家为什么要不惜增加建设成本去大量搭建此类涵洞，人类在保护生物多样性的同时是否也是在保护人类自己，人类为什么要树立与动植物平等相处的生命理念等。通过此类问题的探讨，让学生认识到人类应该抛弃狭隘的人类中心论，避免单纯从人类自身利用和需要出发来认识和改造自然，培养学生敬畏自然、尊重生命的理念。

3. 丰富课堂教学模式以增强学生对生命伦理教育的体验

生命伦理教育更多的是一种意识培养，它有别于单纯的生物学知识教育，因此传统的讲授课型并不能让学生解决真实情境下的各种生命伦理问题。为了更好地提升学生对生命伦理教育的体验，将社会热点议题与教材内容相结合，实现各种资源的整合，并且通过小组讨论、角色扮演、辩论会等丰富多彩的课堂教学模式，提升学生对生命伦理的触摸感和体验感，从而让学生关注生命、理解生命、正确对待生命。例如在讲授"关注生殖性克隆人"这一社会性议题的过程中，采取辩论的形式，围绕人伦关系、克隆人对现有婚姻、家庭和两性关系的冲击、人类的尊严、生物的生殖方式进化等议题展开辩论，对生殖性克隆人面临的伦理问题和安全问题进行深入的探讨，并在此基础上领会在合规前提下开展治疗性克隆研究的现实意义。通过辩论与交锋，帮助学生在了解国家相关法律法规的同时，认同并理解我国政府的"四不原则"（不赞成、不允许、不支持、不接受任何生殖性克隆人实验），引导学生在面对社会性议题时，理性地、负责任地参加讨论，增强他们对生命伦理教育的体验感。

4. 创造参与实践活动的机会以助力学生养成正确的生命伦理观

实践活动是提高学生生命伦理素养的有效举措，利用寒暑假的时间，鼓励学生到养老院、长者公寓、社会救助中心等机构做志愿者，让学生通过自己的亲身体验，学会如何尊重、平等、善意对待他人，这样既可让学生直观感受如何善待生命，落实生命伦理教育的内涵，还可以发掘更深层次的生命伦理知识，帮助他们树立正确的生命伦理观。同时注意引导学生对现实生活和网络中事件用生命伦理学的思想去思考。这样，我们的教育就真正达到了培养人的目的，这样的人才会是未来社会所需要的。

参与文献：

［1］邱仁宗.生命伦理学：一门新学科［J］.求是，2004（3）：42–44.

［2］中华人民共和国教育部.普通高中生物学课程标准（2017年版2020年修订）［M］.北京：人民教育出版社，2020.

［3］贺竹梅，程焉平.生命伦理学课程建设的思考［J］.中国大学教学，2017（10）：72–76.

［4］梁燕，袁毅君.分析高中生物学教材栏目设置对课程标准理念的体现：以人教版《生物·必修1·分子与细胞》为例［J］.中学生物教学，2018（2）：31–32.

［5］刘璐，李盼.高中生物渗透生命伦理教育及其实现途径的探讨［J］.高考，2019（28）：100.

生本理念下高中生物学法指导的思考

在高中生物学的教育旅途中，加强对学生学法指导的意义犹如舟楫之于横渡学海，是引领学生深入知识海洋的灯塔。生物学作为一门与自然世界紧密相连的学科，其复杂性和多样性要求学生不仅要记忆大量信息，更要理解生命现象背后的原理和联系。学法指导，正是帮助学生构建知识框架、培养科学思维的重要工具。

从古至今，教育的精髓在于引导学生自主探索，而非被动接受。在生物学领域，这意味着教会学生如何观察现象、提出假设、设计实验并分析结果。学法指导的重要性在于，它能够激发学生的好奇心和求知欲，培养他们批判性思维和解决问题的能力，这些能力对于学生未来的学术发展和职业生涯至关重要。

随着教育技术的进步，学生面临着前所未有的信息量。学法指导的必要性在于，它能够教会学生如何筛选和整合信息，如何在知识的海洋中辨别真伪，如何将所学知识应用于现实世界的复杂问题。通过有效的学法指导，学生不仅能够掌握生物学的基础知识，更能在快速变化的世界中，不断更新知识，适应未来社会的需求。

总之，学法指导在高中生物学教育中扮演着至关重要的角色。它不仅有助于提升学生的认知能力，更能为他们终身学习、持续成长奠定了坚实的基础。

新课程背景下高中生物学法指导的研究

（广东省基础教育系统"百千万"人才工程专项课题）

一、选题的缘由

（一）课程改革需要加强对学生的学法指导

2003年，教育部印发的普通高中课程方案和课程标准实验稿，明确指出了高中生物学课程的核心理念是提高生物科学素养、面向全体学生、倡导探究性学习、注重与现实生活的联系。课标理念的变化意味着教会学生学习是课程的目标之一。随着课程改革的不断深入，我们认识到在高中阶段有限的三年时间内，要实现与新课程理念相匹配的教育目标，就必须提升教学的效率。这意味着在有限的时间内，要尽可能地实现最大的教学成效，确保教学成果与预期课程目标的一致性。那么，如何提高教学效率，以实现这一目标呢？一个有效策略是从引导学生学习方法的角度出发，关注每个学生的个性差异，并促进所有学生的共同进步。

（二）高中生物学教材体系需要在教学参透学法指导

在审视高中生物学新教材的编排时，我们可以发现一些特点和潜在的不足之处。新教材在内容上进行了大胆的创新和调整，旨在更好地适应21世纪对人才培养的要求。然而，这种改革也带来了一些挑战，特别是在教材内容的组织和呈现上。

首先，新教材尝试打破传统的知识传授模式，从历史进程的视角来介绍科学概念，如遗传学的发展。这种编排方式有助于学生理解科学知识的发展脉络，但同时也可能导致知识点在教材中的分布显得零散，不如系统化、结构化的知识体系那样便于学生掌握。例如，细胞膜的结构与功能被分散在不同的章节中，这可能会影响学生对这一重要概念的系统性理解。

此外，新教材在某些知识点的处理上可能需要进一步优化。例如，高中课程标准已经删去了个体发育的知识内容，这可能会对学生理解遗传规律和相关生物学现象造成一定的障碍。在实际教学中，教师可能需要额外补充相关内容，这不仅增加了学生的学习负担，也可能对教学进度产生影响。

针对上述问题，开展学法指导显得尤为重要。教师需要帮助学生建立跨章节的知识联系，引导他们构建系统化的知识结构。同时，教师应根据学生的认知特点和学习需求，灵活调整教学内容和方法，帮助学生更好地适应新教材的特点。

在新课程和新教材的背景下，教材编排的特点要求教师不仅要传授知识，更要教会学生如何学习。这包括培养学生的批判性思维、分析和解决问题的能力，以及终身学习的能力。因此，教师在教学过程中应重视学法指导，帮助学生掌握有效的学习方法和策略，以适应不断变化的教育环境。

（三）个体差异需要在教学中做到分层施教、差异化指导

教材的编排虽然基于广泛的学生群体，但面对不同认知水平的学生，教材内容的难度和深度可能无法完全适应每个学生的需求。这就要求教材编排者和教师在设计和实施教学计划时，考虑到学生认知水平的多样性，提供不同层次的教学内容和方法。

在新课程和新教材的背景下，教师的角色不仅是知识的传递者，更是学生学习的引导者和促进者。不同的学生因智力差异、家庭背景、学习习惯、学习动机以及教育经历等的不同而存在差异，教师需要通过学法指导，帮助学生克服认知差异带来的挑战，激发他们的学习潜能，提高学习效率。通过这样的教学实践，可以更好地实现教育公平，让每个学生都能在学习中获得成功和满足。

二、在高中阶段开展学法指导的教育心理学依据

（一）加涅的信息加工学习论对生物学法指导的启示

加涅的信息加工学习论主张学习过程是对信息的接受和使用，学习是主体与环境相互作用的过程。因此，学习过程就是一个信息加工的过程，即学习者对来自环境刺激的信息进行内在的认知加工的过程。因而在这一理论指导下生物学法指导的目的就是要促进学生学习能力的提高、培养学生获取信息、加工信息、处理信息的能力，实现"教是为了不教"的目的。

加涅的信息加工学习论关注的是学生如何以认知模式选择和处理信息并作出适当的反应，偏重信息的选择、记忆和操作以解决问题，重视个人的知识生成过程。因此，在学习方法上，主张指导学习，给学生以最充分的指导，使学习沿着科学的学习程序进行。加涅的信息加工学习论认为，在进行新知识的学习之前，教师要弄清学生已经知道什么，并以灵活多样的方式激发学生回忆以前学到的那些知识；要使学习达到预期的效果，教师要运用强化等手段来刺激和形成学生适当的注意倾向和动机，使学生对学习有心理准备，提高自学和创新的能力；引导学生回忆所学过的知识一旦完成，教师就应向学生直接提示要学习的内容，或者也可以用适当的刺激直接去激化学生的学习行为。

（二）建构主义学习论在学法指导方面的主张

建构主义学习论认为，学习的实质就是主动地建构对信息的解释，并从中作出推论；也可以说，是人脑中存储的记忆信息和信息加工策略与当前受到的环境信息相互作用，积极地选择、注意、知觉、组织、存储和激活信息，并主动建构起信息的意义。它更加强调学习者的主体作用，强调学习的主动性、社会性和情景性。在建构主义学习论的指导下，生物学法指导中一定要采取灵活多样的教学方式，教学策略促进学生学习方式由被动式向主动式的变革，实现学生"要我学"向"我要学"的转变，让学生真正成为学习的主人，并在这一过程中发现、归纳和创造出具有个性特点的学习方法，从而提高学生的自主学习的能力。

建构主义学习论提出，教学不仅是一个如何传授知识、如何调动学生的注意和动机的问题，也是一个传授生成学习，激发学生学会生成的过程。因此，教师在进行学法指导时要注意以下两点：其一，教师要引导学生通过对教材中的学习材料、学习情景的处理获得新知识、新意义，修正以往的概念。其二，教师除讲授学习材料之外，还要培养学生学会生成的能力和技巧，结合学习材料的内容组织学生进行一系列认知活动，引导学生学会组织、评价、监督自己的认知过程，控制自己的认知过程，最终能使学生独立进行理解性的学习。

（三）人本主义学习论对教师角色转变的要求

人本主义学习论认为学习是个人潜能的充分发挥，是人格的发展，是自我的发展，强调学习的实质在于意义学习。这种意义学习不仅是指理解记忆的学习，而且是学习者所作出的一种自主自觉的学习。要求学习者能够在相当大的范围内为自行选择学习材料，自己安排适合自己的学习情境。因此，在教学实践中，教师应有意识的促成学生健康人格的形成，引导学生树立科学的学习观，培养和提高学生自主探索的能力。所以，在生物学法指导中要树立起人本主义学习论提倡的教学角色转变的观念。其一，教师要做一个学生学习的促进者。在学法指导的过程中注意为学生创造一定的情境来促进学生的意义学习，把教学的重心放在如何促进学生的"学"上，从而"授之以渔"而不是"授之以鱼"。其二，教师要做一个学生学习的合作者。教师必须树立师生平等、教育民主的观念，教师由教学中的主角转向"平等中的首席"，与学生相互交流、相互沟通、相互启发、相互补充，从而分享彼此的思想、情感与体验。

三、研究目标

（1）从学生角度看，通过本研究，将形成与新课程相适应的高中生物学习方法、学习策略及学法培养的实现途径、原则，从而提高学生获取、加工、处理信息的能力，获取新知识的能力、分析和解决问题的能力，并能自主地运用各种适当学习方法体验学习的过程和知识生成的过程，从而提高学生学习的效率和发展创新能力。

（2）从教师角度看，通过本研究，使教师树立新课程理念，掌握比较完善的生物学法指导策略及培养方法，从而转变课堂模式，优化课程结构，提高教学质量与教学效果，实现三维教学目标，达到"教是为了不教"的目的。

（3）本课题取得的预期成果，通过本校的试点改革及逐步完善，具有向其他试验课改区推广的实践价值。

在高中生物学教学中开展学法（学习方法）指导的理由（或意义）具有深远的教育意义和实际应用价值，以下是对上述几点内容的扩写。

四、研究的意义

1. 提升学习效率

生物学作为一门实验性和理论性并重的学科，要求学生掌握大量的专业术语和概念。通过学习方法的指导，学生可以快速识别和记忆关键信息，如在《分子与细胞》教材中，学生可以通过比较和对比的方法来区分不同类型的细胞结构和功能，从而提高学习效率。

2. 培养自主学习能力

在《普通高中生物学课程标准（2017年版2020年修订）》中强调了学生核心素养的培养，其中自主学习能力是关键。学习方法指导可以帮助学生独立地进行资料搜集、实验设计和结果分析，为终身学习奠定基础。

3. 促进探究式学习

生物学教学强调探究式学习，鼓励学生主动发现问题并寻求解决方案。例如，在选择性必修1中提到的"生物科技进展"部分，可以激发学生对科学探究的兴趣，学习方法指导则可以提供实现这一目标的具体途径。

4. 适应未来教育趋势

随着教育技术的发展，未来的学习将更加注重个性化和自主性。学习方法指导可以帮助学生适应这种趋势，为学生未来的学习提供支持。

五、实施步骤

实验周期为三年（2008年9月至2011年3月），分三个阶段：准备阶段、实施阶段、总结阶段。

第一阶段（2008年9月—2008年12月）：主要任务是制订研究方案，进行研究人员的先期培训工作，开展课题研究前期的调查、访问、检测等工作。

第二阶段（2009年1月—2011年12月）：实施学法指导的教学试验（含中间进行阶段性总结）。

第三阶段（2011年1月—2011年3月）：完成对新课程背景下高中生物学法指导的研究总结，完成结题报告。

六、研究内容

（一）预习方法的指导

古人云："凡事预则立，不预则废。"学习也不例外，通过预习可以扫除课堂学习中的知识障碍，可以明了教师上课讲课的教学思路，提高听课水平，并且可以提高课堂笔记的针对性；通过预习可以对已知知识进行复习和巩固；通过预习还可以促进自学能力的提高，改变学习的被动局面。

在与学生交流时，学生较普遍的看法是现阶段本身课业负担比较重，而且预习的内容教师会在课堂上讲授，觉得预习没什么意思，也没有预习的动力；还有些学生是不知道该怎样预习，预习该做什么事；此外，一些学习困难的学生虽然进行课前预习，但考试成绩并没有马上提高，就觉得预习也没有什么效果，结果半途而废。为此，让学生理解预习的重要性和必要性就显得特别重要。通过课堂教学和学生的个别辅导，我不断强调，预习不但可以扫除听课中的"拦路虎"，提高听课效率，提高记笔记的水平，更重要的是预习可以培养自学能力，为终身学习打下坚定的基础，同时告诉学生预习的有关要求和注意事项。

1. 预习的任务

①初步理解教材的基本内容和思路；②复习巩固学过的概念、知识，并把新旧知识联系起来；③分析教材的重点、难点；④尝试性地写预习笔记和进行部分习题的练习。

2. 预习时应注意的问题

（1）个性化预习：预习应根据个人的学习风格和需求进行，不必追求面面俱到。

（2）时间管理：预习的时间应根据个人的整体学习计划合理安排，避免影响其他学习任务。

（3）逐步提高：预习的深度和广度应随着学生学习能力的提高而逐步增加，避免一开始就过于深入。

（二）听课方法的指导

课堂教学是整个教学过程的中心环节，听课显然也是学生学习的中心环节，因此，指导学生掌握有效的听课方法、提高听课效率，有着十分重要的作用。

1. 新授课的听课方法

新授课就是教学新内容、新知识的课，是基本课型之一。在正常的教学进度中，新授课占课时总数的70%以上。学生学习新知识，主要通过新授课。新授课的质量从根本上决定着学生学习的质量。新授课的听课方法概括起来就是听思路、听联系、听重难点，此外还应适当地做些笔记。

一是听思路。听课时要注意听教师是怎样引出新课题的，又是怎样把新课题展开的，怎样讲解的，怎样归纳小结的。如果上新课前能够切实进行好预习，则可以把自己预习的情况与教师讲课的内容进行比较。这样，就可以在听课时，明确自己的疑惑所在，对比教师的思路和方法，理顺自己的思路。例如，在学习有氧呼吸与无氧呼吸的比较和联系时，教师讲课的思路是：先比较有没有氧气参与，从这点出发，有氧气参与的呼吸分解有机物彻底，产物是CO_2和H_2O等无机物，释放能量多；没有氧气参与的呼吸分解有机物不彻底，产物中还有小分子有机物，释放能量就少。接着教师就会分析和小结两种呼吸类型的联系，并将两种呼吸类型的区别和联系综合在一起，则可以形成，如表3-18所示。

表3-18　有氧呼吸与无氧呼吸的异同

		有氧呼吸	无氧呼吸
不同点	场所	细胞质基质和线粒体	始终在细胞质基质
	条件	需分子氧、酶	不需分子氧、需酶
	产物	CO_2+H_2O	酒精和CO_2或乳酸
	能量	大量（合成38个ATP）	少量（合成2个ATP）
相同点	联系	从葡萄糖分解为丙酮酸阶段相同，以后阶段不同	
	实质	分解有机物，释放能量，合成ATP	
	意义	为生物体的各项生命活动提供能量	

这一图表可以清楚地反映出学习这一部分知识的思路。而我们在预习中可能已有了一些不连贯的、模糊的认识，通过听课就可以较好地把自己的知识体系进行完善。当然，除上面说的比较的思路，还体现了有氧呼吸与无氧呼吸的对立统一关系，这些也正是我们进行问题思考和学习中离不开的方法论。

又如，我们在学习有关DNA的分子结构的知识时，教师讲课的思路一般是联系组成核酸的化学元素，由简单到复杂的顺序来讲解的，而这一顺序是：构成DNA的基本元素—构成DNA的基本组成物质—构成 DNA的基本组成单位—脱氧核苷酸链—

双螺旋的空间结构，进而说明这一结构的特点。这种思路层次性很强，很容易理解、记忆。

二是听联系。教师讲课时，一定会联系许多过去学过的旧知识，使学过的旧知识成为学习新知识的基础。上课时注意听这种联系，不但可以复习巩固旧知识，而且对于学习新知识有重要的促进作用。例如，关于蛋白质、核酸、糖类、脂类等化合物的结构和作用的知识，是我们学习新陈代谢、遗传变异等众多知识的基础；关于叶绿体、线粒体等细胞器的结构和功能的知识，是我们进一步学习光合作用、呼吸作用的基础；关于细胞有丝分裂的知识，是我们学习减数分裂的基础。又如，我们学习遗传的基本规律的知识时，一定会联系减数分裂过程中染色体的变化规律，只有联系了这一点才能深刻理解遗传基本规律的实质。

此外，新授课中还会联系一些生活实际、生产实际、自然实际，科学实验等，这些联系不但可以使我们加深理解知识，而且能使我们运用所学知识去解释或解决实际问题。因此，上课时也要注意听好这些联系，这就是我们常说的理论联系实际的主要内容。例如，我们在学习有关细胞膜的结构特点时，如何理解构成细胞膜的蛋白质、磷脂分子都是可以运动的，使细胞膜的结构具有一定的流动性呢？教师讲课时一般都会联系一些实际问题或出一些例题进行讲解。有的举出变形虫或人体的中性粒细胞（一种白细胞）的变形运动，或举出进行细胞杂交时，两种不同细胞融合现象的实例来说明；我们学习有关进化学说的知识时，教师会联系大量自然界生物适应性的实例来使我们加深理解知识。另外，把一些现象、一些物质特性、科学家的探究过程与科学实验原理相联系是高考中尤为关注的。如在分析植物必需的矿质元素、酶的特性、光合作用的发现、生长素的发现、遗传基本规律的发现时，都会联系实验设计原理、分析方法等。这些联系都是我们听课过程中应该特别注意的。

三是听重点、难点。每一节课都有每节课的重点内容，有的课还有一些难点内容。对于重点知识，教师会反复强调，会不断地从不同的角度去讲解，会围绕重点提出一些问题，以便让同学们理解和掌握。有时教师会明确指出哪些内容是重点，是必须掌握的。一般情况下，在每节课快要结束时，教师都会对本节课的讲课内容加以归纳总结，而归纳总结的内容恰恰是本节课的重点。对于上述几种情况，都需要在听课时加以注意，我们不可能也没有必要把教师讲的每一句话都记住，但重点内容是必须记住的。

有时重点知识就是难点，如光合作用、呼吸作用的知识，减数分裂的知识，基因的概念，基因突变的知识等。但有的难点知识并非重点知识，如植物细胞对矿质元素的利用的知识，昆虫激素的知识，基因控制蛋白质合成的知识等。对于难点知识，教师一般也会想各种办法讲清，学生则要在课上把难点听明白，使难转化为不难，如果课上没听明白，课下也要找到教师问明白，不然有些难点也会成为我们学习过程中的拦路虎。特别对那些既是重点，又是难点的知识更要弄个一清二楚。

四是认真记好笔记。教师在黑板上写的课堂笔记，应该说是课本知识内容的高度浓缩，是重点所在，是精华所在，也可以认为是知识内容的纲要，所以要认真记好笔记。此外，教师写的笔记不可能包括许多具体的内容，这就需要在记笔记时，根据自己的理解多记一些内容。如教师讲课时举的一些实例、画的一些简图、提的一些问题等，都应该记下来。记好笔记不但促进我们思维活动的积极开展，而且为我们复习提供了提纲和资料。

2. 复习课的听课方法

这种类型课与新授课有所不同，上新课时教师一般按照"节"为单位，目的是把每个问题都讲清楚。而复习课教师一般是以"章"为单位，以学科某一知识特点为线索，将全章知识联系起来，目的是帮助大家确立章节的知识结构。当然，知识结构的建立是以每节中每个问题都弄清楚为基础的。听这种类型课时，要注意以下几点：

（1）努力找出章节的知识线索，以主干或核心概念为中心，构建系统的知识结构。如复习新陈代谢这一章时，以细胞中的物质代谢和能量供应为线索，把细胞呼吸和光合作用联系起来，进一步理解这两种生理过程的联系和区别。

（2）注意建立章节的知识结构。知识结构的建立是学习的关键，它有利于学生知识网络的建立，提高学生整体分析问题和解决问题的能力；有利于从整体上把握知识，加强记忆。因此，教师在上课时一般把知识结构的建立作为重点来讲，听课时要努力跟上教师的思路，跟着教师的思维方式进行复习，也可以在教师的指导下自主构建知识系统。如在高三备考复习到细胞的生命历程时，我布置了一道作业，要求学生以细胞生命历程为线索，构建本章的知识系统。图3-13是经课堂讨论、最后形成的较为完善的细胞生命历程这一章的知识系统图。

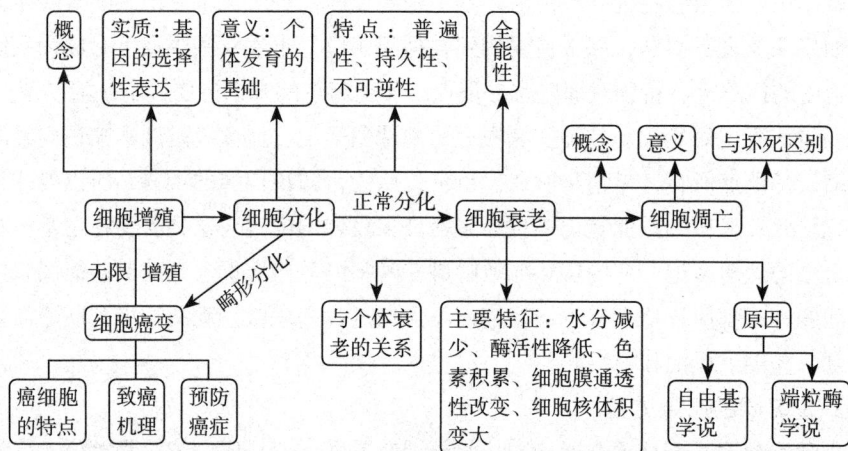

图3-13　知识系统图

（3）注意听相似或相近概念、知识点的对比，了解它们的区别和联系也是这一阶段教师讲课的重点，要认真做好笔记。在高三一轮复习中，有关相似或相近的概念和术语很多，表3-19是2009届学生总结的必修Ⅰ至必修Ⅲ中部分相似概念或术语一览表。

表3-19　2009届学生总结的必修Ⅰ至必修Ⅲ中部分相似概念或术语一览表

考点	相似概念或术语
蛋白质和核酸的结构和功能	核苷酸、脱氧核苷酸、核糖核苷酸、脱氧核糖核酸、核糖核苷酸
细胞膜系统的结构与功能	生物膜、生物膜系统 囊泡、膜泡、抗体、载体、受体
ATP在能量代谢中的作用	吸能反应、放能反应
光合作用	总光合作用、净光合作用、光合速率、呼吸速率
遗传的基本规律	性状、相对性状、基因、等位基因、相同基因、基因型、表现型
遗传的细胞学基因	同源染色体、染色体组、染色单体、四分体
现代生物进化理论	基因库、基因频率、基因型频率、突变、基因突变
人体内环境及稳态	细胞液、细胞内液、细胞外液、内环境
动物的激素调节	生长素、生长激素、胰岛素、胰高血糖素、胰岛A细胞、胰岛B细胞、胰岛、胰腺

3. 习题课的听课方法

生物习题课教学是整个生物教学中的重要组成部分，习题课的课型有学生自主训练、讲评模式、讲练模式等。习题课教学渗透在概念教学、规律教学和实验教学之中，如同一条纽带把各个环节联系起来，使整个课堂教学"浑然一体"。在习题课的听课过程中，我要求学生从以下几个方面做足功夫。

（1）注意听同学、教师的审题思路。在习题课中，教师会注意引导学生分析题目，分析题目的过程往往就是审题的过程，要注意听教师如何根据学科特点来判断题目所要求解决的问题，注意听每个题目的关键词、中心思想、限定条件等。

（2）关注对某些类型题目的归纳和综合。教师在习题课上一般会对某些类型题目进行归纳和总结，找出解决这类问题的共性，听课时要注意做好笔记。图3-14是解单项选择题的一般思路。

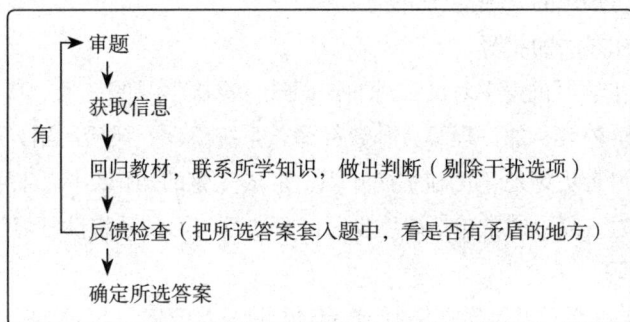

图3-14　解单项选择题的一般思路

例：一般地说，干旱条件下育成的作物品种，适于在干旱地区种植；潮湿条件下育成的作物品种，适于在潮湿地区种植。在这里，干旱和潮湿条件所起的作用是（　　　）（见图3-15）

A. 诱发基因突变　　　　　　　B. 引起染色体变异

C. 选择基因型　　　　　　　　D. 导致基因重组

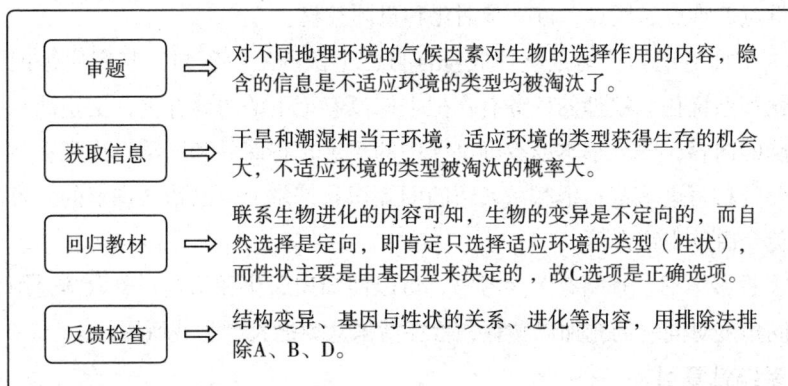

图3-15　相关流程

（3）培养学生运用多种思维方法进行解题，提高能力。列表比较法、概念图表法、发散思维法、类比学习法等，都是解题的一般思路。课堂上我一般的做法是通过案例的方式训练学生的解题思路，提升他们灵活运用多种思维解决生物学问题的能力。

例：下列具有特异性的物质是（　　　）

A. 抗原　　　　B. 淀粉　　　　C. 核苷酸　　　　D. 根瘤菌

通过对本题的探究进而引导学生用表格或其他方式把高中生物学科涉及特异性的知识，如抗原、抗体、DNA分子、转运RNA、RNA聚合酶、限制性内切酶等进行归纳整理，提高知识的系统性、完整性。

（三）复习方法的指导

复习是指在学习过程中对已学过的知识进行再次学习的行为，其目的是进一步消化、巩固所学内容，加深理解，补缺补漏，系统整理，灵活运用，综合提高。复习可以帮助学习者更好地记忆和掌握知识，形成完整的知识结构，提高分析问题和解决问题的能力。复习通常包括课后复习、阶段性复习和系统性复习等不同形式。

1. 课后复习

其主要目的在于对当天教师讲过的教材进行进一步消化、巩固。俄国教育心理学家乌申斯基说："一个不关心复习，不关心知识牢固性的人，就如喝醉了酒的马车夫，拉着没系牢的行李，只顾向前赶车，不回过头来看看，结果行李一件件掉下来，他赶着空车，却一味夸耀自己走了一段很长的路程。""回过头来看看"，就是复习。

（1）尝试回忆。将当天教师讲的内容回想一遍，尝试一下能记得多少。着重回忆教师今天讲了哪些新知识（概念、原理、法则），这些新知识是怎样产生的，怎样使用新知识，有什么问题还没有听懂。

（2）阅读课本。在尝试回忆的基础上，带着问题看书，用自己熟悉的符号阅读课本的重点、难点、疑点，进一步消化和巩固教材。

（3）整理笔记。把笔记整理成符合自己个性的复习资料，其实质是把知识深化、简化和系统化。整理的任务有：把上课没有记下的内容补上；更正课堂上记得不太准确的内容；补充书本或教师讲课中的不足；将课后和同学讨论和看参考书得来的重要资料写进笔记；把联系紧密的旧知识和课堂上自己错误理解的内容简要写上，以免今后重犯错误等。

（4）看参考书。查阅有关参考书，可以使知识深化和拓宽，争取学会用多种方法从不同角度对同一问题加以解释，旨在博采众家之长，为我所用。

2. 系统性复习

所谓系统性，既包括知识的内在联系的系统性，也包括方法交叉渗透以及训练的系统性，还包括学生认知水平由低到高、由浅入深、由易到难以及由此及彼、由表及里等认知特点。系统性复习，要求达到以下四个目的。

（1）构建系统的知识网络。布鲁纳认为，无论教什么都必须使学生学习这个学科的一种基本结构，也就是要去掌握每门学科相互关联的知识体系，然后让学生把所遇到的各种事情跟这些原理结构联系起来加以理解，加以解决。其好处至少有三条：一是懂得基本原理，使得学科更容易理解；二是便于逻辑记忆，便于调用检索；三是有利于今后学习新知识，就是古人说的"温故而知新"。图3-16是"减数分裂"专题复习中有关"减数分裂过程染色体和基因的传递规律"的概念模型。

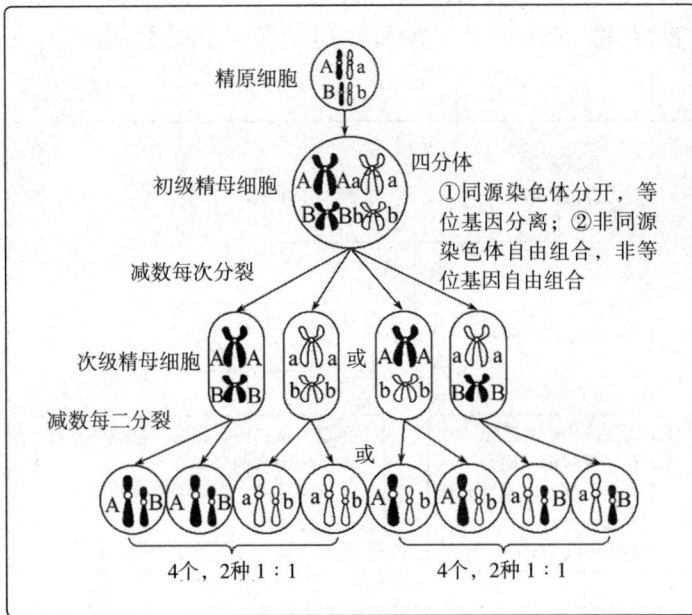

图3-16　"减数分裂"专题复习中有关"减数分裂过

程染色体和基因的传递规律"

（2）补缺补漏。所谓缺漏，指的是对学过的内容有的遗忘了，有的不理解，有的还没有掌握，在过去的作业、考试中曾发生过的错误，在复习中要设法弥补这些缺漏。首先要查出缺漏，以便有针对地进行复习。翻阅过去的作业、试卷和"差错笔记"，是查缺漏的好办法。缺漏查出来了，得分析原因，不仅要做到缺漏什么弥补什么，还要从根本上弄清有关概念、原理和方法。例如，"植物代谢"专题复习中，我们可以把学生易错的"总光合作用、净光合作用和呼吸作用速率的表述"这一难点知识用表格的形式进行概括，如表3-20所示。

表3-20　真正（总）光合作用、净光合作用和呼吸速率的关系表述方式

真正光合速率	O₂产生（生成）速率	CO₂固定速率	有机物产生（制造、生成）速率
净光合速率	O₂释放速率	CO₂吸收速率	有机物积累速率
呼吸速率	黑暗中O₂吸收速率	黑暗中CO₂释放速率	有机物消耗速率

（3）纵横对比，前后联系。纵横对比的目的，是找出有关知识的共同点、相似点和不同点，便于逻辑记忆，便于类比推理，还可以防止知识之间的混淆、错乱。前后串联的目的是使知识系统化、完整化，便于了解事物的发展规律，也便于逐步掌握知识的完整结构。图3-17是生物体内与水有关的知识网络构建。

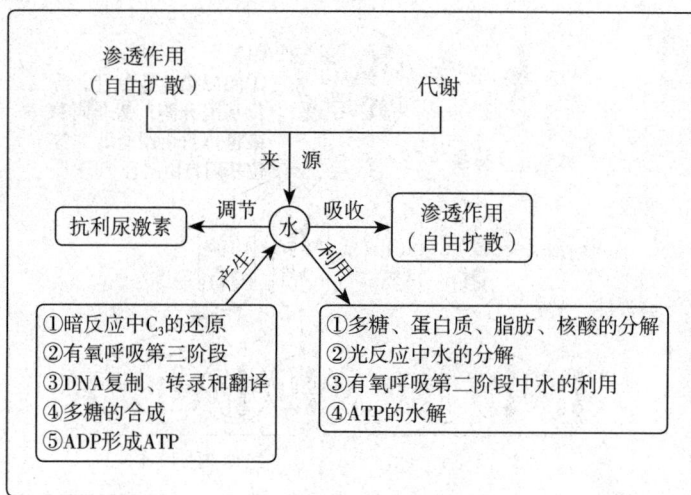

图3-17　生物体内与水有关的知识网络构建

（4）抽象概括，形成方法。在高中复习备考中，"抽象概括，形成方法"是一种提升学习效率的重要策略，它促使学生超越简单记忆，通过深度思考，对跨章节、跨模块中相似的知识或规律性问题进行提炼，进而转化为解决问题的具体技巧和方法。它有助于学生深化对学科的理解，提高解题灵活性。例如，在高三的二轮专题"题型专题"训练时，引导学生归纳如下几种型，综合提高学生的实践与应用能力。①曲线坐标题解析能力的培养；②图形图表题解题能力的培养；③遗传系谱图鉴别能力的培养；④数据分析和概率计算能力的培养等。图3-18是"曲线坐标"类题型中，如何准确、快速理解坐标信息的解题思路。

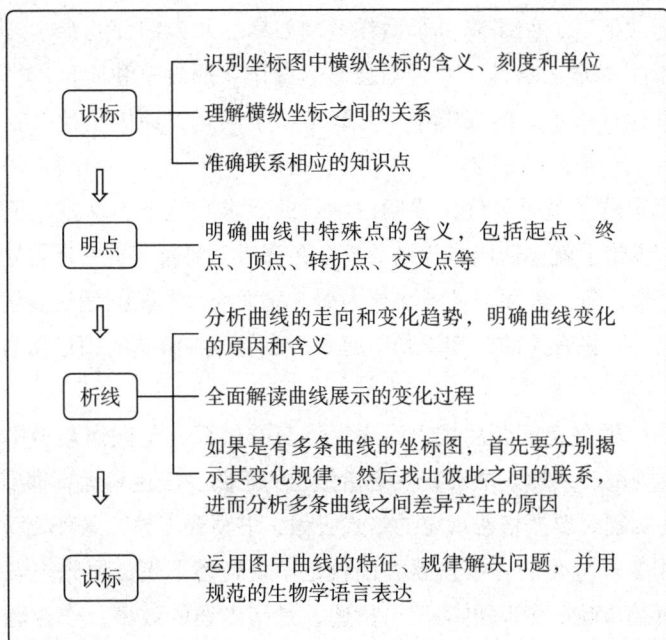

图3-18　"曲线坐标"类题型中，如何准确、快速理解坐标信息的解题思路

（四）作业方法的指导

作业、练习是指学生根据教材和教师的要求，运用所学的知识去分析问题和解答问题。完成作业是学习过程的一个重要环节。孔子曰"学而时习之，不亦乐乎"，就是指学习要经常练习和复习，而且把它当作一件快乐的事。

1. 作业要求的层次

（1）知识性习题属于基础题，要求对知识的了解和识记。

（2）理解性习题要求明了知识的意义，掌握知识之间的内在联系，懂得知识的来龙去脉，做到融会贯通。

（3）应用性习题能将所学知识应用到实际中去，包括解答各种应用题、实验题，绘制图表、图像等。

（4）分析性习题要求将某种知识从整体分解为部分，并确定各部分的关系。

（5）综合性习题能组合各个部分形成一个新的整体，能综合运用知识解答问题。

2. 作业的一般过程

（1）做作业不是一个孤立的学习活动。从做作业的角度看，预习、上课和课后复习都是做作业的准备工作。所以要先复习，后做作业。不复习就做作业是本末倒置，是被动的学习。有些同学作业迟迟不能完成，原因之一就是在前面的几个学习阶段里欠了"债"，结果降低了做作业的效率。所以前面几个学习环节都必须认真对待，不能"偷工减料"，否则会影响做作业的效率和质量。当作业做不出来时，要认真检查一下，前面哪个学习环节出了问题，原因是什么，并及时加以解决。

（2）认真审题。就是要仔细弄明白题目的要求和范围，这是保证作业质量的第一步，第一步错了就会造成步步错乃至全题都错。要善于把一道习题分解成各个部分、各种因素、各个方面，才能化繁为简，化大为小，把问题逐步解决，在分析题目的基础上，能将有关的旧知识联系起来，能与过去解题时用过的有关思路联系起来。

（3）做题。做题是解题后把思路表达出来的过程，是做作业的中心环节，必须做到准确、规范、快速。准确，就是指做题的思路、表达和运算都要准确无误。规范，就是在解题时要严格按规定的格式去做，书写要工整，条理要清楚，简明易看。要做到作业规范化的一个重要方面就是不要轻易下笔，要先把解题思路想清楚，方法步骤搞准确，然后再动笔。快速，是指做题的效率。作业题不仅要做得对，而且还要做得快。有些同学尽管基础知识比较牢固，但运算速度慢，在规定的时间里完不成规定的题目，同样也得不到好成绩。

（4）检查作业。做完之后，自己想办法来验证一下做得是否正确。这是保证作业质量不可缺少的步骤，又是培养独立思考能力的重要途径。检查时要根据不同学科和不同题目而采取相应的方法，检查的方法很多，包括：逐步检查法。就是从审题开始一步一步检查，发现问题及时纠正。这种方法一般可以检查出计算和表达上的错误，但往往不能发现思路上的错误。联系法，把做题所得结果和实际生活联系起来，有时也能发现问题。

3. 做好生物科作业的注意事项

（1）要准确掌握基本概念、基本原理、基本的实验过程，力求作业的准确率。

（2）要注意培养学生良好的审题习惯。

（3）要注意归纳和总结。对某一类型题目该如何解题，要找出它们的共性，如关于DNA双螺旋结构类题目的解法、遗传基本规律类题目的解法、遗传密码类题目的解法等。

（4）注意培养生物学解题的思维方式。

（五）纸笔测试方法的指导

纸笔测试是对学生学习情况的检阅，是学生学习的最重要的环节。高三学生可以说是身经百战的考场老将。要获得良好成绩，考出应有水平，主要靠三个条件：

一是掌握知识和能力，二是心理状态，三是应试的方法。

1. 掌握知识和能力

掌握知识的过程就是学习的过程，总复习的任务就是回忆重现，使知识牢固化，做好查漏补缺，使知识完整化；融会贯通，使知识系统化；综合运用，提高解题能力。

2. 心理状态

考试时的心理状态虽然不直接介入考试的答题中，但它却是维持、调节、推动考试顺利进行，从而使考试取得成功的重要因素。

（1）正确对待考试，尽量减轻精神压力。教育学生不要把注意力过于集中在考试的分数上。应该把注意力放在考试内容上，认真研究哪些内容已掌握，哪些内容掌握得不够，然后及时进行针对性复习。

（2）考前要休息好，保持应考的旺盛精力。在考前几天，要适当增加休息时间，使大脑得到放松，考试时能保持清醒状态。切莫临时抱佛脚，加班加点开夜车，弄得整天头昏脑胀。要减轻负担，考前的几天里，一般只看现成资料，复习笔记或自己易忘的知识，千万不要再坠入"题海"之中，被难题、偏题、怪题搞得心神不安，影响了复习和考试。还可适当安排一些文体活动。

（3）考前要注意的几个方面：一是准备好考试所需的工具；二是规范审题，养成良好的答题习惯；三是注意学科间的综合。

七、研究成效

（一）提高了教学质量

在为期三年的课题研究过程中，我始终将学法指导渗透到日常的教学中，使得学生学习生物学的兴趣逐渐浓厚，学习能力逐渐得以提高，学习效果日渐显著，实验的班级生物单科成绩和总成绩有了显著的提高（见表3-21和表3-22）。

表3-21　2009届生物班学生在年级排名统计表

	高二第一学期	高三第二学期
数据来源	高一四次大考综合排名	高考总分排名
年级前100名	0	1
年级100~200名	0	3
年级200~300名	0	3
年级300~400名	3	7
年级400~500名	11	10

续 表

	高二第一学期	高三第二学期
年级500~600名	7	6
年级600~700名	8	4
年级700名后	10	5
年级平均排名	592	389

表3–22　2009届生物班各次大考生物平均分与同类学校及全市对比情况

	韶一模	韶二模	高考
北江中学（39人）	80	108	116
市一中（67人）	92	102	105
全市（2791人）	60	85	92
广州A类学校平均			121
全市前50名人数	4	6	7

（二）提高了学生的学习能力，为学生的终身学习打下坚实基础

学生学习能力形成和发展的规律大致是，由模仿性学习到独立性学习再到创造性学习，由被动地学习到主动地学习再到积极探索，由不会学到会学，即掌握了学习的方法，形成了学习的能力，养成了学习的习惯。学习能力形成和发展，正是教师调动学生的学习积极性，在规律和方法方面予以指导，在理想意志方面予以磨炼的结果。而起决定性作用的当然是学生自己这个内因。从当前国内外教改潮流和趋势来看，学法指导是培养跨世纪一代的需要。我们处在科技迅猛发展的时代，新的科技知识在成倍地增长。人们只有具备获取新知识和新能力的自学能力，不断更新头脑中的知识结构，才能促进社会的发展。埃德加·富尔在《学会生存》一书中也说："未来的文盲不再是不识字的人，而是没有学会怎样学习的人。""教会学生学习"已成为当今世界流行的口号。

（三）提高了教师的教学能力和科研能力

通过课题研究，并较为系统地学习了教育学、心理学、教育科研方法等领域的理论知识，我在日常教学中比较注意素材的收集和整理，认真分析了当前的教育环境，深刻钻研了教学内容，转变了教学观念，经常与科组同事讨论、互相学习，不断积累整合经验，教研能力有一定的提高。课题研究还使得我的科研能力得到进一步的提升，教育思想、教育观念、教学方式发生了深刻的变化，三年来本人积极撰写探索文章，并获得奖励或发表。

八、研究反思

课题开展两年多以来，虽然取得了一些成绩，但也存在一些问题，有待于今后进一步探究和推进。

（1）部分问题的研究还不够深入，由于教学任务繁重，在科研上投入的时间和精力是有限的，一些研究还不够深入。比如课后复习的差异化指导，没有对不同层次的学生的指导方法进行细化分类。

（2）试验过程中收集到的数据偏少，对实验数据的处理和应用能力较弱，对研究的成果没有进行更多的深入挖掘和推广。

（3）虽然研究的内容比较全面系统，但转化为论文等研究成果的形式偏少，教研水平还有待进一步提高。

参考文献：

［1］莫雷.教育心理学［M］.广州：广东高等教育出版社，2002.

［2］丁晓山.中国学生学习法［M］.北京：大众文艺出版社，2005.

［3］刘显国.中小学教学艺术丛书——学法指导艺术［M］.北京：中国林业出版社，2004.

［4］张大均.教与学的策略［M］.北京：人民教育出版社，2004.

［5］罗伯特·斯莱文.教育心理学：理论与实践［M］.吕红梅，姚梅林，等译.北京：人民邮电出版社，2004.

［6］施良方.学习论［M］.北京：人民教育出版社，2003.

［7］章志光.心理学［M］.北京：人民教育出版社，2002.

［8］肖尧望.学科学法系列谈（四）指导学生掌握知识间的联系：高中生物教学中的学法指导［J］.学科教育，1998（4）.

［9］马世明.高中生物典型题例解法浅析［J］.甘肃教育，2005（4）.

［10］陈然.高三生物学教学中学法指导的研究［D］.福州：福建师范大学，2001.

学生成长共同体在高中生物课堂的运用研究

（韶关市教育科研规划课题）

一、课题研究的背景

美国心理学会（APA）在20世纪90年代提出了一系列（14条）教育心理学的原则，融合了近现代认知、人本、建构主义的理论和最新成果，提出了学习者为中心的教育理念，为新世纪教育教学改革提供了坚实的理论基础。

（一）落实新课标精神，着力提高学生生物学核心素养的需要

《普通高中生物学课程标准（2017年版）》提出发展学生核心素养是生物学科的价值追求。孔子曰："独学而无友，则孤陋而寡闻。"这说明学习者彼此切磋、交换心得，有助于团队成员的共同进步。高中生物课堂学生成长共同体作为一种具有共同愿景、明确奋斗目标的学习型组织，在小组合作探究或项目式学习中，更能充分发挥个体独特价值，在团队成员的互动交流和知识共享中，习得知识，体验过程，领悟方法，活化思维，增进感情，养成科学态度，提高探究能力，有效促进生物学科核心素养的达成。

（二）学习型社会对人才培养的需要

在知识迅速更新和科技不断进步的当代社会，对人才的需求已经超越了对传统知识掌握和技能应用的单一要求。现代社会更加重视个人的终身学习能力、创新思维以及跨学科综合素养。以学习为中心的社会模式强调了个体主动学习、自我激励和适应变化的能力。

"学生成长共同体"的教学理念与学习型社会的自主学习精神相得益彰。这一理念鼓励学生在小组合作中积极参与学习过程，通过互动和协作促进知识的深入理解和技能的掌握。在学生成长共同体中，学生们被鼓励去倾听、尊重他人的观点，

并共同协作完成学习任务。这种合作学习的过程不仅有助于培养学生的团队合作精神，还能加强他们的公民意识和社会责任感，为他们将来在社会中的积极参与打下坚实的基础。

因此，为了适应时代的发展要求，课堂教学需要不断创新和改进。教育的目标是培养出能够适应快速变化的社会环境，并能推动学习型社会发展的高素质人才。这要求教育工作者不仅要传授知识，更要激发学生的潜能，引导他们成为终身学习者、创新者和负责任的公民。

（三）当前我国学生成长共同体实践中存在的问题

学生成长共同体作为一种教学策略或教学模式，鲜有学者对其理论、模式或组织建构、课堂实践进行研究，我也深切地体会到若要进一步推进学生成长共同体的深层次发展，还有很多问题需要解决，如学生缺少合作能力与合作意识、缺乏系统有效的组织结构和组织支持、情感缺失导致学生成长共同体实践的异化。

（四）顺应学校教育教学改革，转变课堂教学模式的需要

自2016年起，我校针对教育教学改革的方向和内容，分阶段、分类别组织了多场专题研讨会。经过深入研究，我们决定将课堂教学模式转变为以学生为中心的教学方式。2017年，我校发布了《广东北江中学"成长共同体"建设实施方案》和《广东北江中学"名师助力工程"实施计划》，并在学部、备课组、班主任群和班级中推广教研活动，以打造名师团队，推动合作学习小组和分组式班级管理模式的建设。

生物学作为一门自然科学和实验科学，其概念和结论的建立，以及生命科学的重大发现，都源于实验探究。因此，在高中生物学教学中采用学生成长共同体的合作探究模式，有助于发挥学生的主体性，激发他们的求知欲。这种模式使自主学习、合作、探究、展示和交流成为解决生物学问题的常规课堂活动，与生物学科探索生命现象和生命规律的特性相契合。开展高中生物学科学生成长共同体运用的研究，不仅具有现实意义，也响应了课程改革和实现"教—考—学—评"一致性的时代要求。

二、研究价值

目前，基于课堂的从学科角度探讨成长共同体建设的论述和成果十分有限。通过植根于课堂教学并关注课程研究，本课题旨在实现以下五个方面的价值。

（一）转变生物课堂教学模式

设计相应的教学模式和教学策略，推进成长共同体由理念向实际操作转变，改变生物课堂模式，提高课堂教学效率。

（二）改变学生的学习行为方式

课堂活动是学生由个体学习转向共同学习、由个体认知转向共同认知的对话交流过程，发展自学能力与交往、协作、竞争等具有再生功能的学习能力，促进学生全面发展，为学生的终身学习打下良好的基础。

（三）促进教师的专业发展

教师不断更新教学理念，围绕教材展开全新的教学设计，开展教学活动，在不断研究中，促使教师的教育观念和专业态度朝着合乎课改要求的方向转变，促成专业知识和能力水平提高。

（四）促进学生的整体进步

通过在高中生物课堂践行学生成长共同体，发挥团队合作意识，共同完成学习目标，促进优生群体和潜能生群体互帮互助，共同成长，共同进步。

（五）为学校的教育教学改革提供生物学科的课改方案

通过本课题的研究，提出了在高中生物课堂基于学生成长共同体的教学模式，丰富我校学生成长共同体教学策略，为其他科组开展教改实践提供借鉴。

三、文献综述

（一）共同体的演变

共同体（Community）这一概念最早由德国社会学家和哲学家斐迪南·滕尼斯在其经典著作《共同体与社会》中提出。滕尼斯将人类群体生活分为两种类型：共同体与社会，并进一步阐释了共同体的内涵。

1. 社会学视角下的共同体

滕尼斯认为共同体是基于自然联系的群体，如家庭和宗族，它建立在成员的本能喜好、习惯和共同记忆之上。共同体是意志的统一体，是一种原始或天然的状态，通过积极的关系形成族群的结合。滕尼斯将共同体分为三类：血缘共同体、地缘共同体和精神共同体，分别基于血缘、地域和精神联系。随着全球化和科技的发展，共同体的概念也在不断扩展，涵盖了地理区域、社会组织、共同情感和互动关系等更广泛的内容，形成了具有多种功能的契约性共同体。

2. 教育学视角下的共同体

现代功能性共同体展现出"复数性"特征，即平等性和多元性。这种共同体不仅包括稳定的地理区域或物质空间，还包括共同的信仰、归属感和社会联系。功能性共同体的这种特性决定了其两层含义：一是具备一个较为稳定的、临近的、亲密的地理区域或者物质空间；二是具有共同的信仰和归属感，或者维持着形成社会实体的社会联系和社会互动的群体，以情感、精神特别是认同为连带关系，如学习共同体。学校作为社会发展的产物，其教育功能随着社会的现代化而发展。学习者和教师可以自由选择加入不同的学习群体，体验互助互惠和知识共享的学习氛围。20世纪90年代初，萨乔万尼强调了建立学习共同体的重要性，并提出了六个基本要素：对话、反思、发展、关怀、责任感和多样性。教育领域的学习共同体通常被视为课堂学习中相互支持的群体，具有特定的物质空间、共同利益、共同兴趣、社团归属和相似特征。

（二）关于学生成长共同体的研究

我以"合作学习共同体"为主题，将检索日期设置为2019年8月31日前，对国内知网期刊论文和国内硕博论文进行检索，检索的结果为：关于学生成长共同体的研究只有西北农林科技大学的翟立，沈钊于2019年8月发表的论文《"三全育人"理念下大学生成长共同体构建刍议》，但是该论文的主要内容是探讨大学生成长共同体的构建路径，侧重通过各种活动来增强大学生的归属感和课程思政的价值，对于高中学生成长共同体的运用研究没有涉及。

（三）培育高中生物课堂学生成长共同体的现实依据

1. 学生合作能力与意识的培养

当前由于受高考指挥棒和传统教学模式的影响，学生普遍缺少合作能力与合作意识，通过学生成长共同体的实践，可以增强学生的团队合作精神和公民意识。

2. 情感教育的重视

情感教育在学生成长过程中起着至关重要的作用，学生成长共同体的构建有助于填补情感教育的缺失，促进学生情感、态度和价值观的养成。

3. 教学实践的探索

高中生物学教学中合作探究模式的运用相对较少，需要通过实践探索来验证其可行性和有效性，并形成可供参考的实施案例。

4. 教育改革的响应

响应国家课程改革的要求，实现"教—考—学—评"一致性，学生成长共同体的构建是实现这一目标的重要途径。

5. 教学成效的提升

通过学生成长共同体的构建和实践，可以提高课堂教学效率，促进学生整体进步，为学校的教育教学改革提供有效的学科方案。

（四）培育高中生物课堂学生成长共同体的理论依据

人本主义教育理论、合作学习理论、协同理论和生态学理论都是教育领域中重要的理论支撑，它们为构建学生成长共同体提供了丰富的理论基础和实践指导。以下是对这些理论的同义修改和润色，旨在为学生成长共同体的构建提供理论和实践依据。

1. 人本主义教育理论

人本主义教育理论，由心理学家马斯洛和罗杰斯等人提出，已成为心理学的一股重要力量。这一理论对行为主义和精神分析学进行了深刻的批判，并在教育领域催生了人本主义教育理论，该理论强调个体自我价值的尊重和自主性的重要性，强调要建立和谐的师生关系，教师应成为学生学习过程中的引导者、激励者、协助者和合作伙伴。在教学实践中，人本主义教育理论主张以学生为中心，将学生视为具有独立人格的个体，教育者应尊重并信任学生，提供多样化的课程以满足学生个性化的发展需求。为此，在高中生物课堂上采用小组合作学习、探究式学习等教学模式，鼓励学生自我评价，以实现个性化学习和全面发展。

2. 合作学习理论

合作学习理论起源于20世纪70年代，由斯莱文、约翰逊兄弟和卡根等学者进一步发展和完善。其教育心理学基础是建构主义学习理论和社会互赖理论。该理论强调教师的引导作用和学生的主体地位，注重学生认知能力的提升和情感发展。在合作学习过程中，学生以小组为单位进行互动学习，采用多元化的评价方式，以小组的整体表现为评价标准。合作学习能够增强学生的责任感，促进精神和价值的认同，对于构建课堂学习共同体具有重要作用。在生物等学科的教学中，合作学习能够提高学习效率，培养学生的合作意识和团队精神。

3. 协同理论

协同理论认为，教育过程中的各个要素，如教师、学生、课程、教学方法等，应该相互协调、共同作用，以促进学生的全面发展。该理论认为通过协调各方面的意见和需求，可制定更加合理和有效的教育政策。此外，协同理论提倡构建学习共同体，鼓励学生之间的合作与交流，通过集体智慧促进个体学习。

4. 生态学理论

生态学理论从生物学和系统论的角度出发，关注学生在学校、家庭、社区和社会构成的大生态系统中的位置和作用。课堂被视为一个小型生态系统，由学生、教师、教材和多媒体等要素组成。在这个系统中，各要素需要和谐共存，有序发展。生态学理论强调课堂中师生关系和生生关系的重要性，倡导教师给予学生自由和自主，尊重学生的主体地位。学生需要学会倾听、分享和协商，以解决冲突。在民主和谐的课堂氛围中，鼓励学生自由表达，激发思考。生态学理论还强调教学安排应考虑节约和效益，避免增加学生和教师的负担，追求以最小的投入获得最大的教育效益。

5. 动机理论

动机理论主要研究学生活动的奖励或目标结构。动机主义者认为："合作性目标结构创设了一种只有通过小组成功，小组成员才能达到个人目标的情境。因此，要达到他们个人的目标，小组成员必须帮助他们的成员做任何有助于小组成功的事，而且，或许更为重要的就是要鼓励同伴们去尽最大的努力。"约翰逊等人认为，学习动机是借助于人际交往过程产生的，其本质体现了一种人际相互作用建立起来的积极的彼此依赖关系。激发动机最有效的手段就是在教学中建立起一种"利益共同体"的关系，通过共同的学习目标、学习任务分工、学习资源共享、角色分配与扮演、团体奖励和认可来建立利益共同体。小组成员之间形成"休戚相关""荣辱与共""人人为我，我为人人"的紧密关系是动机激发的重要标志之一。

四、研究目标、内容、思路、方法

（一）研究目标

构建以学生为中心的高中生物课堂教学新模式，丰富课堂教学生态。引导学生从个体学习转向自主合作探究的共同体学习，从注重知识传授到五育融合，关注学生情感、态度和价值观的养成，促进学生生物学科核心素养的发展。

（二）本课题研究的主要内容

（1）学生成长共同体的内涵、特征和价值。

（2）构建基于高中生物课堂学科特点的学生成长共同体。

（3）对学生成长共同体在高中生物课堂的实践探索与分析。

（三）研究思路

本研究首先通过对国内和国外研究共同体现状的梳理，明确高中生物课堂学生成长共同体的内涵和理论基础。其次，通过对当前高中生物课堂教学、新的教学观现状以及课堂教学中存在问题的原因分析来论证建立学习共同体的必要性，提出学生成长共同体的构建策略。最后，根据学生成长共同体在高中生物课堂的实践情况，对前期的建构策略进行完善。

（四）研究方法

1. 文献研究法

文献研究法主要指搜集、鉴别、整理文献，并通过对文献的研究形成对事实的科学认识的方法。通过梳理、整理大量的、零散的文献资料，结合实践总结发现目前学生成长共同体的研究历史和实践现状，寻找解决问题的可能性路径和视角。并通过研究所获得的文献资料，论证本研究视角的可行性和必要性，提出解决的假设，并论证其合理性。

2. 观察研究法

通过观察高中生物课堂教学现状和课堂学生成长共同体的实施情况，进而检验前期研究成果的科学性、可行性和实用价值。在此基础上，进一步修正高中生物课堂学生成长共同体培育的科学性和实践性。

3. 问卷调查法

对本校部分师生进行问卷调查，通过统计分析调查数据了解高中生物课堂学生成长共同体培育研究的现状（成果和问题），为应对策略的研究提供真实的依据。

4. 案例分析法

通过生物课堂学习共同体培育研究的实践，以及对兄弟学校实践教学的观摩，归纳总结出新授课、复习课、讲评课、实验探究课等课型开展学生成长共同体实践教学的路径。

5. 情境创设法

通过创设良好的课堂教学环境和氛围，有计划、有目的、有条理、创造性地激发每个成员主动参与到共同体的探究中。

五、高中生物课堂学生成长共同体的内涵特征与构成要素

（一）学生成长共同体的概念

本课题的"学生成长共同体"特指在高中生物课堂教学中构建的学习型组织。高中生物课堂学生成长共同体是学习者（学生）和助学者（教师、专家）在课堂教学中，围绕一定的学习任务，以项目、活动或任务为载体，合作探究、知识共享、经验交流，提高学科素养而结成的学习型团体。

（二）高中生物学课堂学生成长共同体的特征分析

1. 成长性

成长性是高中生物课堂学生成长共同体的本质特征，通过构建和谐、民主、自由、有爱的课堂支持环境，帮助学生在生命观念、科学思维、科学探究和社会责任等生物学科素养的大幅度提升，此外，通过合作探究这一主要的学习模式，促进学生团队合作、交流沟通、共情互助等非智力因素的培养，促进学生健全人格的养成。

2. 学生主体性

在学生成长共同体中，学生是学习的中心和主导者。他们基于自己对生物学知识、技能和思维方式的理解，主动提出问题并寻找解决方案。教师的角色转变为学习过程的引导者、组织者、启发者和总结者，为学生提供必要的支持和资源。

3. 合作探究与分工协作

学生成长共同体的成员在合作学习中拥有明确的分工，确保每个成员都能在团队中发挥作用。通过异质分组，每个小组成员都能在各自擅长的领域贡献力量，而组间的同质性则保证了公平竞争和有效比较。成员间通过深入讨论和交流，共同推进话题的深入探讨，提高学习效率和知识生成的质量。

4. 自主学习的倡导

学生成长共同体鼓励学生进行自主学习，培养独立思考和自我驱动的能力。学生在自主探究中形成自己的见解，并将这些见解与团队成员分享，从而丰富团队的知识库。这种自主与合作的结合，不仅提升了个体的学习成效，也增强了团队的整体智慧。

5. 群体学习的互补性

学生成长共同体通过集合每个成员的长处和智慧，实现了知识的互补和同化。这种群体学习不仅促进了学科知识的深入理解，也加强了成员间的沟通和协作能力，提升了解决问题的能力。

6. 增效功能

学生成长共同体通过集体智慧的汇聚，实现了学习效果的增效。团队成员在共同学习过程中相互启发，促进了创新思维的形成，提高了学习活动的质量和效率。

7. 知识共享与经验交流

学生成长共同体强调知识的共享和经验的交流。成员们在共同体中不仅学习学科知识，还学习如何倾听、尊重和理解他人的观点，通过交流和合作，共同提升对生物学概念的理解和应用能力。

8. 持续的反思与成长

学生成长共同体鼓励成员进行持续的自我反思，以促进个人和集体的不断成长。通过反思学习过程和结果，学生能够识别自己的强项和需要改进的地方，从而不断优化学习策略。

（三）高中生物课堂学生成长共同体的构成要素

1. 共同愿景——高中生物课堂学生成长共同体的基石

共同愿景是凝聚共同体成员的重要纽带，共同愿景既基于个人愿景，又高于个人愿景。对整个高中生物课堂学生成长共同体而言，诸多个人愿景构成了整个群体的共同愿景；对个体而言，共同愿景驱使着个体在为了群体目标而努力的同时，也逐步实现了个人愿景。可见，要想促进个体的发展就必须以群体的共同愿景为导向，遵循共同愿景的指引，才会促使基于高中生物课堂的学生成长共同体的不断前进。共同愿景包括三个要素，即群体目标、价值观和使命。

（1）群体目标。群体目标是共同愿景的重要组成部分，是团队成员短期内期望达到的状态，它具有阶段性、可执行性的特点。此外，群体目标的设定应当遵循学习者的认知和心理发展规律，确保学习者可以通过自我驱动的知识构建以及与同伴的协作互助来完成既定的学习任务，只有这样，学习者才能对学习活动或任务保持长期的积极心态，进而实现长远目标。

（2）群体价值观。价值观的形成是人们在日常生活中，对事物的看法或是非评判的长期积累，它作为人们的决策依据和行动指南，对人具有重要的影响。尊重多元、合作共赢、终身学习、责任感、公正评价、共同成长，是高中生物学生成长共同体群体价值观的内涵表征。

（3）使命。使命是学生成长共同体存在和发展的根本原因，它定义了共同体的长远目标和存在的意义。使命体现了共同体对教育的贡献和对学生发展的承诺，激励着所有成员朝着共同的目标努力。

2. 学习小组——高中生物课堂学生成长共同体的学习主体

学习小组在高中生物课堂学生成长共同体中发挥了重要的作用。一方面，学习小组作为学习者提供合作、交流与共同成长的平台。另一方面，学生成长共同体中的学习主体既有学生也有助学者（教师），二者在课堂生态这一良性互动的环境中，通过交流、合作、展示、分享、建构等教学活动实现师生的共同成长。

3. 合作探究——高中生物课堂学生成长共同体的主要学习方式

生物学是一门自然科学，其核心在于探索生命现象和生命过程，生物学科中的许多理论和现象解释是通过实验和观察得出的，强调实证研究和实践操作。合作探究能够让学生亲身参与到科学探究过程中，通过实验和田野调查等活动，体验科学发现的过程。所以，合作探究不仅与生物学科的特点相吻合，而且与学生成长共同体的概念和特征相一致，是高中生物学生成长共同体成员学习的主要形式。

4. 情智共生——高中生物课堂学生成长共同体的价值选择

情智共生是指情感与智慧的和谐发展与相辅相成。高中生物课堂学生成长共同体的共同愿景表明教师在知识的传授和智能的培养中，同样重视学生情感、态度和价值观的形成。生物学研究的对象是人和各种生命体的结构、功能、生命现象、规律和本质，学生通过合作探究，不仅学习科学知识，还在过程中体验团队协作的乐趣，培养对生命的尊重和责任。情智共生这一教学理念有利于营造一个和谐、民主、自由、有爱的课堂环境，从而提高教与学的效率和质量，帮助学生形成健全的人格和价值观。

六、高中生物课堂学生成长共同体的构建策略

在厘清了高中生物课堂学生成长共同体的研究内容、目标、思路和内涵、特征、构成要素等问题之后，整体的理论框架已经逐渐明晰。结合高中生物学科特性，制定出以下具有针对性和可行性的学生成长共同体构建策略。

（一）培养高中生物课堂学生成长共同体的共同愿景

1. 培养共同体成员的认同感

培养共同体成员的认同感对于集体的凝聚力和效能至关重要。认同感的形成是集体向心力和群体效应发挥的基石。在人际交往中，情感的连接往往先于理性的交流，因此，要培养共同体成员的认同感，首先需要在心理层面获得认可和身份上的归属。成员之间一旦建立了心理上的联系，理性的观点交流和知识探讨将更顺畅，从而促进认知能力的提升。

在高中生物课堂学生成长共同体中，认同感的培养涉及学生之间以及师生之间的两个层面。

（1）学生间认同感的培养：教师应营造一个自由开放的学习环境，让学生能够在集体中自由地表达自我。认同感的培养是一个长期过程，需要建立在信任和归属感的基础之上。在共同体建设的早期阶段，教师可以通过设计有趣的学习活动来帮助学生打破隔阂，鼓励他们与同伴交流思想和分享见解。通过持续的努力，可以建立起成员间的相互信任和认同，进而形成积极的学习氛围。

（2）师生间认同感的培养：传统的"教师讲学生听"的模式需要转变，尊重学生的主体地位，以学生为中心。教师不仅要精心设计学习活动，及时引导学习进程，还要善于整合学生的自主学习成果，利用即时生成的教学资源。同时，教师应以共同体的一员身份参与学生活动，成为学生的合作伙伴和指导者，协助学生完成学习任务，赢得学生的信任和支持。

2. 培养以高中生物学科核心素养为指向的共同愿景

共同愿景是群体对未来希望达成状态的一种憧憬和向往。纵观人类社会的发展进程，共同愿景发挥着重要的作用，它能以共同的目标和价值追求将人们凝聚在一起，并激励人们不断向前发展，直至达成共同目标。《普通高中生物学课程标准（2017年版）》指出："学科核心素养是学科育人价值的集中体现。是学生通过学科学习而逐步形成的正确价值观、必备品格和关键能力。"生物学科核心素养包括生命观念、科学思维、科学探究和社会责任。学生成长共同体作为一个高中生物课堂的学习型组织，理应以发展学科核心素养为个人和群体的共同愿景，通过各类学习任务，在解决真实情景中的实际问题培育正确的价值观、必备品格，增强解决现

实问题的关键能力。

（二）高中生物课堂学生成长共同体小组的建设

建设共同体小组（学习小组）是构建高中生物课堂学生成长共同体的关键环节，需要根据学情、班情、学段等综合考量。学习小组从组建到管理，需要教师根据学生的性格特点、能力水平等因素来合理安排，小组的组建需要遵循相应的原则，并且具体的小组规模大小、座位排列、小组组规制定等都应当结合实际情况来科学规划。

1. 遵循"组内异质 组间同质"的原则

"组内异质"，强调学习小组内成员的异质性。佐藤学教授认为："学习共同体是每个人的差异得以交响的共同体。好比交响乐团用不同乐器的和音演奏成一曲交响乐，不同的经验得以交流就是'交响式沟通'。"同样的，小组内不同的观点和看法不应当被忽视，而应当被当作学习资源以供其他的学习者借鉴和探讨。因此，我们应当重视并尊重小组内的个体差异，支持小组成员在他们现有的知识结构和能力上实现最优发展。同时，教师需要洞察不同学生的成长阶段，巧妙地挖掘并发挥他们的潜力和特长，进行恰当的引导和支持。相应地，各个学习小组之间应保持"组间同质"，确保小组间的水平均衡，以利于公平竞争和集体的共同提升。

2. 明确学习小组各成员的分工

制定和形成良好的小组管理规范。良好的规范制度能对小组成员形成约束力，使整个小组变得规范化，确保共同体能够长久正常的运行。一般而言，各学习小组要设一名小组长，统筹组内学习活动，一名学习委员和数名学科代表，检查、布置和评价小组的学习成效。小组成员既是管理者，又是被管理者，双重身份有利于培养小组成员的自律性。同时，在开展各类学习活动的过程中，要充分调动小组成员的积极性，避免出现个别学生的表演会，其他成员则成了"看客"。

3. 创设良性竞争氛围，推动学生成长共同体良性"成长"

合作与竞争之间存在着辩证关系，没有合作的竞争缺少效率，而没有竞争的合作就失去了动力。在高中生物课堂学生成长共同体中，各学习小组之间通过合作来增进成员间的感情，同时，小组间也需要进行适当的竞争，促进整个共同体能够持续、健康地发展。我在学习实践过程中，通过创设跨课时的实验探究活动（如调查人群中某种单基因遗传病的类型和发病率、果酒的制作等）、微专题复习项目等学习任务，一方面让学习小组成员在共同完成学习活动中增进了解、增强感情，增加默契；另一方面通过组间学习成果的展示、交流和评价，促进组间的竞争，增强小组成员的集体荣誉感。通过这些活动，既提高了小组合作学习的效率，又促进了小组内部和谐以及小组外部融洽关系的形成，从而促进学生成长共同体的建设。

（三）高中生物课堂学生成长共同体的课堂表征

1. 设计指向生物学科核心素养的探究类学习任务

结合生物学科的特性和高中生物教学的目标要求，设计一些有价值的、需要小组成员合作完成的探究类学习任务，如通过观察和实验来探究不同环境因素对植物生长的影响，或者通过案例研究来分析遗传病的遗传模式，使小组成员在合作探究、解决生物学问题的过程中，培养观察力、实验设计能力、数据分析能力和科学思维，发展生命观念、科学探究能力和社会责任；同时，在合作学习的过程中，逐渐形成对整个共同体的归属感与认同感，巩固共同体意识和团队精神，进而培育整个群体的共同价值观。

2. 确定"合作、探究、展示、评价"为课堂教学的基本环节

在高中生物课堂中，将"合作、探究、展示、评价"作为教学活动的核心环节，有助于构建富有成效的学生成长共同体。在"合作探究"阶段，学生通过小组分工、协同作业，共同完成学习任务，提升学生的科学思维和探究能力，培养团队协作精神；"展示"阶段为学生提供平台，分享他们的发现和结论，增强沟通和表达能力；"评价"不仅关注学生的知识掌握，还包括他们的参与度、合作态度和创新思维。这一连贯的教学环节设计，旨在促进学生在知识、技能和情感态度方面的全面发展，同时加深学生对生物学概念的理解，提升他们的学科核心素养。

3. 采取多维度的评价与反馈

在高中生物课堂学生成长共同体的运用中，评价与反馈不应仅限于学习成果的量化考核，而应扩展至多维度的考量。终结性评价固然重要，但过程性评价更能体现学生在探究过程中的进步和成长，它关注学生在共同体中的参与度、合作精神、问题解决能力以及创新思维的发展水平（见表3–23和表3–24）。

表3–23　20xx—20xx学年第一学期诊断性测试记录表（知识、能力类）

姓名	学号	知识				能力			
		事实性知识	概念性知识	秩序性知识	反省性知识	理解能力	解决问题能力	探究能力	创新能力

表3-24 分组实验实验完成情况评量表

组别	兴趣	参与度	操作能力	探究能力	问题解决能力
1					
2					
……					

同时，评价体系也应关注学生的非学业表现，如情感、态度和价值观的形成。这包括学生对生物学的兴趣、对自然现象的好奇心、对科学探究的尊重以及对社会责任的认识。通过观察学生在小组讨论、实验设计、展示交流中的表现，教师可以更全面地了解学生的情感态度和价值观。

此外，评价还应包含自我评价和同伴评价，鼓励学生进行自我反思，培养自我评估的能力，同时也让学生学会从同伴的表现中学习和借鉴。通过这种多维度的评价，可以更准确地捕捉学生的发展需要，为他们提供个性化的反馈和支持，从而促进每个学生的全面发展（见表3-25）。

表3-25 探究性实验生生评价量表

序号	评价内容	组员自评	小组评价
1	对合作探究实验很感兴趣		
2	积极主动地搜集并汇报资料		
3	积极地发表自身对问题的看法		
4	与小组成员积极合作，按时完成各个环节的探究任务		
5	主动地投入小组合作探究实验中		
6	完成基本的实验操作		
7	拓宽了自身视野，更深一步理解教材内容		
8	我能体验解决问题后的成就感		

（四）高中生物课堂学生成长共同体的环境设计

1. 营造良好的课堂氛围

创设一个和谐、民主、自由、平等的课堂氛围对于激发学生的学习兴趣和提高课堂参与度至关重要。心理学研究指出，积极的师生关系能够激发学习者的内在动机，从而提升教学效果。在一个自由平等的环境中进行问题的讨论，有助于活跃学生的思维，促进科学思维的培养。因此，在高中生物课堂教学中，营造一个积极的课堂心理氛围，对于实现学习目标和共同愿景的达成具有显著的促进作用。

2. 优化学生的座位布局

教室作为教学活动的物理空间，其座位布局对于学生成长共同体的活动开展至关重要。在设计座位布局时，需要考虑到生物课堂的特点和学生成长共同体的需求，同时也要兼顾其他学科的教学活动。建议采用灵活的座位布局，如"三三三型"，即把一个班的座位分成三个大组，三人同桌，前后两桌为一个学习小组的布局方式，前排座位的成员可以根据需要调整座位方向，以便更便利地参与小组讨论和合作学习活动。

3. 创设学习成果的展示平台

为学生提供展示学习成果的机会，是激励学生积极参与学习活动的有效方式。可以通过设置班级学习园地、组织学习成果展览、开展主题演讲比赛等形式，为学生创造展示自己学习成果的平台。这样的展示平台不仅能够增强学生的自信心和成就感，还能促进学生之间的相互学习和交流，激发他们继续探索和学习的热情。此外，展示平台还可以帮助教师了解学生的学习进展和存在的问题，从而进行更有针对性的教学指导和支持。

七、高中生物课堂学生成长共同体的教学实践

（一）制定了高中生物课堂运用学生成长共同体的实施路径

1. 加强培训，建设队伍

教师始终是高中生物课堂的灵魂，离开了教师的广泛参与和支持，学生成长共同体无法运行的。因此，教师要结合课程标准，深入挖掘教材内容，把握和领悟的课程的内容和知识框架。

2. 整体规划，分步落实

在高中生物课堂运用学生成长共同体可参考的成熟案例比较少，因此它的实施必须在学校整体规划的基础上先试验，找到突破点，形成可供参考的实施案例，再进行推广落实。

3. 注重过程，纳入常规

在高中生物课堂运用学生成长共同体的实施是一项长期而又烦琐的工作，要使实施工作有序地展开，教师专业发展得到落实，实施过程的管理尤为重要。教师实施的过程决定了课程实施的质量，因此要求教师做到四有：实施前有计划；实施中有记载；实施后有反思。正是借助课题研究，经过两年努力，初步形成了《广东北江中学高中生物学案》系列，并通过教学实践得以检验。

（二）提炼出基于高中生物课堂教学的学生成长共同体模式

基于对高中生物课堂学生成长共同体的理论研究和共同体的构建，经过两年的教学实践，总结了高中生物课堂学生成长共同体的教学模式。针对不同的课型，该教学模式在课前、课中和课后均有不同的任务安排，在关注教师"教"的同时，更关注学生"学"的效果（见图3-19和表3-26）。

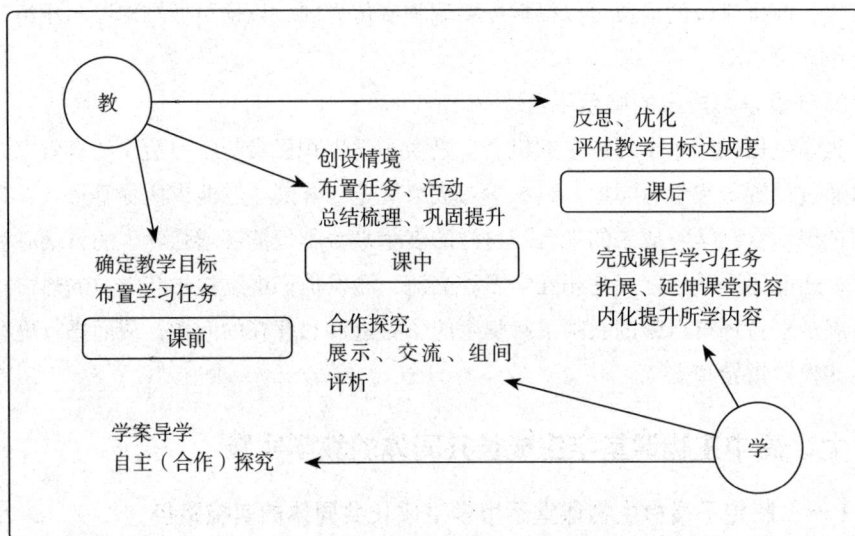

图3-19　高中生物学生成长共同体教学模式

表3-26　学生在课前、课中及课后的学习任务

	课前	课中	课后
新授课	预习新课内容，完成新课的导学案	围绕学习任务进行合作探究，汇报学习成果（内容侧重于新课内容的重难点）、构建知识系统，形成生命观念	完成课后练习，巩固所学知识
复习课	①完成一轮复习的知识内容体系，构建本节内容的知识网络 ②小组合作，完成阶段性微专题知识内容的整理	根据学习任务，通过小组合作，运用模型、专题等形貌分类、归纳、整理相关内容，形成结构化、模块、系统化知识网，形成生命观念，训练思维方法，提升运用知识、解决问题能力	完成基础性、素养提升类学习任务，巩固、内化生物学知识

	课前	课中	课后
实验课	预习实验内容，制定实验方案、预估实验结果	小组成员分工合作完成实验操作，记录实验现象；组间展示实验结果、评析实验过程	完成实验报告，分析实验结果，得出相应结论或提出优化方案
讲评课	梳理易错知识点和得分情况、总结亮点与不足	小组成员分享解题思路和思维路径、以点带面，做好易错试题知识内容的归纳整理	错题类做，突破知识盲区，总结类题的解题思路，提升应试能力

案例1：新授课"光合作用"课中部分教学活动节选

情境创设：投影光合作用流程示意图和相关表格（见表3-27），引导学生回顾光合作用过程光反应和暗反应的条件、物质变化和能量变化。

表3-27 投影光合作用流程表

条件	C3	C5	[H]和ATP	（CH2O）合成量
停止光照				
突然光照				
停止CO_2供应				
CO_2供应增加				

布置探究任务：根据光合作用原理，分析正常生长的植物，在改变外部条件时，ATP的生成速率、三碳化合物、五碳化合物的含量变化以及光合速的变化。

学生活动：学习小组根据探究问题进行小组讨论，分析不同条件对光合作用强度的影响，完成表格内容。（教师巡回观察学生的课堂表现及参与度）

展示汇报学习成果：各学习小组派代表上台展示小组讨论结果，其他同学对结果进行评价、修正（运用生生评价，培养学生的批判性思维，并及时反馈学习效果）。

巩固提升：师生共同分析条件改变对光合作用速率影响的原因，并通过课堂练习巩固所学内容。（设计意图：通过堂上练习巩固所学知识，并检测学生对所学内容的掌握程度）

案例2：一轮复习课"减数分裂"课后学生学习活动节选

课堂小结：利用概念图小结减数分裂相关知识（见图3-20），布置课后学习任务，要求各学习小组收集与减数分裂相关的跨章节习题，总结归纳与之相关的题型，提出相应的解题思路。

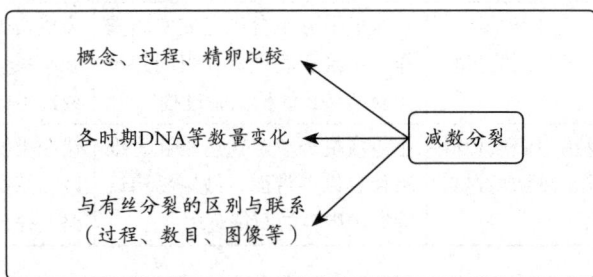

图3-20 利用概念图小结减数分裂相关知识

学生活动：课后，学习小组组长布置学习任务，要求组员收集与减数分裂相关的习题，并通过小组讨论，提炼相关试题的解题思路。（设计意图：训练学生分析综合能力和逻辑推理能力，重构知识体系，培养学生的问题解决能力和创新能力）

（下一节）课堂展示学习成果：师生完善内容体系（见图3-21）。

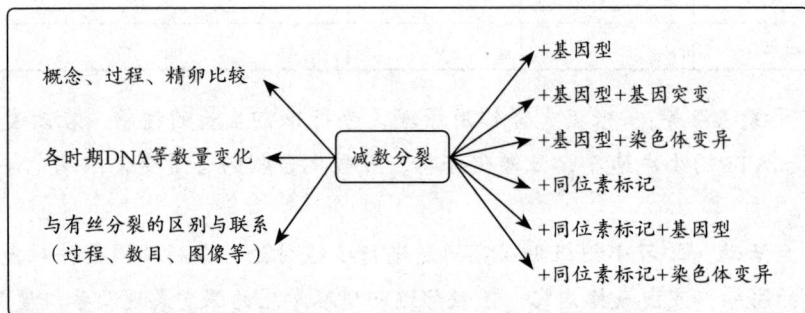

图3-21 师生完善内容体系

总结，内化：师生根据各组的展示情况，提炼不同题型的最佳思路。（设计意图：训练学生的最优解思维，提升学生的思维品质）

案例3：探究实验"不同pH值对绿豆种子萌芽的影响"节选

课前：各实验小组：

① 讨论变量的取值范围，并根据所学的化学知识，配制了不同pH的溶液。

② 实验组和对照组的设置。

③ 其他需考虑的无关变量因素。

④ 根据实验组别的数量，对培养皿进行编号，将等量的绿豆种子放入不同的培养皿中，加入等量的不同pH的盐酸溶液或氢氧化钠溶液，对照组用蒸馏水代替，浸泡24小时后取出，平铺在滤纸上，每天记录各小组的萌发情况。（设计意图：由于本实验耗时较多，课前由学习小组自主选择时间开展实验前的准备和实验操作，锻炼学生的实验操作能力和方案设计能力）

课中：要求各小组汇报本组实验结果，分析可能原因。（设计意图：培养学生的实验结果分析能力，提升学生的逻辑思维和发散性思维）

课后：完成实验报告。继续探究不同浸泡时间对绿豆种子萌发的影响。（设计意图：模拟科学家的研究思路，培养学生开展持续探究的能力，提升学生科学探究素养）

（三）开发了适用于高中生物课堂学生成长共同体的学案导学资料

通过本课题研究，编写了适用于学生成长共同体教学的导学案，为不同层次的学生提供了差异化学习的平台。在深入研究市面上不同类型的生物学导学案后，吸取它们的精华，同时也看到这些导学案的不足，即这些学案均为平面化的知识体系，没有考虑到不同层次学生，特别是"潜能生"的学习现状，为此，课题组成员在编制学案的过程中，按照课标和考试大纲的要求，基于课前、课中和课后的三个阶段，设置不同的学习任务，基于对思维培养层次的区别，创设了不同的活动任务。对知识、能力的要求作了分层，对于基础较差的学生，只要求他们完成知识填空、选择题和一道非选择题；对学习能力强的学生，要求他们全部完成并定期完成一些额外布置的小专题，以解决学困生学不了，优秀生听不饱的问题。

八、结论与展望

（一）结论

本课题的研究以高中生物课堂为背景，系统地探讨了学生成长共同体的构建与运用。通过两年的教学实践，我们得出以下结论。

（1）高中生物课堂学生成长共同体的构建与运用是可行的。它能够有效地促进学生的生物学核心素养的发展，共同体的构建不仅关注知识的传授，更重视学生情感、态度和价值观的培养。

（2）学生成长共同体的实施有助于转变传统的教学模式，实现以学生为中心的教学理念。通过合作探究、知识共享和经验交流，学生的主体性得到了充分发挥。

（3）学生成长共同体的构建策略，包括共同愿景的培养、学习小组的建设、活动策略的设计以及环境的设计，为高中生物教学提供了新的思路和方法。

（4）学生成长共同体的实践表明，通过多维度评价与反馈，能够更全面地了解和促进学生的发展，有助于实现教与学的最优化。

（5）学生成长共同体的构建和运用，需要教师不断更新教学理念，提升专业能力，同时要求学校提供相应的支持和资源。

（二）展望

尽管本课题在学生成长共同体的构建与运用方面取得了一定的成果，但仍有一些问题和挑战需要在未来的研究中进一步探讨和解决。

（1）如何进一步优化学生成长共同体的构建策略，使其更加适应不同学校、不同班级的具体情况。

（2）如何加强教师之间的协作与交流，形成更加有效的共同体建设与教学实践的合力。

（3）如何利用信息技术，为学生成长共同体的构建和运用提供更加丰富的资源和工具。

（4）如何建立和完善学生成长共同体的评价体系，使之更加科学、合理，更好地促进学生的全面发展。

（5）如何将学生成长共同体的理念和实践推广到更多的学科和教育领域，实现更广泛的教育改革和发展。

总之，学生成长共同体的构建与运用是一个长期、复杂且充满挑战的过程。它需要教育工作者的共同努力，需要学校和社会的大力支持。我们相信，随着教育改革的不断深入，学生成长共同体的理念和实践将得到更广泛的认同和应用，为培养更多具有创新精神和实践能力的高素质人才作出更大的贡献。

参考文献：

［1］斐迪南·滕尼斯.共同体与社会［M］.林荣远，译.北京：商务印书馆，1999.

［2］陈宇光.论滕尼斯对"共同体"与"社会"的阐释［J］.南通工学院学报（社会科学版），2004（12）：5.

［3］Sergiovanni，Thomas J. Building Community in Schools. San Francisco：Jossey Bass，1994. Xi.

［4］R. E. 斯莱文.合作学习与学业成绩：六种理论观点［J］.王红宇，译.外国教育资料，1993，63–67.

［5］佐藤学.学习的快乐——走向对话［M］.钟启泉，译.北京：教育科学出版社，2004.

基于学生成长共同体教学的案例一：
种群的特征

一、教材分析

"种群的特征"是人教版高中生物学教材《稳态与环境》第四章"种群与群落"第一节的内容，介绍了种群密度的调查方法、种群的特征等。按照教材的内容编排，我以荒漠生态的图片导入新课，与学生探讨了种群的问题，通过案例辨析帮助学生进一步深化理解种群的内涵。在新课的前一天，利用自习课指导学生利用样方法调查了校园内的两种双子叶植物的种群密度，并在课堂上进行交流与分享，通过对调查结果的对比分析与讨论，让学生认识到不同物种的种群密度是不同的，在不同的地点，同一种群的密度也存在差异，通过探究活动帮助学生建立种群和种群密度的概念，形成科学的进化与适应观。通过模拟实验，让学生领会标志重捕法的调查方法，学会运用恰当的方法对生物学生问题进行探究。最后以资料分析的形式，理解出生率和死亡率、迁出率和迁入率、年龄结构、性别比例等数量特征，并通过小组合作的方式，构建种群密度与其他数量特征的内在关系。

二、教学目标

依据课程标准并围绕学生核心素养的要求，制定如下教学目标。

（1）通过案例对种群概念的内涵进行辨析，能以生态学观点理解种群的概念及其特征。

（2）通过对案例的分析讨论，能用进化与适应的观点，对种群的特征进行归纳与综合。

（3）利用样方法调查某种双子叶植物的种群密度，利用模拟实验估算某种动物的种群密度，培养学生小组合作交流与展示的习惯，形成自主学习和合作学习的能力。

三、教学过程

1. 以理解种群概念为导向，通过案例分析，形成生命观念

屏幕展示一处荒漠上的藏羚羊，教师提问："这片荒漠上的所有藏羚羊是不是一个种群？它们和生活在此处的山羊是不是同一个物种？"通过学生对问题的回答，顺势引入种群的概念。同时，屏幕再次投影以下案例，要求学生进行小组讨论上述案例哪些属于一个种群，哪些不属于一个种群，并说出理由。

案例	是否属于	原因分析
① 高二（14）班所有同学	不属于	自然区域（空间限定）
② 一片森林里的所有昆虫	不属于	同种生物（物种限定）
③ 韶关地区的全部居民	属于	
④ 未来湖中的所有蝌蚪	不属于	全部个体（范围限定）

设计意图：通过具体的案例分析，不仅有利于学生掌握种群这一核心概念，而且还能帮助学生形成正确的生态观，培养学生掌握科学研究的思路方法。

2. 充分利用校园资源，让学生亲身体验调查种群密度的过程

充分利用校园资源，让学生亲身体验调查种群密度的过程，并通过学习小组的展示和讨论，让学生初步学会同样方法调查双子叶植物种群密度，培养学生的探究精神和分工协作能力。

设问：昨天我布置了一项课外作业，要求各学习小组调查北中校园内有多少棵阴香树，现在有结果吗？教师随机抽查了一个小组，请小组代表上台展示调查结果（见表3-28）。

表3-28　北江中学校园内阴香树的数量

种群	主校道	未来湖边	1-4栋平房	高三楼	体育馆	高一、高二楼（含志锐广场）	合计
阴香树	17	8	9	5	1	5	45株

教师讲述：对于密度不太大、密度较低的乔木，我们可通过逐个计数的方法去调查数种的数量，如果植物的个体较小且数量较多时（屏幕投影电教楼前草地的图片，并放大酢浆草密集的区域），比如现在我们看到的电教楼前的酢浆草，我们还能用逐个计数吗？利用真实的情景，激发学生的探究欲望。

投影学生利用样方法进行调查的系列图片（见图3-22），引入样方法调查双子叶植物这一调查活动内容。

图3-22 学生利用样方法进行调查的系列图片

（1）课前两天安排学生利用自习的时间，利用样方法对我校电教楼前的酢浆草、车前草密度取样调查，在实施调查活动前，要对学生进行必要的培训，首先是培训小组长，带他们在电教楼附近观察地形地势，确定取样方法、样方的大小、如何计数等，以及对调查结果（不同地点的种群密度差异很大）进行初步的分析，最后发放调查记录表。

（2）学习小组派代表上台展示调查结果（见表3-29），并分析不同地块种群密度存在差异的原因。

表3-29 电教楼东北侧地块中酢浆草和车前草的种群密度

种群	样方1	样方2	样方3	样方4	样方5	种群密度（株/m²）
酢浆草	78	192	47	128	227	134.4
车前草	5	12	3	7	11	7.6

（3）引导学生讨论：①什么是样方？②如何确定样方的大小？③要选取几个样方？多取几个样方会不会更准确些？④五点取样和等距取样的适用范围？最后，师生共同归纳样方法的一般流程，如图3-23所示。

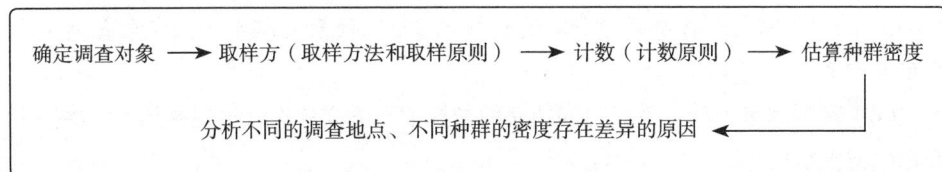

确定调查对象 ⟶ 取样方（取样方法和取样原则） ⟶ 计数（计数原则） ⟶ 估算种群密度

分析不同的调查地点、不同种群的密度存在差异的原因 ⟵

图3-23 师生共同归纳一般流程

设计意图： 提供真实情景，让学生在小组学习中能主动合作，推进探究方案的实施，并运用科学术语报告实验结果。

3. 组织学生利用道具模拟标志重捕法的调查过程

（1）教师取出一包白色围棋子，请学生数出有多少颗，学生发现逐个计数方法费时费力，随后教师又取出一包黑色围棋子（20粒），提问学生，能否用数学的方法来估算一下这包白色围棋子中大约有多少粒？

（2）学生分组讨论 有的说直接把20粒黑色围棋子倒进入白色围棋子中，随机抓取，估算出白色围棋子的数目（方案一）；也有的小组认为，应该用20粒黑色围棋子置换出20粒白色围棋子，再通过个随机抓取的围棋子，从中统计出红、绿豆数目，再通过数学的比例式计算出白色围棋子数目（方案二）。通过深入讨论，大家认为方案二更加科学。模拟实验过程如下。

步骤1：从一包白色围棋子中取出 20粒，换上20粒黑色围棋子（A），然后将这包围棋子放在大烧杯中，充分搅拌，使两种围棋子混合均匀。

步骤2：抓取围棋子，用50mL的小烧杯每次从大烧杯中舀取围棋子，数一数小烧杯中的围棋子共有多少粒（设为B粒），其中含有黑色围棋子多少粒（设为C粒）。设袋内的围棋子为N粒，多次量取，取平均值（见表3-30）。

表3-30 标志重捕法模拟实验数据记录表

次数	B	C	
1	27	5	20
2	25	3	20
3	29	2	20
平均	27	3.33	

步骤3：利用上述数据估算白色围棋子的个数。

（3）设问：如果上表数据是学习小组对北江中学校园内老鼠的调查结果统计，则A、B和C又分别代表什么含义？调查期间北江中学校园内的老鼠密度是多少？

设计意图：引导学生进行知识迁移，进而归纳出标志重捕法的计算公式：N=A×B/C（N代表种群数量，A代表标记数，B代表重捕数，C代表重捕个体中的标记数）。

（4）教师继续追问：不同时期捕获的被标记个体为什么会出现差异？哪些因素会影响调查结果？

设计意图：引导学生利用恰当的工具，设计并实施可行的探究方案，并创造性地利用数学方法分析实验结果，建构数学模型，培养学生的科学思维和探究能力。

4. 通过资料分析、小组讨论，引导学生分析其他数量特征

提供如下资料：

资料1：2018年末，韶关市常住人口299.76万人，比上年增加1.84万人，增长6.2‰。户籍人口336.6万人。全年出生人口3.6万人，人口出生率13.4‰；死亡人口1.88万人，死亡率7‰；人口自然增长率6.5‰。

资料2：投影种群年龄组成的三种类型。

引导学生讨论分析：

（1）人口出生率和人口死亡率的计算方法。

（2）2018年韶关市常住人口低于户籍人口的原因？当年流出的人口约为多少？

（3）决定韶关市人口数量的直接因素有哪些？

（4）利用资料2提供的模型，预估未来一段时间内种群数量的变化趋势。

设计意图： 引入真实的情景，让学生进行讨论分析，培养学生的数据处理、提取和分析能力，提升学生的逻辑推理能力。引导学生关注生命、关注社会，培养学生积极参与社会事务的情感和积极意愿。

5. 巩固学习成果

补充完善概念图，对本节内容进行归纳小结，形成结构化知识，培养学生的概括能力，并巩固学习成果（见图3-24）。

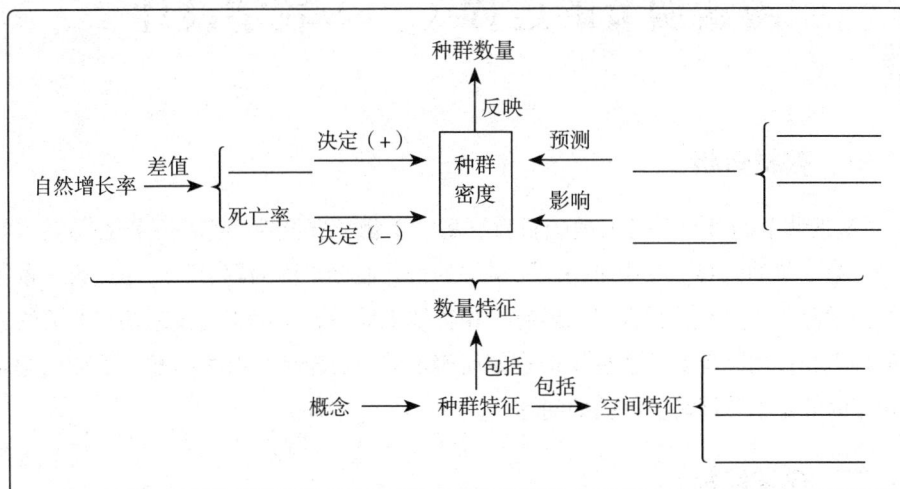

图3-24 种群密度流程图

四、教学反思

本节教学的主要特点在于教师的角色不是讲，而是设置情境，让学生体验、感受最后升华科学探究的过程，并从中感受到乐趣，帮助学生逐步形成正确的进化与适应的生态观，养成科学思维，提高科学探究能力。

参考文献：

［1］中华人民共和国教育部.普通高中生物学课程标准（2017年版）
　　［M］.北京：人民教育出版社，2018.
［2］刘恩山.普通高中生物学课程标准（2017年版）解读［M］.北京：高
　　等教育出版社，2018.
［3］陈维.关联性教学：高中生物学学科核心素养培育的有效途径［J］.生
　　物学教学，2018，43（12）：9–11.

基于学生成长共同体教学的案例二：
激素调节的过程（一）教学设计

一、教材分析

"激素调节的过程"是人教版新教材高中生物学选择性必修一《稳态与调节》第三章第二节的内容，其中第一课时讲解的是"血糖平衡的调节"。通过第三章第一节的学习，学生在新授课时已经有了相关知识储备，了解了与血糖调节有关的激素的种类和作用。但具体血糖平衡是如何实现的，血糖调节有关的激素是如何起调节作用的等是本节课需要解决的问题。

二、教学目标

基于新课程标准的内容要求、学业要求和学业质量标准，并围绕培养学生核心素养的要求，制定了如下教学目标。

（1）分析血糖平衡的案例，构建正常情况下血糖的来源和去向的概念模型。

（2）通过分析餐后和运动时血糖调节的过程，阐明反馈调节的机制，构建血糖平衡调节模型。

（3）通过对两种类型糖尿病的发病特点和影响因素的分析，说明血糖调节受多种因素的影响，能够针对2型糖尿病的影响因素制定适合自己的健康生活计划。

三、教学重难点

血糖平衡调节模型的构建。

四、教学过程

（一）引入新课

运动员每小时至少要消耗300g糖类，血糖可补充肌肉因运动而消耗的糖类。仅靠血液中的葡萄糖，只能让运动员跑0.7~1.1min。展示马拉松长跑比赛地图并提问。

（1）长跑过程中大量消耗葡萄糖，会导致血糖含量大幅下降吗？

（2）整个赛程所需的血清可以通过哪些途径得到补充？

设计意图：以问题导入新课，激发学生兴趣，思考血糖的来源。

（二）血糖平衡的调节

教师讲述血糖的含义，血液中的糖称为血糖，主要是葡萄糖血糖浓度，正常人空腹时血糖浓度为3.9~6.1mmol/L。并提出问题：如把血糖浓度比喻为水箱内液面的高度，要维持液面高度不变该如何调节？人体的血糖含量是如何维持在这样稳定的水平呢？

设计意图：联系生活实际，类比推理，激发学生的学习兴趣。

1. 血糖的来源和去路

（1）教师提供以下资料，要求各学生成长共同体根据资料和任务进行合作探究，共同构建血糖平衡的模型。

资料1：给北京鸭提供丰富的糖类饲料，使它们在短时间之内育肥。

资料2：东北虎的食物中蛋白质和脂肪的含量很高，糖类比较少，但东北虎体内的葡萄糖浓度（4.8~6.9mmol/L）与人体相当。

资料3：肝脏是营养物质代谢的主要器官，据测定人在饭后，从肝门静脉流入肝脏的血液中葡萄糖含量为140mg/dL，从肝门静脉流出肝的血液中葡萄糖含量约为110mg/dL.

资料4：糖原分解时不能直接产生葡萄糖，而是葡萄糖-6-磷酸，葡萄糖-6-磷酸通过葡萄糖-6-磷酸酶才能转变为葡萄糖，进而释放进血液。而肌纤维中缺乏此酶。

（2）教师布置任务1：学生成长共同体对上述资料进行分析，共同推导血糖调节的可能过程，并构建概念模型。

（3）各学生成长共同体派代表上讲台阐述本组的模型建构情况，其他各组同学对该成果进行评价、补充。

（4）最后，由师生共同归纳血糖平衡的调节模型（见图3-25）。

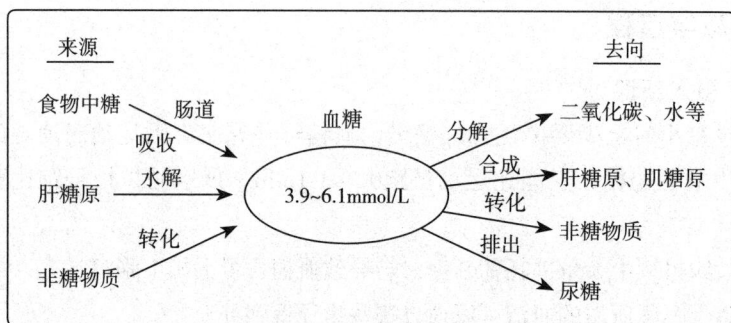

图3-25　血糖平衡调节模型

设计意图：训练学生对信息进行归纳、整理、加工并建构为概念模型的能力。小组成员通过合作探究的过程，建立同学间的情谊，培养他们的团队协作精神。

2. 参与血糖调节的激素——血糖平衡的调节

（1）教师引导学生回顾胰岛素的功能（降血糖），同时，师生共同概述胰高血糖素的功能（升血糖）。

（2）提出问题：胰岛素和胰高血糖素是如何调节人体的血糖平衡的？

（3）教师布置任务2：阅读课本第51页，以小组为单位，尝试用文字和箭头构建餐后和饥饿状态血糖平衡调节模型（见图3-26）。

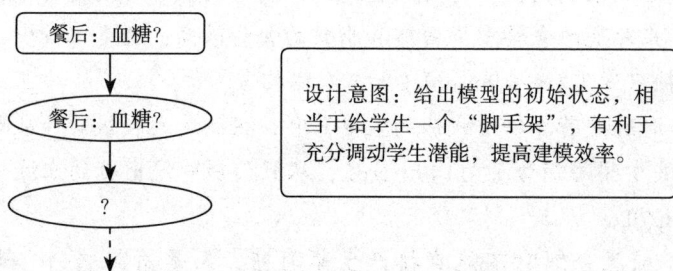

图3-26　构建相关血糖平衡调节模型

（4）各小组展示餐后（血糖浓度高于正常水平）和饥饿（血糖浓度低于正常水平）状态下的血糖平衡调节模型（见图3-27），其他同学进行讨论、评价和补充。

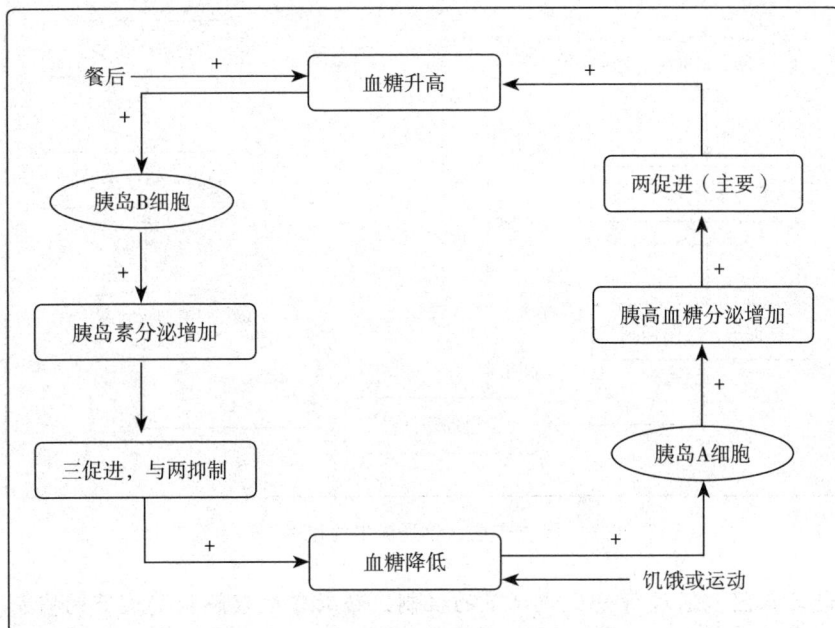

图3-27 相关流程图

（5）最后由师生共同归纳血糖平衡的调节过程。

（6）提问：人体内除了激素调节血糖平衡，神经系统是否也具有调节血糖平衡的功能呢？这个问题，请大家利用课后的时间进行探究、补充。

设计意图： 创设生活化情境，引导学生通过合作探究构建血糖平衡的过程，提高学生问题解决能力，通过模型建构与分享，培养学生的模型建构能力和语言表达能力。适度地留白，便于让学生有适合探究的内容，帮助他们提升自主学习的能力。

3. 反馈调节

创设情境：健康人体的血糖浓度会在一个正常的范围内波动，那么，人体是如何实现这一过程的呢？

讲述反馈调节概念：在一个系统中，系统本身工作的效果，反过来又作为信息调节该系统的工作，这种调节方式叫作反馈调节。

讨论反馈调节在血糖平衡中的作用机制，并绘制示意图（见图3-28）。

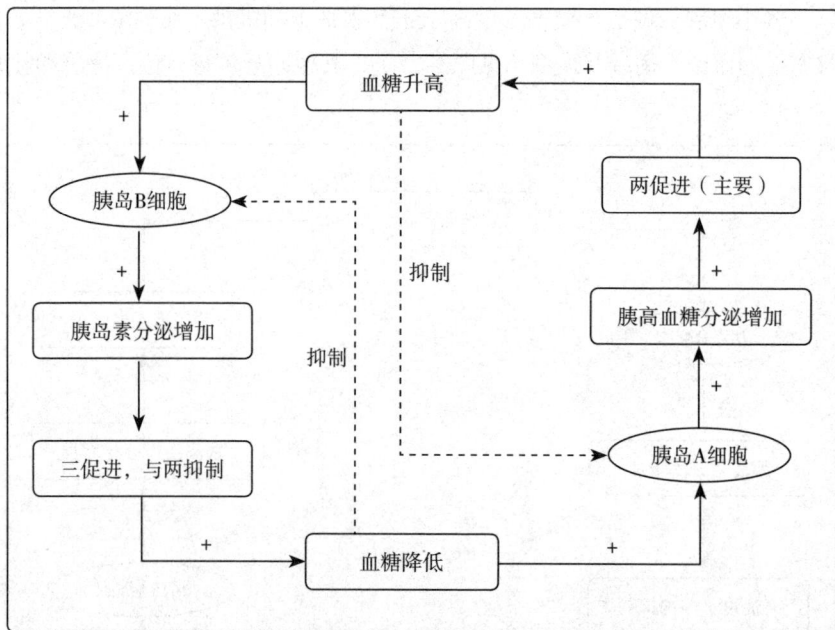

图3-28　反馈调节在血糖平衡中的作用机制示意图

设计意图：通过讨论反馈调节的机制，帮助学生理解反馈调节的概念，深化稳态与平衡的生命观念，提高学生的核心素养。

课堂练习：图3-29是血糖调节模型，有关叙述正确的是（　　　）

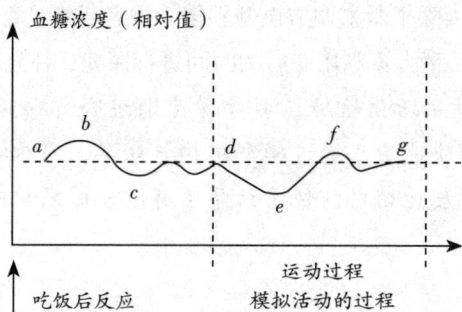

图3-29　血糖调节模型

A. 曲线ab段与ef段血糖浓度上升的原因相同

B. 曲线bc段与de段血液中胰岛素变化趋势相同

C. fg段血糖维持相对稳定是神经—体液调节的结果

D. 当血糖偏低时，胰高血糖素可促进肝糖原和肌糖原的水解以提高血糖浓度

4. 课堂小结

参见图3-30。

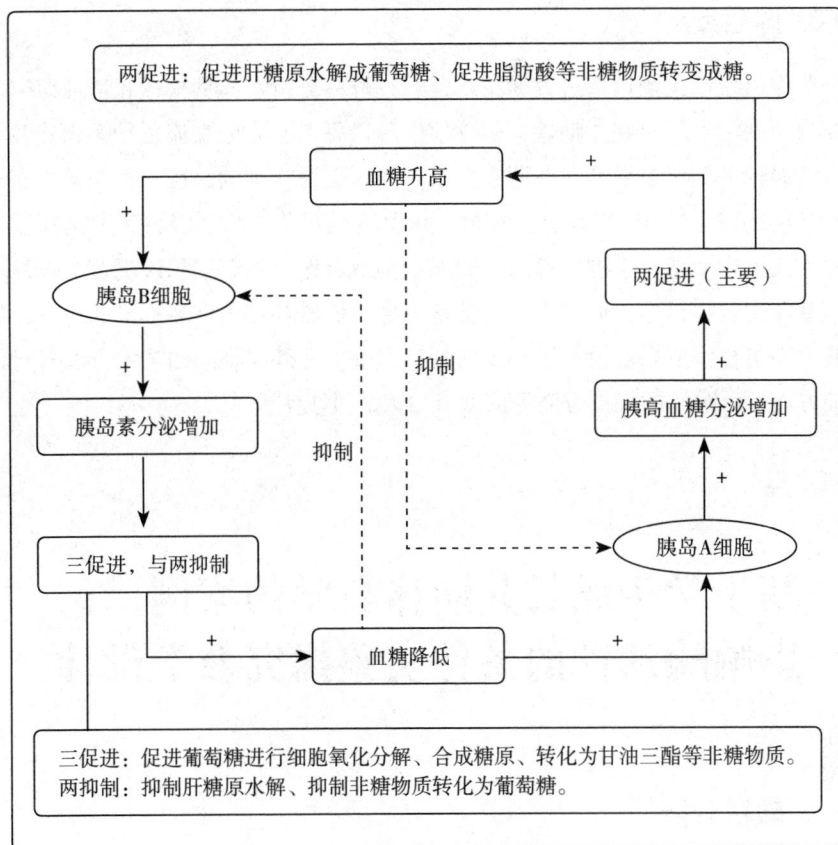

图3-30　知识点梳理

三、课后延伸：糖尿病的相关知识

阅读下述材料，完成相关任务。

患者小A自述：我的饮食正常规律，而且积极参加体育锻炼，但是血糖长久以来都比较高。

患者小B自述：我喜欢美食，常常和三五好友小聚一下，平常会吃各种美食。体育锻炼？从不参加！令我高兴的是我虽然喜欢吃美食，但是我最近还瘦了，你羡慕我不？但是，小B体检后发现血糖偏高。

课后探究任务：请你以一名内科医生角色，查阅相关资料，推测小A和小B可能的患病类型，并向他们提出治疗或健康生活的建议。

设计意图：引导利用所学生物知识，结合主动探究获取的新知，解决生活中的医疗保健问题，树立健康生活理念，增强学生的社会责任感。

六、课后反思

本节课以血糖平衡调节过程为主线，通过资料分析、模型构建和情境探究等活动，充分调动学生的主观能动性，引导学生深入思考、充分交流、动手构建并归纳总结得到血糖平衡调节模型。在课堂中以"问题探讨"中的马拉松长跑导入新课，以"与社会的联系"中2型糖尿病的相关知识结束新课，所选资料和案例都贴近生活，课堂气氛较活跃，学生回答问题和展示小组合作成果都很积极配合，较好地达到了该堂课的教学目标。但由于本人准备不足，依然存在着许多不足的地方，如在学生展示小组合作成果后没有进一步的分析评价，另外在提问的艺术方面、对课堂的掌控方面、对时间的安排方面等依然有很大的进步空间。

基于学生成长共同体教学的案例三：
影响酶活性的条件实验探究教学设计

一、教材分析

"影响酶活性的条件"是人教高中生物学必修一第五章第一节的一个重点实验。其中包含的实验方案设计、实验操作过程及实验结果分析，既是对刚学过的"酶的作用与本质"知识的延续和进一步理解，也是学生学习后面影响光合作用和呼吸作用因素知识与技能的基础，还是培养学生生物科学研究素养极好的素材，对学生学习与研究生命科学的兴趣将产生较大的影响。

生物学是一门实验性学科，生物学概念大都建立在观察与实验的基础上，实验教学是生物学课程的特点。传统的实验教学一般都是先介绍概念再进行验证，缺乏探究性，且缺少真实情境，无法真正激发学生自主探究的兴趣。基于实验探究的概念教学，是指将概念教学与现实世界中的问题有机结合，通过创设特定的问题情境，让学生在实际问题情境中展开实验探究，并在问题解决中完成概念的建构。在该教学模式中，概念、问题、探究、实验四个部分紧密相连，问题中蕴含着概念，概念支撑着问题的解决、探究的开展，实验是探究的载体，探究是实验的核心。

二、教学目标

（1）能够建构起"酶的作用条件比较温和"这一概念，并能运用这一概念到实际生活中，通过调控酶活性的影响因素来解决生产、生活中的实际问题。

（2）能够习得概念建构的科学方法，发展科学探究的能力，提升科学思维的品质。

三、教学重难点

1. 教学重点

（1）科学探究实验进行的一般方法。

（2）如何控制自变量，如何观察和检测因变量的变化，如何设置对照等。

2. 教学难点

如何组织学生进行探究活动，使学生经历完整的探究过程。

四、学情分析

（1）学生在初中阶段学习了消化酶，做了探究馒头在口腔中变化的实验。

（2）通过之前对酶的作用和本质的学习，学生已经掌握了酶的来源、功能、本质。

（3）在前面的植物细胞的吸水和失水实验中，学生已经基本了解了科学探究实验的一般方法，并在教师引导下进行了简单的实验，所以学生在进行本次实验之前就具有了探究实验的基本素养，可以让学生尝试设计实验方案。

五、教学过程

（一）课前准备

在上课前，要求学生从身边寻找跟酶有关的生物学现象或事件，并以小组为单位联系生活或生产实践，提出一个跟酶有关的探究性课题。例如，其中有个小组提出："苹果削皮或榨汁后为什么会迅速变色，如何让榨出的苹果汁不变色？"学生探究欲望很强，查阅资料发现，这是生活中非常普遍的一种酶促褐变现象，主要是跟细胞中的多酚氧化酶的活性密切相关。

除了苹果，很多果蔬也存在褐变现象，如土豆、茄子、莲藕等。因此，"降低果蔬褐变的发生率"这一课题对现在的净菜加工行业有指导意义。基于以上想法，教师决定以"探究苹果褐变的原因及降低褐变发生率"作为课堂主线，帮助学生建构"酶活性受温度和 pH 等环境因素的影响"这一重要概念。

学生以小组为单位，查阅并探究苹果变色的原理，从生物学角度出发，提出延缓苹果变色的措施。

学习小组设计简单实验加以验证（特别交代无关变量的等量控制），将实验过程和结果拍照或录视频上交。

（二）课堂教学的基本过程

1. 问题情境，引出概念

教师播放学生课前录制的实验视频 1：把一个苹果削皮后均匀切成4块，1块放在白纸上，其余3块分别浸泡在等量的柠檬水、清水和沸水中；分别观察并记录4块果肉颜色的变化情况。实验结果显示，放在白纸上果肉一会儿就开始发黄变褐，而浸泡在清水、柠檬水和沸水中的果肉几乎没有颜色变化。

教师提出问题：

（1）为什么苹果果肉会变色？究竟是什么导致苹果果肉变色呢？

（2）浸泡在清水、柠檬水和沸水中的苹果块均不变色，基于这一现象你如何解释？

通过褐变原因的介绍，教师顺利引出导致苹果果肉变色的幕后主使——酶（多酚氧化酶）。

教师继续播放视频1：将清水、柠檬水和沸水中的苹果块取出分别放在白纸上，10min后，来自清水的苹果块褐变比较明显，而来自柠檬水和沸水苹果块果肉颜色变化不明显。教师提出问题：为什么浸泡过柠檬水和沸水的苹果块，暴露在空气中也不变色了？学生根据已有的经验，提出"高温和酸性环境可能使多酚氧化酶失活"的猜测。

教师告诉学生：理科观点的提出一般需要实证的支持。刚才的猜测是"温度和酸碱度会影响多酚氧化酶的活性"。为了验证猜想是否正确，可以通过科学地开展实验来验证。

2. 探索研究，形成概念

学生以小组为单位，自行设计实验方案，然后利用以下实验器材，自行进行探究：质量分数为 1%的儿茶酚溶液、不同pH的缓冲液、蒸馏水、恒温水浴锅、冰块、纱布、试管、榨汁机、量筒、烧杯、滴管、移液器等。

教师指导学生进行变量分析，完成表3-31；然后，指导学生完善实验步骤，完成表3-32。

表3-31　变量分析析

探究的问题	
假设（猜想）	

温度和pH与褐变等级的关系

（右侧）
自变量：

因变量：　　观察指标：

无关变量：

表3-32　实验记录表

实验组别					
实验步骤					
实验现象（褐变等级）					

　　为方便比较不同组别儿茶酚溶液褐变的程度，按照表3-33设定褐变的4个等级（"+"的多少表示褐变等级的大小）。

表3-33　儿茶酚溶液褐变的程度

溶液颜色	儿茶酚原液（粉红色）	一级褐变（浅黄色）	二级褐变（浅褐色）	三级褐变（褐色）	四级褐变（深褐色）
褐变等级		+	++	+++	++++

学生利用实验室仪器和材料进行实验操作。教师指导学生处理并分析数据，并按照表3-30中的图，以温度或pH为横坐标，褐变等级为纵坐标进行数学建模。

3. 体会理解，抽象概念

教师提出系列问题，促进学生思考以下问题。

（1）结合表3-30中的图中曲线，概述温度和pH跟酶活性的关系。

（2）请结合生产生活实际，举出温度和pH对酶活性产生影响的实例。

（3）多酚氧化酶的化学本质是蛋白质，根据蛋白质的特性，高温、强酸、强碱以及低温条件下，酶活性下降的可能原因是什么。

（4）课前探究中，部分组发现用白醋或柠檬酸与苹果一起榨汁的实验中，苹果汁颜色还是在缓慢加深，这该如何解释？

（5）课前探究中，有些组合尝试用盐水浸泡削皮的苹果，发现防止褐变的效果也很好。对这一实验结果，怎么解释？

（6）通过本次实验，你对酶的作用条件形成了哪些认识？

（7）结合酶的特性，请从生物学角度，提出防止苹果褐变的措施。

4. 应用拓展，深化概念（运用概念解决实际问题）

教师要求学生利用本堂课建构的概念，周末回家鲜榨苹果汁，并拍照上传，附上榨汁的材料、处理的方法、实验结果说明。

教师提出问题，要求学生出谋划策：为防止褐变，有些净菜加工基地超标准添加亚硫酸钠等含硫食品添加剂，导致蔬菜制品中的二氧化硫超标，引发食品安全问题。他们迫切希望寻求到安全有效的护色保鲜方法。请利用本堂课建构的概念积极献计献策。

在可能的情况下，学生走访中国茶叶博物馆，了解绿茶、红茶等的加工工艺；走访汇源果汁等果蔬加工基地，了解实际生产中的护色保鲜流程。

六、教学反思

本节课是基于新课标"教学过程重实践""通过探究加深对生物学概念的理解"理念指导下，通过实验探究进行概念教学的尝试课。整个概念形成经历三个环节：课前，学生在生活原型中感知概念；课中，学生在探索交流中建构概念；课后，学生在应用拓展中深化概念。由于实验探究的问题是来自学生生活中的真实问题，学生探究热情很高。通过真实问题的探究，学生不仅对概念本质有了深刻的理解，更关键的是习得了概念建构的科学方法，发展了科学探究的能力，提升了科学思维的品质，强化了社会责任意识。当然，这种教学模式对教师也提出了更高的要求，无论是问题的收集还是探究活动的组织，都需要精心筛选和设计。